중국 **톈진**에서 **남아공 케이프타운**까지,

30,000㎞ 600일의 기록

자전거로도
지구는 좁다

라오스·타이·네팔 편

중국 톈진에서 남아공 케이프타운까지,
30,000㎞ 600일의 기록

자전거로도
지구는 좁다

라오스·타이·네팔 편

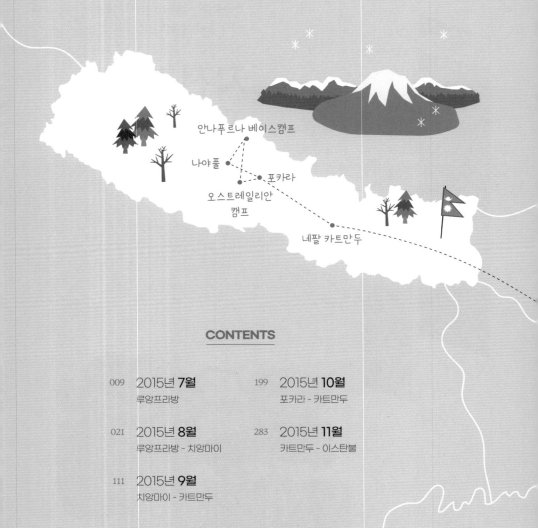

안나푸르나 베이스캠프

나야풀

포카라

오스트레일리안
캠프

네팔 카트만두

CONTENTS

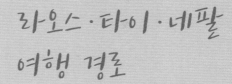

라오스·타이·네팔
여행 경로

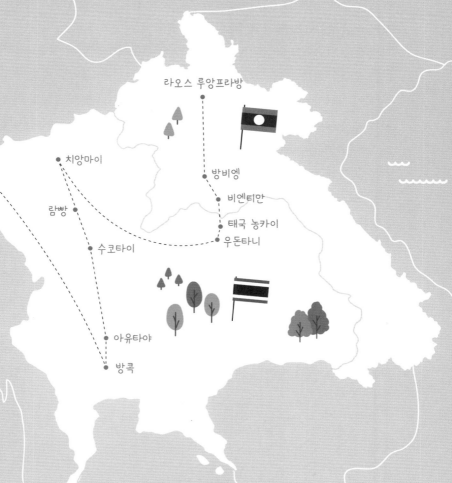

라오스 루앙프라방

치앙마이

람빵

방비엥

비엔티안

태국 농카이

우돈타니

수코타이

아유타야

방콕

중국에서 4개월을 돌아다녔다. 나의 여행 일정을 수시로 점검하던 친구에게서 불만이 터져 나왔다. 아니 아직도 중국이야? 중국에 간지가 언젠데 아직도 중국이냐는 항의였다. 한국인에게 중국은 낯선 나라가 아니다. 우리의 들숨 날숨에도 중국의 냄새가 묻어있으며 우리가 어디서 어떻게 움직이든 중국 문화의 그림자가 내 배경에 어른거릴 것이다. 싫어도 어쩔 수 없는 것이 아닌가 하며 중국 여행이 처음인 나는 태평스러웠다. 그래도 이 친구의 재촉은 정신을 들게 했다. 중국은 한국인에겐 '다 아는 곳이다' 심리적으로 그렇다는 말이다. 한 번도 가 보지 않은 사람들도 '다 잘 아는 곳인 것이다' 그래서 별로 궁금하지 않은 면도 있을 것이다.

여행이 끝난 후 나의 중국 일상을 들여다본 사람들이 대화를 나누는 중에 '지지리 궁상'이다라는 말이 들린 것 같았다. 이는 아마도 나의 중국에서의 행동을 한마디로 표현한 것일 수도 있다. 돈 1위안에 덜덜 떨었으니 그럴만도 했다. 그러고 보니 언제 한 번 돈 걱정 하지 않고 여행을 한 적이 없구나. 그렇군 '지지리 궁상'은 여행뿐 아니라 나의 인생을 한마디로 집약한 것일 수도 있구나. 하지만 내 평생 그처럼 돈 1원에 신경을 써 본 적은 없었다. 중국 여행을 할 때 내 머리에 꽂혀 있던 가장 큰 생각은 지금 가진 돈으로 보다 멀리 많은 나라를 방문하는 것이 목표였으니까. 물론 중국에서만 그랬던 것도 아니었다. 네팔에서 밥값을 깎기까지 했었다. 물론 이는 나의 인격에 관한 문제이지만 그땐 그런 것을 생각할 여유가 없었다. 근데 여기서 드는 의문, 돈이 풍족했으면 내 여행은 여유가 있고 더욱 행복했을까? 라는 의문이다.

동남아 여행을 그 많은 나라 중에 라오스와 태국으로 한정한 것은 이 친구의 항의의 결과물이라 할 수 있다. 같은 지역에 있는 다른 나라들을 몽땅 뺀 것이다. 같은 지역이라 자연환경도 문화적 배경도 거의 비슷하지 않을까 라고 생각했기 때문이다. 그래서 서둘러 네팔로 간 것이다. 네팔은 꼭 한 번 가 보고 싶었던 나라이기는 했다. 네팔을 인도의 대타로 생각했던 마음도 있었다. 인도도 가 보고 싶었지만 무서웠다. 만일 내가 인도로 들어간다면 중국 이상으로 다녀야 할 것이라. 자신이 없었다. 그래서 네팔을 택했다. 물론 네팔 입장에선 세계의 지붕이라는 히말라야가 있는데 인도 대타라니 그 무슨 섭섭한 말씀을 하는 거야. 라며 항의를 할 것이다. 히말라야도 한국인에겐 생판 모르는 곳이 아니다. 산은 한국인의 '정체성'을 이야기할 때 빠질 수 없는 곳이니까.

여행을 무슨 맘을 먹고 하느냐에 따라 당연히 그 여행의 관점이 달라질 것이다. 그런 의미에서 나의 관점은 문화유적도 유물도, 자연도 아니다. 유적이나 유물은 나의 지식이 너무나 얕고 자연도 내가 묘사하기엔 나의 글이 너무 무디기 때문이다. 나의 관심은 사람이다. 나까지 포함한 모든 사람이다. 그것이 여행이다. 하지만 사실 사람은 너무 범위가 넓다.

2023년 여름 **장호준**

자전거로도 지구는 좁다

2015년
7월

루앙프라방
•

푸시 산에서 내려다본 루앙프라방.

루앙프라방
국경선

1.

　다르다!!!!! 중국에서 라오스라는 이웃집으로 넘어오면서 든 생각이었
다. 국경을 넘었다고 이렇게 달라질 수 있을까? 도대체 무엇이 사람들의
생활을 이렇게 바꾸어 놓는가? 국경을 넘자마자 아이들의 옷은 누더기로
변하고 아이들의 발에서 신을 벗겨냈으며 집들은 초라해졌다. 그리고 도로
는 비포장길로 변했다. 그러나 여행객들은 이런 라오스를 즐기는 것이다.
아직 문명의 때가 묻지 않은 자연을 좋아하는 것이다. 가난한 라오스의 경
제는 여행객들에게는 관심 밖의 일이다. 키가 일미터 팔십은 족히 되어 보
이는 서양 여자 여행객은 그 키에 어울리는 29인치짜리 휠의 자전거를 타
며 시내를 누빈다. 26인치의 내 자전거와는 어른과 아이의 키 차이만큼이

나 차이가 난다. 서양여자는 눈을 내리깔고 치맛자락 휘날리며 시내를 누빈다. 그걸 보면 라오스인도 아닌 나까지도 도매금으로 마음이 묘해졌다. 잔인한 풍경이었다.

2.

그래도 밥부터 먹어야 한다. 근데 어제저녁, 짐을 방안으로 들여놓고 밖으로 나왔지만 식당은 보이지 않았다. 별수 없이 불이 켜져 있는 천막 과일 가게로 가서 여러 가지 과일 중에서 내가 아는 가장 만만한 포도를 샀다. 거봉만큼 알이 굵고 색깔도 짙은 것이었다. 얼마를 줬는지는 모른다. 달라는 대로 줬다. 말이 안 통하니 돈을 펼쳐놓고 알맞게 가져가라고 했다. 저녁은 그렇게 포도와 오렌지로 때웠다. 버스에서도 먹은 것이라고는 국수 한 그릇과 샌드위치 한 조각뿐이었다. 오늘 아침은 그럴 수 없다. 그렇지만 아침부터 밥을 파는 곳이 없을 것이다. 밥을 하자 그래 밥을 하자. 그럼 쌀을 사야 한다. 주인에게 묻는다. 주인은 중국계 라오스인인 것 같았다. 하기야 '라오족'은 중국에서 이주해서 라오스를 세웠다. 그와는 말로는 소통이 안 된다. 젊은 아들 둘도 영어는 하지 못했다. 다행히 그들에게 한자는 통했다.

쌀 사진을 보여주고 중국어 번역기를 돌려서 파는 데가 어디 있냐? 물으니 손으로 가리키는데 바로 길 건너다. 반찬은 고추장과 구군이 사준 장아찌에, 깻잎과 닭고기 통조림이 있었다. 4개월을 아끼며 먹지 않고 가방에 달고 다니던 것이다. 그러나 오늘은 먹어야 돼. 밥을 먹는 것이 말이 안 통하는 곳에선 가장 어려운 문제다. 식당에 들어가서 라오스 글자로 쓰인 메뉴판을 봐서 뭐가 뭔지 알겠어? 당연히 모르지. 음식사진이라도 있다면 그걸 보고 시키겠지만, 자기가 먹고 싶을 걸 어떻게 바디랭귀지로 표현해?

나도 뻔뻔하게 바디랭귀지를 잘하지만 그것만은 못한다. 여기 루앙프라방
도 대부분의 사람들에게 영어는 씨알도 안 먹히는 것 같았다. 프랑스식민
지였지 아마.

3.

아침을 먹고는 숙제에 매달렸다. 일기를 쓰고 블로그에 올린다. 열흘 전
것을 쓰려니 그게 감정이 제대로 잡히나? 안 되지. 그래서 그때 찍은 사진
을 보고는 그때 일을 기억해서 쓰는 것이다. 제날 제날 사진이라도 있으니
그나마 쓸 수 있는 것이다.

점심 때 맛있는 밥 한 그릇 먹을 데가 없을까 해서 숙소 근처를 돌면서
식당을 정탐하다가 지쳐서 음식 사진이 있는 길가 식당에서 국수 한 그릇
시켜서 면 사리를 두 번이나 추가해 먹었다. 25,000낍을 달랜다. 돈을 보여
주고 가져가랬다. 그간의 경험으로 이런 분들은 속이지 않는다는 것을 나
는 안다. 타인의 손바닥 위에 자신의 불량한 양심을 기꺼이 올리는 사람들
은 흔치 않다.

이븐 바투타의 여행기 중에 씰란(현 스리랑카)에서 중국까지 편에 다음
과 같은 끔찍한 장면이 있다.

어느 날 술탄(기야숫 딘)의 오른편에는 법관이 앉고 왼편에는 내가 앉아 한참 음
식을 먹고 있었다. 이때 한 이교도와 부인, 7살짜리 아들이 끌려왔다. 술탄은 회자
수들에게 손짓으로 그의 목을 자르라고 하였다. 그리곤 그들에게 "아들과 여편네도"
라고 명하였다. 순식간에 그들 셋의 목은 잘렸다. 나는 너무나도 섬뜩하여 그들로부
터 그만 눈을 피해버렸다. 내가 일어나서 보니 그들의 잘린 머리는 땅바닥에 나뒹굴
고 있었다. 또 어느 날 술탄에게로 갔더니 한 이교도가 끌려왔다. 술탄은 내가 알아

듣지 못하는 말을 몇마디 하더니 몇 하수인들이 칼을 뽑아드는 것이었다. 나는 서둘러 자리에서 일어났다. "어디로 가려는거요"라며 술탄이 물었다. "신시예배하려…"라고 나는 핑계를 댔다. 그는 내 속내를 이미 알아차리고는 크게 웃어대면서 그 사람의 두 손과 두 발을 자르라고 명하였다. 내가 돌아와서 보니 그는 흥건한 피 속에 잠겨 있었다.

-이븐 바투타 여행기. 창비간 정수일 역주 제14장 씰란(현 스리랑카)에서 중국까지에서

이븐 바투타가 여행 중 만나는 사람들은 대개가 권력자와 그 주위의 사람들이었다. 그 나라의 술탄들이었다. 이들이 바로 이븐 바투타가 여행을 할 수 있게 도움을 아끼지 않는 사람들이기도 하다. 그러다 보니 이븐 바투타는 피비린내 나는 위와 같은 장면들을 보게 된 것이다. 사람값이 형편없는 시절에 있던 일들이다. 권력자의 뒤엔 항상 단두대가 준비되어 있다. 이 말의 단두대는 남을 처형하려고 있는 것이 아니라 권력자 자신을 향해 있다는 말이다.

심술 나는 하루

07.29.
수요일

루앙프라방을 한 바퀴 돌기 위해 점심 때쯤 게스트하우스를 나섰다. 밥 먹는 시간 외에는 꼬박 컴퓨터에 코를 박고 있었더니 머리도 띵한 상태였다. 시내를 두 시간가량 돌아다녔다. 사원으로 학교로. 어느 사원에 들어갔더니 티켓을 끊으라기에 얼른 나와 버렸다. 별로 볼 것도 없는 그런 사원인 것 같아서. 사원은 나중에 골라서 큰 곳 한 곳만은 돈을 주고 구경할 것이다. 학생들인 한국인도 몇 만났다. 말을 걸었더니 별로 반가워하는 눈치

도 아니고 귀찮아하는 것 같아서 지나가 버렸다. 한국 식당도 있어서 배가 불러서 사 먹을 것이 없었는데도 자전거를 세우며 "안녕하세요."하고 인사를 했다. 그러나 평상에 앉아 대답만 하고는 자전거를 세울 데가 없어서 쩔쩔매는 데도 말 한마디 없다. 주인이 그러니 현지 종업원들도 빤히 쳐다볼 뿐이다. 그렇다면 나도 간다. 스스로를 돕지 않는 자를 내가 왜 음료수 한 병이라도 팔아주겠는가. 이 먼곳까지 와서 장사를 하면서 왜 그래? 이런 경우 중국인들이 나는 어떻게 하는가를 봤다.

한 바퀴를 도는데 식당에 앉아 맥주를 마시고 있던 버스에서 만난 스코틀랜드 청년이 내가 지나가는 것을 보고는 반갑게 인사를 했다. 하지만 그도 친구와 같이 있었고 나는 아직 숙제 중이라 맥주 생각이 없었다. 더치페이도 싫고 옆에 앉은 친구의 친구 것까지 내가 사는 것도 싫었다.

통하지 않는 사람들은 오늘은 싫어. 잠깐 앉아 이야기를 하는데 내 자전거를 본 어떤 라이더가 식당으로 들어와 인사를 청한다. 외모는 동양인이었다. 근데 혀 굴리는 걸로 봐선 아메리칸이다. 자기도 지금 몇 개월째 지구촌을 헤매고 있다면서 67세의 영감인 미국인 파트너도 인사를 시켰다. 하지만 왠지 오늘은 심술만 났다.

07.30. 목요일 푸시 사원

계획대로 오전 일을 마무리 하고 자전거를 끌고 숙소를 나섰다. Pu xi shan에 있는 루앙프라방 시 전체를 조망할 수 있는 푸시 사원을 올라가기 위해서 였다. 이전에 지나며 봐 둔 사원으로 올라가는 계단 옆에 장영창 씨가 준 자물쇠로 자전거를 채워 놓고 계단을 올라갔다.

푸시 사원의 입구 중 하나.

　계단의 난간은 장식을 해 놓았다. 용인가? 백룡과 흑룡이다. 미륵과 보살이 부처님과 함께 여기저기서 앉아 있거나 혹은 서있거나 누워 있다. 드디어 산의 정상으로 들어가는 입구에 가니 입장료 20,000낍(우리 돈 2,600원 정도)을 달란다.

　그래도 중국처럼 비싸지 않으니 다행이었다. 이 환율도 스코틀랜드 청년이 말해줘서 알았다. 라오스의 돈 100,000낍짜리가 12US달러쯤 된다고 알려줬다. 그리고 그는 Vang Vieng을 가려면 두 개의 길이 있다. 하나는 New 로드고 하나는 Old 로드다. 말할 것도 없이 뉴 로드는 올드 로드에 비해 거리도 짧고 길도 좋다. 하지만 올드 로드는 경치가 좋다. 어디로 갈래? 물론 나는 올드 로드로 가기로 그가 말을 시작할 때 이미 결정을 해 놓고 있었다. 산 위에는 많은 외국인들이 와서 앉아서 쉬거나 사진을 찍으며 나무의 초록색과 기와의 붉은 색이 어우러져 묘한 느낌을 주는 루앙프라방의 시내와 그 사이를 흘러가는 메콩 강의 황톳물을 바라보며 망중한을 즐기고 있었다. 하지만 나는 그리 한가롭지 못했다. 우선 자전거의 도난 가능성에 뒷골이 당기기 때문이었다. 그냥 자물쇠만 채워 놓았지 마음 먹으면 통째로 들고 가버리면 되기 때문이다. 근처에는 맡길 곳이 없었다. 열심히, 부리나케 빨리 사진을 찍고 나중에 사진을 보면서 반추하리라 마음먹고 내려왔다. 그리고 시장을 찾았다. 된장국이 몹시 먹고 싶었기 때문이었다. 된장은 쿤밍의 까르푸에서 4,500원을 주고 작은 것 하나를 사 놓은 것이 있었다. 채소를 일일이 냄새를 맡아가며 한 다발을 사고 고추와 감자 양파 마늘에 호박까지 샀다.(12,000낍) 이걸 그냥 된장을 팍팍 풀어서 보글보글 끓여서 그 국물에 밥을 말아 먹을 것이다. 모름지기 한국인이라면 된장과 김치는 한 번씩 먹어줘야 신체리듬을 정상적으로 유지할 수가 있다.

이제 여기서 방비엥으로 가서 라오스의 수도인 비엔티안을 거쳐 태국으로 들어가서 그다음 행선지를 방글라데시로 할 것이냐, 네팔이나 인도로 할 것인가를 정할 것이다. 물론 그곳과는 맥이 닿지 않는 카자흐스탄으로 날아갈 수도 있다. 그건 내 마음이니까.

07.31. 금요일   길 답사

루앙프라방에 인터내셔널 공항이 있다고 해서 그 길로 자전거를 타고 가 봤다. 푸시 산에서 내려다보면 보이던 메콩 강의 지류인 Nan K 강을 가로 지르는 다리도 건너보고 싶었다. 두 군데의 대통령 동상이 있는 공원도 둘 러봤고 학교도, 사원 몇 개도 지나가다 들어가 봤었다.

루앙프라방을 소개하는 어떤 인쇄물도 구할 수가 없어서 정보는 아무것 도 없는 것이나 마찬가지였다. 심지어 푸시 산을 올라가서 사원에 들었을 때도 이 사원을 설명한 것이라도 얻으려고 했더니 그것도 없단다.

푸시 산에 있는 사원 이름이 뭐냐고 번역기를 돌려가며 게스트하우스의 3부자에게 물었더니 아무도 모른다. 어쩔 수 없이 나는 다시 그 사원으로 발길을 돌리는데 뒤에서 누가 말을 걸었다.

"어제 만났던 분이네요."

돌아보니 67세의 미국인 라이더가 자전거로 따라오며 말을 건다. 반갑게 인사를 주고받으며 방비엥으로 언제 떠날 것이냐고 물었더니 자기는 안 간단다. 아마 월요일쯤 그 일본인 친구가 떠날 것이라 했다. 자기는 여기 근처에 살고 있다면서 집으로 가는 길이라고 했다.

"아!! 그 사람이 일본인이었군요."

처음 그에게 어디서 왔느냐니까 캘리포니아라고 했었다.

"아, 그 사람 미국에서 태어난 일본계 미국인이에요."

맞아. 동양인의 모습을 하고 있었지만 나는 굳이 국적을 묻지 않았었다.

자전거를 타고 나와 벌써 시내를 몇 바퀴 돌았다. 이미 루앙프라방의 웬만한 곳은 다 가봤다는 말이다. 사원 아래 계단에 도착해 자전거를 세워놓고 주위를 둘러보는데 아저씨 한 분이 계속 나를 주시하고 있었다. 저 아저씨에게 물어보자.

"이 사원의 이름은 뭐예요?"

사원은 시내 어디서든 보이는 푸시 산에 있었다.

"푸시예요, 푸시 사원."

산 이름과 같은 이름이었다. 그는 차를 대기시켜 놓고 있었다. 한국인 다섯 명이 관람을 끝내고 나오면 공항까지 태워다 주고 비엔티안으로 돌아가야 한단다. 나는 길에서 놀고 있던 네다섯 살짜리 여자아이 둘을 불러서 마침 지나가던 아이스케키 장사를 불러 아저씨와 넷이서 한 개씩을 사먹었다.

"콥차이(고마워요)."

아직 이곳 루앙프라방에 단골식당 하나 뚫은 데가 없다. 그간 식당을 이용한 건 두 번뿐이었다. 계속 밥을 해서 먹었다. 아직 '비어라오'라는 유명

한 라오스 맥주 한 잔도 먹어보지 못했지만 루앙에는 더 이상 가 볼 곳이 없었다. 그래 떠나자. 어느 새 루앙프라방에서 5일이 지났다. 이제 떠날 때가 온 것이다.

자전거로도 지구는 좁다

2015년
8월

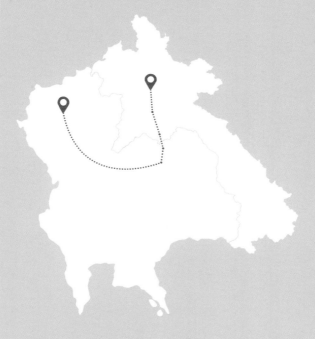

| 루앙프라방 | 난닝 | 방비엥 | 탐짱 동굴 | 셍캉누이 폭포 | 반나펑 |

| 비엔티엔 | 우정의 다리 | 태국
농카이 | 태국
우돈타니 | 치앙마이 | 도이수텝사원 |

08.01. 토요일 사람들과 친절

한국 식당에 가다

'Map with me'라는 오프라인(Off line)에서도 쓸 수 있는 내비게이션 어플이 있다. 'Osmand'라는 것도 있다. 둘 다 한국을 출발할 때 받아온 어플들이다. 무료로 받았다가 고급이 좋다 어쩌고 하며 사라고 협박을 하기에 불안해서 몇 천 원인가를 주고 고급으로 받아 놓은 어플들이다. 하지만 이는 휴대폰과 함께 소매치기의 손으로 넘어가 버렸다. 한국이면 다시 내 예전 번호로 받을 수 있지만 여기선 내 번호는 중국 번호고 거기다가 이제 나는 라오스로 넘어와서 아예 번호가 없다.(나는 유심을 이해하지 못했다.) 그러니 라오스의 길에서 내가 기댈 수 있는 것은 오프라인 내비뿐이다. 한데 이놈의 내비가 며칠 전 작동을 하지 않는 것이었다. 물론 나는 또 답답해졌다. 구글로 들어가 지우고 다시 깔아볼까 싶어 이리저리 만지다 보니 구글도 나의 아이디가 라오스에서 접속을 시작한다면서 보안 조치를 해놓았으니 다른 아이디로 접속을 하라는데 나를 증명할 길이 없어진 것이다.

그래, 없는 셈 치자. 스마트폰이 없던 그 옛날에 혜초도, 현장법사도 그먼 길을 걸어서 간 것이 아닌가. 스스로 달랬지만 꿀맛을 이미 본 놈이 어디 그런가. 그래서 다시 주물럭거리다 보니 고쳐진 것이다. 그래서 이를 길에서 적용시켜 보고자 아침에 길을 나서서 방비엥 가는 길로 나서 본 것이다. 그러면서 확인을 한다고 길 가는 몇 사람에게 길도 물어보고 그 길에서 장사하는 상인에게도 길을 물어보고 나서 나는 한국 식당으로 향했다. 이곳 루앙프라방에서 내가 본 한국 식당은 몇 군데나 있었다. 그중 가장 눈에 띄는 곳으로 가보려고 나온 것이다. 왜냐하면 여기선 누구에게도 제대로 된 정보를 얻을 수 없었다. 물론 말이 안 통하기 때문이었다.

식당 앞에 도착해서 자전거를 어디 댈까 하고 어림 놓고 있는데 주인 아저씨가 식당 안쪽 카운터에 앉아 있다가 부리나케 뛰어나온다.

"안녕하세요. 어서 오세요. 여기 벽에 기대 놓는 게 좋지 않을까요?"

자전거를 세워 놓고 문을 밀고 들어가자 에어컨의 냉기가 확 하고 밀려온다. 대머리가 시원하게 벗겨진 주인 아저씨가 자리로 안내하더니 이것저것 묻는다. 식당 안에는 서양인을 비롯해서 몇 개 팀이 식사를 하고 있다. 메뉴를 가져왔는데 보니 전부 100,000낍, 이쪽저쪽에 20만 낍, 30만 낍짜리도 있다. 그래. 돈을 버는 사람은 따로 있구만. 한국어가 쓰인 T셔츠를 입은 라오스인 직원들이 바쁘게 움직인다. 고등어구이와 비어라오를 한 병 시켰다. 이젠 나도 많이 변했다. 1월, 2월에 눈에 불을 켜다가 몇 달이 흘러가는 사이에 아하, 그렇게 해서 되는 것이 아니구나. 나갈 것은 나가 줘야 되고 그건 아무리 지키려 해도 안 되는 것이구나. 사실 내가 쥔 칼자루는 헛것이었구나 하는 것을 깨달았기 때문이었다.

과연 비어라오의 맛은 독특했다. 나는 입맛이 워낙 포용력이 넓은 싼 입맛이어서 아무것이나 다 맛있었는데 라오는 그중에서도 독특했다. 중국에서 먹은 따리나 설화 등은 정말 물이었다. 스코틀랜드 청년도 내게 따리 맥주 맛을 흉 보며 입을 삐쭉였었다.

"이건 물이에요. 물."

근데 이윽고 나온 고등어구이는 너무 써서 몇 젓가락 하다가 그만두었다. 웬만하면 다 먹었을 것이다. 라오스는 내륙국이다. 바다를 끼고 있지 않다. 아마 가져온 지도 오래된 모양이었다. 생선은 오래 되면 부패하고 부패하면 냄새가 난다. 그 냄새를 죽이면 이렇게 되는 것일거다. 생각 없이 고등어구이를 시키다니 멍청한 짓을 한 것이다. 김치는 입맛에 딱 맞아서 맛있게 먹었다. 그러니까 김치 한 보시기와 밥 한 그릇을 먹고 800,000낍, 라오 맥주 한 병에 15,000낍 해서 95,000낍을 지불한 것이다. 한국 돈

11,000원 정도를 지불한 것이다.

내가 자는 숙소가 80,000낍(10,000원 정도)이다. 하지만 밥값은 이미 충분히 보상을 받았다. 숙소 주인은 방비엥 가는 올드 로드와 뉴 로드에 대해 상세히 설명해주었으며 '언제라도 도움이 필요하면 저에게 오세요.' 하며 나에게 말하고 식당을 나서는 서양인들에게 친절하게 인사하며 다시 올 것을 청하는 것이었다. 친절은 사람을 다시 부르는 힘이 있다. 잠깐 겪었지만 중국은 손님이 와도 가도 인사가 없다. 가면 가고 오면 오고다. 물론 모두가 그런 것은 아니다. 본능적으로 인사를 하고 손님을 배려하는 분들이 있다 애살이 넘치는 분들이다. 이런 분들을 만나면 기분이 좋아진다. 무엇이 손님에게 필요한가를 살펴보고 장사 이상의 인간적 배려를 하는 분들이다. 숙소에 일주일을 있다가 나가도 눈앞에서 자전거에 물건을 싣는다고 낑낑거려도 돌아도 안 보는 주인들이 있다. 먼저 인사해도 인사를 받을 줄도 모른다. 그런 집은 대개 청소를 안 해서 더럽다. 이런 호랑말코 같은 사람들을 만나면 나의 박복함을 탓하는 수밖에 없다.

이제, 루앙프라방에서의 일은 끝났다. 며칠 코를 박은 결과 글쓰기를 끝냈다. 사이사이에 나는 루앙프라방을 몇 바퀴나 돌면서 나름대로는 볼 것을 다 보려고 했다. 하지만 나는 아직 라오스 가정집을 못 가봤으며 라오스 친구를 사귀지도 못했다. 그럴 수 있는 시간이 있을까? 그러나 이런 일들은 자연스럽게 이루어져야 한다. 이제 앞으로 먹을 음식을 준비해야 한다. 그동안 벌써 단골이 된 과일과 쌀을 함께 파는 가게에 가서 쌀 2kg을 13,000낍(1,500원 정도)에 거봉과 닮은 포도를 달아서 합계 107,000낍이나 주고 샀다. 숙소에 들어와 생각하니 약간 홀린 듯한 기분이었다. 그간 6일간 이 숙소에 있으면서 세 끼를 식당에서 사 먹고 나머지는 밥을 해서 오로지 된장에 말아 먹었다. 포도도 몇 번 사 먹었다. 근데 포도가 그렇게 비싸? 의심병이 발동하면 돈보다는 바보가 된 것 같아서 더 불편했다. 사람은 때로 속으면서 살아야 한다. 화장실에 들어가서 그릇을 정리하는데 손가락만 한 쥐새끼 한 마리가 나를 보고 피하느라 분주하다. 이 녀석과 그간 밥을 나눠 먹었을까? 반찬은? 오호호!! 채소가 있는 비닐 밑으로 피하기에 밟아버렸다. 끽 하는 소리가 났던가. 나는 그걸 치우지도 않고 그대로 뒀다. 내일 내가 나가고 난 다음 주인이 청소하다가 보라는 의미였다. 근데 다음 날 아침에 들어가니 비닐 밑에 있어야 할 검은 물체가 없었다. 간밤에 기력을 회복해 살길을 찾아 갔는가? 어제 몇 시간 후에 들어갔을 때도 그대로 있었는데, 그놈 체력도 좋다.

숙소는 막힌 창문 때문인지 습기가 보통이 아니었다. 이불도 꿉꿉하고 옷도 신도 모두가 꿉꿉하다. 에어컨은 있지만 폼이고 푸른 날개색이 새까맣게 변한 선풍기만 돌아간다. 한 번씩 뜨거운 물로 샤워를 해도 그때뿐이다. 지금은 우기다. 그래도 내일 출발할 생각을 하니 마음이 적잖이 흥분이 되었다.

 **비 내리는
루앙프라방 출발**

08.02.
일요일

정확하게 아침 7시 루앙프라방 화려삔관을 출발했다. 주인은 중국인으로서 삔관이란 이름도 함께 썼다. 화려호텔이고 화려삔관인 것이다. 어제 나는 거의 4시간에 걸쳐 짐을 다시 꾸렸다. 우기를 감안해서 모든 짐들을 누님이 보내 준 지퍼백에다 넣었다. 넣고 또 넣었다. 외형적으로도 짐이 더 늘었다. 2개가 더 늘었다. 실질적으로도 몇 kg불었을 것이다. 반갑지 않은 살림이 자꾸 느는 것이다. 물은 인류의 생명이지만 그 무게는 여행자에겐 반갑지 않는 중량이다. 시험해 보라고 새벽부터 가느다란 빗줄기가 줄기차게 내린다. 출발을 멈출 수도 없었다. 비가 그치기를 기다릴 수 없다는 말이다. 가다가 그치기를 바랄 뿐이다. 아예 퍽 쏟아지면 출발을 미루지만 출발하지 않기엔 아깝고 출발하면 그대로 다 젖어버리는 그런 비가 내렸다.

루앙프라방 시내를 빠져 나와 묵묵히 페달을 밟는다. 근데 아무래도 몸이 예전 같지 않다. 자전거가 몸에 안 맞는 옷처럼 서걱거린다. 7㎞쯤 오르막을 타고나서 나는 그로기 상태가 되었다. 7㎞를 타는데 한 시간 반이나 걸렸다. 비는 계속 내린다. 자전거를 한 번 처박았다. 나는 넘어지지 않고 빠져 나왔지만 다시 일으켜 세웠을 때는 짐이 한쪽으로 쏠려서 균형이 틀어졌다. 자전거를 선전간판에 기대 세우고 나무 밑으로 들어가서 잠시 숨을 골랐다.

왜 이렇게 힘이 드는 거야? 오르막을 5m쯤 끌고 쉬고를 반복했다. 왜 이래? 타이항 산 대협곡을 넘을 때도 이렇지는 않았다. 어떡하나? 뻰관에 처박혀 침대 위에서 구부려 앉아 글을 쓴 것이 이렇게 몸에 나쁜가? 이럴 때는 먹어야 돼. 새벽 5시 30분에 된장국에 밥 말아 먹고 나왔다. 포도와 빵을 꺼내어 먹고 물을 마셨다. 그렇지만 산꼭대기에 마냥 앉아 있을 수는 없다. 다시 출발. 2시간쯤 페달을 밟자 몸이 풀리는 느낌이었다. 3시간에 20㎞를 달렸다. 비는 계속 내린다. 지나가던 봉고 버스가 내 옆에 오더니 멈춘다. 차의 지붕 위에는 자전거가 몇 대 실려 있었다. 태국 사람들인가? 라오스인인가? 내가 한국인임을 알자 뒤쪽 문이 열리며 엄지를 치켜든 손들이 나온다. 최고고 뭐고 힘들어 엎어질 지경이요. 태국에서 자전거를 타러 이곳으로 온 것인가? 차가 길 복판에 버티고 서서 이야기를 하니 뒤차들이 요란하게 빵빵거린다. 가세요.

내 시계가 1시 10분을 지나는 시점에 조금 큰 촌락이 나타났다. 내 시계는 한국시간이다. 중국은 한국보다 한 시간이 늦고 라오스는 두 시간이 늦게 간다. 마침 길거리에 통닭과 돼지고기 바비큐를 하는 곳이 있었다. 주인

태국 사람들.
하지만 대화를 할
사이도 없이 뒤차에
밀려 가버렸다.

은 온화한 인상의 젊은 여자였다. 그 옆에는 아기를 안은 여자도 있었다.
아직 배는 고프지 않지만 나는 고기를 먹어야 한다는 일념으로 양철 지
붕 밑으로 자전거를 몰고 들어갔다. 여자들이 나를 주시하고 있다가 활짝
웃으며 반긴다. 빼빼 마른 닭 한 마리에 100,000낍(12,000원), 돼지고기 한
줄에 20,000낍 이란다. 닭을 먹고 싶었지만 닭은 너무 비싸다. 닭은 다 먹
을 자신도 없었다. 거기다 너무 말라 질길 게 틀림없어. 밥 한 그릇에 5,000
낍. 나는 평상에 앉아 어린애를 어르며 속으로 계산하다가 돼지고기를 시
켰다. 여자가 재빨리 고기를 썰어 밥과 함께 내놓았다. 젓가락을 안 주기에
기다리다 달라 했더니 여자가 길 건너 집으로 뛰어간다. 아하, 여긴 손으로
먹는 모양이었다.

　어디서 오느냐고 묻는 것 같아 대답을 했고, 그러니 또 어디로 가느냐고
묻는 것 같아 대답을 했다. 여자가 쓰는 휴대폰이 삼성 것이었다. 라오스는
한국산 물건이 대종을 이루고 있었다. 트럭은 거의 현대 1톤 트럭이었고
승용차도 현대와 기아 것이 대부분이었다. 스마트폰도 대개 한국산이었다.
업소에도 세탁기며 텔레비전이 오랜 된 것들이었지만 삼성이나 LG것이었
다. 뿌듯하냐고요? 요즘 그런 것을 보고 뿌듯해 하면 이상한 일이다. 나는

현지인들이 '이것 삼성 거예요.' 해도 고개만 한 번 끄덕일 뿐 별다른 반응은 하지 않는다. 반색을 하면 오히려 이상할 것 같아서이다. 주인 여자에게 물었다. 여기 호텔이 있느냐고? 있단다. 비는 그칠 줄 모르고 계속 내리고 있었다. 여기서 자고 가야 한다. 얼마나 하느냐고 물으니 계산기를 가져와 100,000낍을 누른다. 루앙프라방보다도 비싸다고 했더니 60,000낍짜리도 있단다. 값이야 여러 가지가 있겠지. 내가 원하는 것은 도시의 100,000낍짜리가 여기선 60,000낍을 하는 것을 말하는 것이지만 루앙프라방이나 여기나 환경이 차이가 없어 보였다. 와이파이는? 인터넷은? 하고 물으니 여기는 그런 것 안 된단다. 여자는 쿤밍에서 왔다니깐 눈을 반짝인다. 쿤밍을 가봤냐니까 못 가봤다면서 부끄럼을 탄다. 쿤밍을 보여주었다. 내 휴대폰의 사진을 보면서 '와우 뷰티풀'을 연발한다. 영어교육을 받았다는 말이다. 대체 국가란 무엇인가? 사람은 어디까지가 자기 의지로 자신의 삶을 이루는가?

밥은 많이 줬지만 고기는 금방 구운 것인데도 딱딱해서 겨우 한 줄을 먹고 돈을 지불하니 여자가 두 손을 모아 돈을 꼭 쥐고는 고개를 숙이며 "꼽차이(고마워요)." 한다.

중국인과 다른 점이네!! 그리고는 아주머니가 붙여준 아이를 따라가서 숙소에 들었다. 60,000낍. 숙소의 젊은 주인 여자는 방을 보여주고 패스포트를 보자 해서 주니 숙박계를 내민다. 나 보고 적으라는 말이다. 여기도 중국처럼 숙박계를 적는군. 거기다가 나 보고 적으라는 군. 그러면 이제까지 잔 루앙프라방의 숙소는 왜 적지 않았을까? 숙박계를 적고 자전거 짐부터 풀고 이 집 아이들을 재촉해서 방으로 가방을 나르고 자전거를 씻었다. 이제 샤워를 해야 한다. 다리에 묻은 오물을 씻고 옷을 모조리 벗어 빨래를 해서 탈수기를 빌리러 나가니 주인 여자를 비롯한 이 집 가족들이 문을 자물쇠로 채워 놓고 나들이를 가고 없다. 오늘이 일요일이다. 신발이 내일 아

끝없는
오르막

1.

짐을 다 싸고 출발하려고 바깥을 보니 비가 내린다. 출발할 수 있는 비가 아니다. 새벽에 빗소리가 들리다 그쳐서 안 오는 줄 알았는데. 어떡하나, 잠시 앉아서 정리를 해보자. 한 시간쯤 기다려 보기로 하고 다시 주저앉았다. 방비엥 가는 길에 대한 정보도 없다. 물론 자전거 여행자가 아닌 사람이 알려주는 것은 나에겐 별 가치가 없다. 차가 다닌다면 자전거도 갈 수 있다. 시간이 걸리고 골병이 들지만…. 한 시간쯤 기다리다 밖을 보니 비가 더 내린다. 여기서 또 하루를 묵을 수는 없다. 일단 짐을 바깥으로 내고 자전거에 짐을 장착했다. 언제라도 출발할 수 있게 해놓은 것이다. 게스트하우스 여주인이 들어오기에 계속 비가 많이 온다면 하루를 더 묵겠지만 아니면 간다고 말해 두었다. 물론 여자는 알아듣지 못했을 것이다.

커피 한 잔을 만들어 마시고 나는 빗속으로 들어섰다. 길은 나서자마자 오르막이었다. 1㎞쯤 타고 오르다가 자전거에서 내렸다. 길은 계속 오르막길, 계속 타고 오를 수가 없었다. 끌바가 시작되었다. 한 시간 두 시간 세 시간. 세 시간에 7㎞를 올랐다. 시간당 2.3㎞. 원래 오르막은 끝이 있는데 이 오르막은 하늘에 닿도록 오를 오르막인 것 같았다. 비는 계속 내리고 나뭇잎은 비에 씻겨서 푸르다 못해 검다. 산허리를 감싸며 흐르는 안개, 자연이 주는 장엄함에 나는 감격을 해서 외쳤다. 가슴에 끓어오르는 감동을 주체하지 못해서 고함을 질렀다.

내가 올라온 길이 발아래 까마득하다. 비는 줄기차게 내린다.

"정말 좋다. 이런 감동적인 광경을 본적이 있나 친구들아? 있으면 나와
봐!"

땀을 흘리지 않고는 누구도 볼 수 없는 광경에 힘든 줄도 몰랐다. 그리
고 쉴 때마다 뭐든 조금씩 먹었다. 첫 번째 쉴 때는 물을 먹었고 두 번 째
쉴 때는 고두밥을 닮은 밥을 주먹만큼 먹고 포도를 한 주먹 먹었다. 바로
그게 올라 갈 수 있는 힘이었다.

✍ **후기**　라오스의 밥은 정말 맛있다. 내가 다녀 본 나라의 밥 중 최고였다.

"파이팅!"

파이팅? 오토바이를 타고 내려오던 라오스 청년이 자전거를 끌고 오르
는 나를 보고 웃으며 손을 번쩍 들며 힘을 불어넣으려 한 말이다. 한국인에
게 배운 말일 것이다. 올라가다가 길이 너무 가팔라서 자전거를 세워서 붙
잡고 쉬고 있는데 오토바이 한 대가 올라가다 서더니 뒤를 돌아다보면서
뭐라고 한다. 그러더니 오토바이를 세워 놓고 내게로 걸어왔다. 비옷을 입
고 얼굴까지 감싸는 헬멧을 쓰고 있어서 성별도 구별이 안 된다. 가까이 와

서 말을 하는 데 보니 여자다. 첫마디는 어디서 왔느냐. 그러면서 자기는 중국인이며 허난성 정쩌우 근처가 고향인데 쿤밍을 통해 들어오는 길이며 방비엥으로 해서 비엔티안 그리고 타이로 넘어갔다가 돌아갈 거란다. 태국까지는 나하고 코스가 같다. 허난성 사람과 나는 인연이 깊은가? 구군도 허난성 정쩌우 근처 사람이다. 그러더니 웨이신이 있냐면서 방비엥에서 기다리겠단다. 웨이신은 있다. 하지만 아이디는 모른다. 쓸일이 없을 것 같아서 무시했기 때문이다. 장영창 씨가 받아줬다. 여긴 인터넷도 안 된다. 나는 전화번호도 없다 했더니 어쨌든 만나서 반갑다. 방비엥에서 만날 수 있으면 만나자 하고 여자는 갔다.

근데 오토바이에 짐이 하나도 없다. 아무리 오토바이 여행이라고 하더라도 하다 못해 옷가방이라도 하나 싣고 다녀야 하는 것 아냐? 다시 끌바를 시작해 30분쯤 올랐나. 여자가 다시 내려왔다.

"왜요?"

자기 웨이신 아이디를 적어 왔단다. 방비엥은 여기서 200㎞가량 오토바이로 열심히 가면 저녁이나 늦더라도 밤이면 도착할 수 있는 거리다. 하지

중국인 여성 라이더
카이신.

만 나는 며칠을 가야 할지 모르는 길이다. 그러면 산 정상에 올라가서 기다리겠단다. 그래서 그렇다면 거기가 정상이면 나를 기다렸다가 같이 내려가서 점심이나 합시다 하고 라오스의 이 산악 지형을 모르는 나는 팔자 좋은 소리를 했다. 그리고 여자를 보냈다. 올라가다 보니 드디어 정상으로 보이는 곳에 집이 있고 거기에 여자가 기다리고 있었다. 하지만 거긴 정상이 아니었다. 다시 오르막이 보이고 저기가 정상이겠지 싶어서 올라가면 다음 또 오르막길. 이때까지 오르막이면 그렇게 몇 번을 속았었다. 그러니 저 길도 가봐야 아는 것이다. 우리는 바나나 몇 개를 나눠 먹고 헤어졌다. 이 산은 산 하나 넘어가면 끝나는 산이 아니구나. 끊임없이 몇백km 산악이 이어지는 그런 지형이었다. 그렇게 계속 오르다보니 드디어 산악 동네가 하나 나타났다. 그래 저기가 드디어 정상이구나. 동네를 기쁜 마음으로 들어가서 작은 슈퍼에 들어가려고 보니 길 돌아가는 모퉁이가 또 오르막이다. 이건 이상하다. 나는 빵 몇 개를 2,000낍을 주고 사고 나서 아직 어린 티를 못 벗은 청년에게 길을 묻기 시작했다. 처음에는 입을 못 떼다가 시간이 가자 그는 떠듬떠듬 말을 하기 시작했다. 방비엥까지의 길은 지금까지 당신이 온 그런 길이다. 그런가! 다섯 시간 끌바로 10km를 왔다. 길이 계속 이렇다면 도대체 방비엥에 닿는 것은 언제일까? 비는 계속 내린다.

모퉁이를 돌아 오르다 보니 길 아래 집이 있다. 가정집은 아니다. 그 집에서 아이에게 우유를 먹이고 있는 아줌마에게 호텔이 어디냐고 물었다, 그녀가 어리둥절해 하기에 잠자는 시늉을 했더니 여기가 자는 곳이라며 자고 가라고 한다. 응? 이건 무슨 말이야?

자전거를 일단 길 위에 대어 놓고 내려갔더니 침대만 4개가 있는 방 하나가 있다. 민박집인가? 얼마요? 여자는 전혀 못 알아듣는 눈치다. 그러다가 나중에 간판을 가리키는데 보니 적십자 마크가 있다. 무료 진료손가? 하여간 자전거를 가져와 자고 가란다. 무료란다.

나는 어떻게 해야 할지 갈피를 못 잡고 망설였다. 아직 잠자기에는 이른 시간이다. 그렇다고 가기에는 길이 무섭다. 가야 하나? 자야 하나? 이틀 동안 35km쯤 왔다. 남은 길은 200km쯤 되나? 나는 자전거를 끌고 건물로 내려갔다. 일단 여기서 자기로 결정을 하자 재빨리 빨랫감을 내어 빨아서 널어놓고 신발까지 씻었다. 잠자리를 마련하고 그리고는 밥을 했다.

2. 라오스의 몸부림

근데 이때 한 사나이가 등장했다. 동네엔 식당도 없어서 결국 밥을 지어서 먹고 있는데 아기를 둘러멘 한 남자가 창문을 통해 나를 보더니 곧 방으로 들어왔다. 그는 영어를 했다. 밥을 먹고 있는 나를 놓고 몇 마디 묻더니 곧 용건을 이야기했다. 나는 그가 나를 자라고 한 여자의 남편인 줄 알았다. 그는 저 여자가 몰라서 그런데 사실 여기는 병원이지 자는 곳이 아니라며 여기서 옮겨야 한단다. 마침 내가 게스트하우스를 하고 있다. 그러니 그리로 갑시다. 라오스도 일당체제의 사회주의 국가다. 여기도 자려면 경찰에 신고해야 하는가? 나는 스스로에게 속고 있었다.

녀석은 서 있고 나는 남은 밥을 먹으며 생각하니 몹시도 불쾌했다. 이것들이 부부가 공모를 해서 나를 도와주는 척하면서 결국 자기들 이익을 취하려는 것이 아닌가. 해 떨어지는 이 늦은 시각에 다시 짐을 챙겨서 2km나 된다는 오르막을 올라간다는 것이 너무 부담스러웠다. 슬슬 머리가 뜨거워지기 시작했다. 빨아서 널어놓은 빨래며 신, 밥을 해먹은 그릇, 그것보다도 친절한 사람이라 몹시 고마워했던 여자가 본색을 드러낸 것에 대한 배신감은 내 머릿속을 헝클었다. 나는 감정을 어떻게 조절해야 할지 몰라 갈팡질팡했다. 하여간 가기는 가야 한다는 것으로 결론을 내렸다. 이 녀석은 경찰이 오면 좋지 않다고 협박을 했기 때문이었다. 녀석은 자기 집을 선전하기 시작했다. 숙박료는 50,000깁이며 이는 샌드위치와 커피가 포함된 금액이

아이들 옆구리에 차고 있는 것은 덫이다.　산길가에 늘어 선 과일가게들.
맨발로 산으로 가는 길이다.

다. 그리고 당신에게는 제일 좋고 넓은 방을 줄 것이며 거기는 정말 경치가
좋은 방이다 등등 온갖 미사여구를 늘어놓는 것이었다.

　나는 널어놓았던 빨래를 걷고 다시 풀어놓았든 짐을 싸며 점점 화가 나
기 시작했다. 대체 이게 무슨 꼴이란 말인가. 여자는 한마디도 통하지 않으
니 그냥 태평스러운 얼굴로 짐을 싸는 나를 보고 있다. 내일 새벽이면 나는
떠나야 한다. 여기를 나서야 하는 이유가 나에겐 없는 것이다 아무리 싸고
좋은 방이 있다 해도 그렇다. 하지만 불편한 마음으로 여기 있는 것도 할
짓이 아니었다. 근데 녀석은 누구인가? 나는 녀석을 따라 땀을 뻘뻘 흘리
면서 산길을 오르기 시작했다. 녀석은 아직 갓난아기를 앞으로 안아 메고
오토바이로 내 뒤를 따르는 것이었다. 나는 오트바이 헤드라이트의 불빛에
의지해 산길을 오르고 있었다. 이미 땀 범벅에 기진맥진. 아무리 생각해도
속고 있는 느낌이었다. 내가 떠나올 때 여자는 태평스럽게 바이바이를 외
쳤다. 나는 화가 나서 대답도 하지 않았다. 그게 마음에 걸리는 것이다. 여
자가 나에게 나쁘게 했다고 생각한다면 당연히 그런 인사는 하지 않았을
것이다. 그런데 인사를 했다. 거기다가 내가 화가 나서 큰 소리를 질렀을

때 여자가 내게 화를 내는 듯한 몸짓으로 무언가를 말했는데 말은 못 알아들었지만 오히려 '나에게 당신이 왜 화를 내?' 하며 자기가 화를 내는 듯한 인상을 받았다. 이건 이상하다. 이미 해는 떨어지고 칠흑 같은 산길을 우리는 올라가고 있었다. 내가 물었다.

"야, 여자가 네 와이프냐?"

"아니다."

아니라고? 그렇다면 오늘 거기엔 어떻게 왔느냐? 아이가 머리에 열이 나서 간 거다. 그럼 너는 누구냐? 가이드다. 가이드? 무슨 가이드? 이 새끼가!!!! 나는 돌아가야겠다. 가면 경찰이 찾아 올 건데, 자기가 경찰에게 신고하겠다는 말이다. 그때부터 나는 머리가 복잡해졌다. 이 녀석을 때려눕히고 싶었다. 체격으로 봐서 이런 녀석이면 0.5초 안에 KO를 시킬 수 있을 것이다. 화가 나니까 하는 소리지. 근데 그 후엔 어떡해? 나는 잡혀서 경찰서 신세를 져야 할 것이며 그의 롯지를 내 돈으로 완성시키는 꼴을 봐야 할지도 모른다. 그리고 물리적으로도 아기를 안고 있는 사람과 어떻게 싸움을 해? 거기다 사실은 나도 돌아가지 못한다. 왜냐하면 이 어둠 속을 라이트 없이는 한 발자국도 못 움직인다. 라이트가 짐 속 어디에 박혀 있는지 모른다. 그렇군. 녀석은 여자가 영어를 못 하는 것을 이용해 나와 여자 사이에 농간을 부리고 있는 것이었다. 병원으로 돌아갈 수도 없다. 혹시나 여자에게 불이익이 돌아갈지도 모르니까. 순진한 여자의 맑은 얼굴이 떠올랐다. 그렇겐 할 수 없다. 그리고 왔던 길을 돌아가는 것도 싫다. 나는 진퇴양난에 빠진 것이다.

드디어 녀석의 게스트하우스에 도착했다. 녀석의 형과 조카인 듯한 아이가 기다리고 있다가 나를 맞았다. 전기도 없어 건물은 외형도 분간하기 힘들었다. 그가 내가 잘 방으로 안내했다. 나는 방을 보고 신음했다. 게스트하우스는 골조에 벽만 붙어 있었다. 창문도 없고 전깃불도 없고 화장실도 없고 벽지도 천장도 없는 지붕만 있는 방에 침대만 하나 있는 관처럼 좁은 방이었다. 나는 그 순간 픽 웃음이 터지며 나 스스로에게 꿀밤을 한 방 먹이고 싶었다. 불과 몇 분 전까지 녀석은 게스트하우스 예찬가를 불러대었다. 몇 분 뒤면 탄로 날 거짓말을 하고 있었던 것이다. 그리고 나는 뭔가? 내가 어리석은 사람이란 것은 나도 알아. 근데 이게 뭐야? 상황 판단을 그리도 못하는 나는 뭐야? 내가 홀려도 단단히 홀렸지. 나는 가슴 깊이에서 울려 나오는 고함을 질렀다.

'이 새끼가….'

'인생은 웃픈 드라마다.'

녀석의 형은 멀뚱히 바라보기만 있었다. 자신이 봐도 기가 막힌 일이었기 때문일 것이다. 공사를 하다 돈이 모자라서 진행을 못하고 있겠지. 이는 이 친구의 필사의 몸부림이다. 나는 불빛 밑에서 가방을 뒤져 자전거의 라이트를 꺼내어 장착을 했다. 그리고 말했다.

"너는 정말 나쁜 놈이다!"

녀석은 그 말에 고개를 끄떡였다. 수긍한다는 말이다. 그걸 보니 맥이 탁 풀렸다. 아니야, 나는 너를 이해해. 라오스도 이해해. 그 멍청한 몸부림도 이해해. 나는 그 집을 나와 방비엥 쪽으로 자전거를 끌기 시작했다. 칠흑같이 어두운 밤이었지만 어딘가에 초막 비슷한 것이 있겠지. 거기서 하룻밤을 보내면 된다. 그렇게 자면 된다. 하지만 내 마음을 달래는 데는 약간의 시간이 필요할 거야. 대체 이 꼴이 뭔가? 초막을 찾아 자리를 펴고 잠을 자는 데 밤중이 되자 달이 떠올랐다. 그러더니 얼마 지나지 않아 비가 내리기 시작했다. 한없이 비가 내리기 시작했다.

포터를
빌리다

  새벽 5시 반, 여명이 비치기 시작하는 시간에 나는 자전거에 올랐다. 우리의 원두막과 흡사한 길옆의 초가에서 잠을 잤었다. 좁은 블록 위에 텐트를 깔고 플라이를 덥고 몇 번이나 뒤척이다가 일어난 것이다. 벌떡벌떡 일어서는 상처 입은 마음도 나는 눌러야 했었다. 그래도 새벽 신선한 공기를 마시며 30분쯤 자전거를 타고 나니 기분이 한결 좋아졌다. 간밤에는 한 번씩 비가 엄청 쏟아졌었다. 물먹은 풀잎이나 나뭇잎처럼 생기 넘쳐 보이는 생명은 없다. 다시 비가 내린다. 방비엥을 이 상태로 계속 갈 수는 없겠다는 결론을 내렸다. 비가 퍼붓는 오르막처럼 무서운 것은 없다. 산이 첩첩이 이어져 있는 이곳은 말 그대로 첩첩산중이다. 마을은 대개 고산의 길옆에 자리하고 있었다. 비를 피해 키 큰 활엽수 밑에 자전거를 세우고 화물차를 기다렸다. 마침 픽업트럭이 오다가 내가 손을 흔드는 것을 보고 차를 세웠다.

  "나 방비엥 간다. 비가 많이 오고 나는 지쳤다. 좀 태워줘."

  "이 차는 난닝(?)까지 간다."

  "그래 어디라도 좋다."

  부부는 차를 길가에 세우고 내 자전거와 짐들을 화물칸에 실었다. 나는 화물칸에 올라탔다. 난닝이 어디인지는 몰라도 방비엥까지는 여기보다 가까울 것이다. 거기엔 방비엥 가는 버스가 있을지 모르는 일이다.

  산악 길을 한 시간 반쯤 달려 과일가게가 줄 지어 늘어서 있는 산길에 차가 섰다. 여기도 길 아래로 구름이 지나가는 곳이었다. 자기는 여기서 과일을 사서 루앙프라방으로 돌아가야 한단다. 차비를 얼마 줄꼬? 물으니 대답하기가 매우 곤란한 표정을 짓다가 글자를 썼다. 50,000낍(6,000원). 돈을 꺼내 주니 인사를 하고 그들은 갔다. 도대체 길 아래 구름이 지나가는 이 높은 산에 어디서 어떤 과일이 있다는 말인가? 여기가 과일 산지인가?

산길에서 과일 장사를 하는 장사꾼들의 시선이 모두 내게로 쏠린다. 상인들은 거의 여자들이었다. 어린 여자애들이 대부분이고 간혹 늙은이도 보였다. 아이들이 내게로 모여들었다. 아이들을 보니 함박웃음이 터진다. 가방을 열어 아이들에게 작은 초콜릿 몇 개씩 주니 고사리손으로 받아서 합장을 하고 고개를 숙이며 "콥차이(감사합니다)."한다. 그 모습이 너무 예쁘다. 이 광경을 보고 있던 한 아이의 어머니가 자기가 파는 과일 중에 옥수수 몇 자루를 내게 내밀었다. 그래서 부득이 나는 상과를 닮은 과일 두 개를 10,000낍(1,200원)을 주고 샀다. 그리고 지나가는 차를 물색하는데 봉고 한 대가 내 앞에 서더니 기사가 내려서 과일을 산다. 화물칸으로 가보니 화물이 없다. 나는 부부가 타고 있는 운전석으로 가서 말했다.

"나 방비엥 간다. 좀 태워줘."

운송비를 100,000낍(12,000원)으로 결정하고 짐을 싣고 나니 기사의 늙은 마누라가 손님이라고 나를 앞으로 타란다. 노오, 내가 뒤에 타고 가겠어요. 이 포터를 타고 가다가 나는 엄청난 광경을 만났다. Kasi라는 마을에 도착하기 전이었다. 화물차 뒤에 앉아 바깥을 내다보고 있던 나는 안개가 심상치 않음을 깨닫고 곧 바깥을 주시하기 시작했다. 그리고 나는 안개가 산 아래까지 내려와 있는 독특한 지형의 산을 바로 눈앞에서 맞이했다. 실로 엄청난 광경이었다. 나는 소리를 질렀다.

"헬로 스톱!"

차가 서고 운전기사가 내렸다. 나는 이미 사전에 운전기사에게 좋은 광경이 있으면 차를 좀 세워달라고 부탁을 해 놓았었다. 하나 나는 거기서 사진을 담는데 실패했다. 조금 더 머물며 장비도 더 끄집어내어 찍어야 했을 것을. 흥분해 셔터를 마구 눌러 놓고 나는 운전기사에게 여기서 밥을 먹자고 제의했으나 기사는 밥값이 부담스러웠는지 끝까지 사양했었다. 그리하여 차를 출발시켰는데 이는 순전히 운전기사와의 소통이 제대로 되지 않아서다. 그게 아직도 몹시 아쉽다. 찍은 사진을 들여다보며 나는 사진의 한계와 사진의 발품과 여유를 다시 한 번 절감했다.

기사는 거기서 한 시간쯤 더 달려 KASI의 한 식당 앞에 차를 세웠다. 밥값은 기사와 둘이 30,000낍. 근데 기사의 아내는 밥을 시키지 않았다. 나는 처음에 그러려니 하고 무심코 먹었는데 이도 짐작건대 밥값을 아끼기 위해서인 것 같았다. 왜냐하면 오는 도중에 내가 배가 고프다고 하자 바나나 몇 개를 내게 주었는데 그 사이로 나뭇잎으로 싼 밥도 몇 개 보이는 것 같았다. 아마도 기사의 아내는 그걸로 요기를 하고 남편은 차를 운전하니 좋은 밥을 먹어야 된다고 생각하는 것 같았다.

나는 처음에는 정말 기사의 아내가 밥 생각이 없는 줄로 생각했지만 그게 아니었다 라는 생각이 들자 한 그릇 더 사 줄 것을 하는 후회가 밀려왔

안개에 덮인 산.

다. 우리도 1970년대에는 동네에 점심을 굶는 사람이 더러 있었다. 그것도 내 가까운 사람들이 점심을 굶는다는 것을 알게 되었을 때의 당혹감이라니…. 배고픈 것처럼 슬픈 드라마도 없다.

방비엥은 코딱지만한 동네다. 이 동네엔 한국인들이 모종을 부어 놓은 것처럼 많았다. 거리에서 만나는 동양인들 거의가 한국인이었다. 도대체 이게 어찌 된 일인가? 사람들에게 물어 보았더니 텔레비전에 한 번 나왔다나. 관광객들은 서양인들과 한국인들이 대부분인 곳에 소수의 라오스인들이 끼어 있는 형국이었다. 거리의 간판도 대부분 영어에 한국어 주석이 붙어 있었다. 젠장, 여기가 라오스인가 한국인가.

툭툭이 타고 쿤밍에서 박군에게 얻은 정보로 한국 게스트하우스로 갔더니 방이 없단다. 그러면서 그가 소개해준 또 다른 한국인 게스트하우스를 갔더니 값이 100,000낍이란다. 내가 들은 정보와는 달랐다. 주인이 내게 말했다.

"US달러로 하면 12달러정도예요."

싸다는 말이다. 나도 주인에게 말했다.

"내가 여기 며칠 놀러 온 사람이라면 그런 돈은 감당하지만 나는 장기 여행잡니다. 내가 듣기로는 50,000낍정도도 많다 하던데요."

"그럼 제가 50,000낍(6,000원)짜리로 안내해 드리지요."

옆집을 소개했다. 방의 시설은 같았지만 다만 에어컨이 없는 집이었다. 중국의 70원짜리(13,000원)보다 훨씬 깨끗했다. 그때까지 짐을 내리기를 기다리던 툭툭이가 운임으로 50,000낍을 달란다. 2km쯤 탔나? 왜 이리 비싸?

자전거 세차를 하고 짐도 겉면을 물로 닦아서 들여놓고 짐을 푼다. 방비엥에선 며칠 정도 있어야 할까? 방으로 들어가 짐을 푸는데 막혀 있던 카톡들이 한꺼번에 터진다. 오토바이로 여행하는 카이신에게서도 웨이신(중국의 카톡)으로 문자가 날라 왔다.

"어디 있어요? 나는 지금 Esgy go 호텔에 있어요."

호국

또 대식국(아랍)의 동쪽에는 여러 호국이 있으니, 바로 安國 부하라 Bukhara 曹國, 카부단 Kabudhan 史國, 킷쉬 Kishsh , 석라국 石라국, 米國, 펜지켄트 Penjikent 강국 康國, 사마르칸트 Samarkand 등이다. 비록 나라마다 왕이 있기는 하나 모두 대식의 관할 하에 있다. 나라가 협소하고 군사가 많지 않아 自爲(자위)란 불가능하다. 이 땅에서는 낙타, 노새, 양, 말, 모직물 같은 것이 나며 의상은 모직 상의와 바지 따위 그리고 가죽외투가 있다. 언어는 다른 여러나라들과 다르다. 또한 이 여섯 나라는 천교(천교, 조르아스터교, 배화교)를 섬기며 불법은 알지 못한다. 유독 강국에만 절이 하나 있고, 승려가 한 명 있기는 하나, 그 또한 (불법을) 해득하여 경신하려고 하지 않는다. 이들 호국에서는 모두 수염과 머리를 깎고 흰 펠트 모자를 즐겨 쓴다.

풍속이 지극히 고약해서 혼인을 막 뒤섞어서 하는바, 어머니나 자매를 아내로 삼기까지 한다. 파사국에서도 어머니로 아내를 삼는다. 그리고 토화라국을 비롯해 계빈국이나 범인국, 사율국 등에서는 형제가 열 명이건 다섯 명이건 두 명이건 간에 공동으로 한 명의 아내를 취하며 각자가 부인을 얻는 것을 허용하지 않는다. 그것은 집안 살림이 파탄되는 것을 두려워해서이다.

- 혜초의 왕오천축국전- 정수일 역주

물론 독자 여러분들은 혜초 스님이 말씀하시는 저 나라는 현재는 어디인가가 몹시 궁금하실 것이다. 스님의 '왕오천축국전'은 지금의 인도를 동서남북과 중앙으로 5등분해서 오천축국이라고 한 것이다. 국가 간 경계가 명확하지 않던 시기이고 수많은 통치자가 있던 시기이다. 지금의 파키스탄,

방글라데시, 중앙아시아 지방도 포함한다. 어머니를 아내로 삼는다고 했지만 생모는 포함되지 않는다. 이런 풍습은 오로지 생존을 위한 사람들의 지혜다.

블루라군

08.05.
수요일

방비엥엔 길거리로 나가면 발길에 차이는 것이 한국인이다. 근데 Esgy Go 호텔은 대체 어디 있는 거야? 카이신과는 웨이신밖엔 안 된다. 카이신은 겨우 영어를 떠듬거리는 사람이다. 나 역시 작문을 하려면 시작도 하기 전에 머리가 아픈 사람이다. 카이신이 제 위치를 내게 설명할 수 있는 방법이 없다. 위드미를 검색해서 골목길을 몇 번이나 돈 끝에 카이신이 있다는 게스트하우스에 가서 그녀를 만났다. 우리는 오랜 친한 친구처럼 곰살을 직이며 당장 밥부터 먹자며 식당부터 찾았다.

"오늘은 일단 블루라군으로 가봅시다. 자전거로 어때요?"

그렇게 코스에 대한 합의도 봤다. 하지만 로맨스는 개뿔. 이때부터 나는 그녀의 돈통이 되었다. 밥을 먹고 나면 밥값을 지불해야 하고 입장료가 있으면 그것도 지불해야 했다. 그녀는 당당했다. 마트에 들어가면 내가 고르는 것 외에 자기가 필요한 물건 한두 가지를 가져와서 슬쩍 계산에 포함시킨다. 애인처럼 행동하는 것이다.

그러면서도 같이 다니면서 제가 하고 싶은 일은 눈치코치 보지 않고 당당하게 했다. 사진을 찍고 싶은 것이 있으면 내 기다림 같은 것은 신경도 쓰지 않았다. 무거운 것이 있으면 내 배낭에 넣고 돈 들 일이 있으면 내 뒤에 숨는 것이었다.

"길에서 만난 여행자인데요. 가시나 저거는 내가 따라다니면서 돈 다 내 줘야 해요."

Tamzzang의 벤치에 앉아 쉬면서 한국인 현지 정착민이 나와 대화를 나 누면서 카이신이 자리를 뜬 뒤 내게 누구냐고 묻기에 대답한 말이다. 그는 세계여행을 한 사람답게 즉시 내게 충고했다.

"더치페이를 해야 합니다."

알고 있습니다만 실행이 어려워요. 일이천 원짜리도 이건 니가 계산해 라 할 용기는 내게 없었다. 그것보다 그녀는 근본적으로 돈이 없는 것 같았 다. 물론 이건 나의 착각일 수도 있다. 사람이 모자란다 싶어도 제 살 도리 는 제가 하는 법이니까. 그녀는 몹시 용감한 사람이었다. 블루라군의 제대 로 된 진창길 15㎞를 묵묵히 페달을 밟는 사람이었다. 남자들도 망설이는 길이다. 검약도 몸에 밴 사람이었다. 카이신은 자전거도 잘 탔고 사진 찍기 를 아주 좋아했으며 사진도 잘 찍었다. 그렇지만 다른 어떤 부분들은 거슬 리는 부분이 많았다. 그리고 그 놈의 돈에 대한 개념이 문제였다. 카이신에

블루라군. 이 조그마한 계곡 웅덩이 하나가 외국인들을 불러모은다.

게 있어서 돈은 남자의 주머니에서 나오는 것이라고 생각하는 것 같았다. 그래 너도 사기꾼이냐? 두 녀석에 이어 이제는 여자까지. 그래도 매몰차게는 못하겠어. 헐.

방비엥의 진창길

만일 여러분이 진창길을 제대로 한 번 달려보고 싶다면 방비엥으로 가면 된다. 거기서 블루라군 길을 짝퉁 버기카(일명 사발이)를 타거나 자전거 혹은 오토바이를 타고 달려보라. 물론 넘어질 각오는 해야 한다. 하이힐이나 뽀얀 운동화는 안 돼요. 그냥 흙탕에 빠져도 금방 헹굴 수 있는 신발을 신으세요.

거긴 제대로 된 죽탕길이 색깔별로 구색을 갖추고 있다. 회색, 황토색, 검은색. 넘어지고 자빠지고 온몸을 흙탕으로 뒤집어써도 모두가 킬킬킬 웃는 길이다. 투어링 차도 타고 가다 진탕에 빠지면 손님들이 내려서 밀어야 한다. 관광객들은 그렇게 즐기지만 도대체 이 길을 포장하지 않는 것은 관

남쏭 강 다리. 블루라군 가는 길.

광객들을 위한 것인가? 그렇다고 나는 결론을 내렸다. 왜냐하면 이 길을 가며 진창이 범벅이 된 채로 블루라군을 만나야 그 물이 진가를 발휘하고 그간의 고생이 한꺼번에 보상을 받는 듯한 느낌을 받을 것이기 때문이다. 바로 진창길 때문에 볼 것도 신통치 않은 블루라군에 그처럼 많은 젊은 외국인들이 낄낄거리며 모여드는 것이다. 그렇지만 현지인들의 고통은 클 것이었다. 오호, 두 마리 토끼를 한꺼번에 잡을 방법은 없는 것인가.

한 한국인 도시 남녀가 사발이가 빠져 씨름을 하고 있었다. 한데 그렇게 둘이서 해결하려고만 하니 될 턱이 없다. 자네는 왜 지나가는 사람에게 헬프 미를 외치지 않는가? 결국 우리가 힘을 합쳐 차를 들어 올렸다.

08.06. 목요일 탐짱 동굴

Tamzzang 동굴은 내가 이전에 한 번 입구에 들어갔다가 다시 돌아나온 곳이었다. 그때 며칠간 비가 많이 와서 계곡수가 불어서 위험해지니까 문을 닫은 것이었다. 관람객은 대부분 한국인이었다. 다리 입구에 자전거를 세워놓고 탐짱 동굴로 들어갔다. 여기서도 입장료를 한 번 받는 것이 아니었다. 그렇다면 대체 이전에 받았던 입장료는 다리를 건너는 값인가? 아니면 한꺼번에 받으려니 입장객이 없을까봐 꼼수를 쓰는 건가? 입구에서 6,000낍, 동굴 들어가는데 15,000낍이었다. 동굴 아래, 산 아래는 테이블과 식당 그리고 화장실이 있었다. 산 위에서 내려오는 계곡수가 웅덩이를 지나 Namsong 강으로 흘러 들어가서 메콩 강과 합류를 하는 것이다. 그 테이블에 앉아 카이신은 아무에게나 말을 건다. 물론 상대가 영어를 좀 한다면 그녀의 말이 엉터리라는 것을 곧 알게 된다. 하지만 그녀는 상관이 없

내가 다이빙 하는 것을
카이신이 잡은 사진이다.

다. 자기는 배우는 입장이기에 그런 것을 신경 쓸 일이 없다는 것이다.(영
어를 빠르게 배울 수 있는 여자다) 그리고 그녀는 동굴 속으로 가든, 산으
로 가든 한 곳도 빠지지 않고 구경을 한다. 그리고 남이야 기다리든 말든
자기가 찍고 싶은 것을 절대 빠뜨리지 않고 찍었다. 나는 이를 진심으로 존
경했다. 고물 스마트폰 하나 달랑 들고 본전을 아주 철저히 뽑겠다는 것으
로 보였다. 하지만 그녀의 본전은 빵원이다. 내가 내어줬기 때문이다. 그리
고 돈에 대해 내가 뭐라고 한마디 하면 그녀는 아주 당당하게 이렇게 말했
다.

"나는 가난한 중국인 장기 여행자야."

탐짱 동굴 앞에 앉아서 사진도 찍고 표도 받는 아저씨는 우체국이라고
한글로 쓰이고 김 머시기라고 명찰까지 단 작업복 윗도리를 입고 앉아서
지나가는 한국인에게 한 번씩 읽어달란다. 동굴 안은 그렇고 그랬다. 중국
의 동굴은 붉고 푸른 조명이 너무 많아서 원래의 동굴 제 모습은 간곳없고
싸구려 술집에 들어간 것 같은 느낌이었다. 하지만 라오스의 동굴은 백열
등만 켜 놓았는데 오히려 그게 더 좋은 것 같았다. 동굴을 갔다가 내려와
의자에 앉아 있으니 옆에 앉은 아저씨가 말을 걸다가 자전거로 왔다니깐

커다란 관심을 보였다.

"화아, 내 꿈이 그것이었어요. 근데 나는 견주기만 하지 확 저지를 줄을 몰라요."

한껏 나를 추켜세워 놓았다. 이 분을 그날 저녁 방비엥 K마트라는 한국 물건을 매우 비싸게 파는 곳 앞에서 만났다. 마침 술 한 잔이 생각이 나서 말했다.

"대포 한 잔 할랑교?"

그러자고 한다. 옆에 있던 아저씨의 딸내미가 거든다.

"아빠 돈 있어요?"

"여기 선생님에게 얻어먹지 뭐."

내가 한 살 많다고 하자 형님으로 하려니 자전거 경력으로 봐서 너무 건방진 것 같아서 선생님으로 부르겠단다. 그러면서 은근슬쩍 술값을 이 가난한 여행자 호주머니를 빌리기로 하겠단다. 내일 한국으로 돌아가는 사람이. 쳇, 그래 갑시다. 그래도 솔직하니까 좋아요. 사는 건 내 마음이니까.

 ## 휴대폰 또 분실,
카이신과 헤어지다

08.07.
금요일

한국인들이나 다른 나라 사람들이나 방비엥에서 가는 곳은 대동소이하다. 그들은 블루라군과 탐짱 동굴, 그리고 유이폭포를 돌거나 아니면 사이사이 카약을 하거나 짚라인을 타거나 튜빙을 한다. 튜빙이란 튜브를 타고 강을 떠내려가는 걸 말한다. 방비엥을 비껴 나가는 남쏭 강은 그 물살이 아주 빨랐다. 그냥 좌좌 흘러간다. 카약이건 튜브건 던져 놓으면 저절로 가는 것이다. 그래서 내려가는 걸 붙잡아서 상류로 싣고 가선 다시 강물에 띄우는 것이다. 강변에는 또 여행객들이 쉬고 먹을 수 있는 가게들이 줄지어 있었다. 노동자 평균 임금 10만 원인 나라에서 방비엥의 물가는 살인적이다. 밥 한 그릇에 5,000낍(600원). 중국의 경우 밥 한 그릇에 1원(180원), 비싸야 2원(360원)이었는데 여긴 식사 한 끼가 2만 낍에서 3만 낍(3,600원)이었다. 단기 여행객들은 별로 신경 쓰지 않을 것이다. 제 나라 돈으로 치면 얼마 안 되니까.

물론 나는 카약이나 기타의 것들을 다 생략했다. 번지 점프도 호주의 대보초 보트크루저 다이빙 할 때에 남 먼저 해봤고 물속 동굴다이빙도 남 먼저 해봤기 때문이었다. 블루라군에서는 5~6m쯤 되는 나무에 올라가서 사람들이 다이빙을 했는데 대부분 사람들이 헤드퍼스트를 할 줄 몰라서 은근히 시범을 한 번 보일까 싶은 객기가 발동했는데 그 많은 젊음 중에 내 늙음이 끼어서 그림을 욕되게 하는 것이 아닐까 라는 생각이 들어서 참았다. 근데 셍캉누이 폭포를 가는 길도 만만치가 않았다. 진창길에 돌, 자갈길이다. 거기다가 산으로 가는 길이어서 경사진 곳이 많았다. 한참 오르막 내리막을 타다 카이신이 오기를 기다리며 휴대폰을 찾으니 없다. 나오기 전에 나는 휴대폰을 만지작거렸는데 침대 위에 두고 온 건가? 별 자신은 없었지만 아마 베개 밑에 들었겠지 하고 태평스럽게 생각했다. 왜냐하면 핸들에 달려 있는 휴대폰 집엔 휴대폰을 넣으면 휴대폰집도 고무고 이도 비닐이라 서로 벗겨지기가 난감한 처지고 한 번도 그런 일이 없었기 때문이었다.

셍캉누이 폭포도 우리가 본 흔히 그렇고 그런 폭포였다. 더구나 산이 낮고 얕아서 건기에는 물줄기가 바짝 마르는 폭포란다. 거기를 다 보고 내려와서 카이신과는 작별을 했다.

"여기서 헤어집시다."

같이 다니지 않기로 한 것이다. 물론 같이 더 다닐 길도 없었다. 치사하게도 돈 때문이지만 더 이상 참기가 힘들었다. 야, 이 가시나야 내 돈 소중

한 줄 알면 남의 돈도 귀한 줄 알아라. 내가 네 돈통이냐? 오로지 돈 돈. 그러나 내가 참은 것은 그간 중국인들에게 받은 사랑 때문이었다. 카이신은 그런 말에는 눈도 끔뻑하지 않았다. 그래, 나도 카이신 네가 그럴 줄 알았어. 그렇지만 이제 그만. 그리고는 태평스럽게 게스트하우스로 돌아왔는데 휴대폰이 흔적도 없는 것이었다. 나는 망연자실했다. 자책을 하다 하다 이건 내 근본부터 문제가 있는 것이 아닌가 하는 생각에 몹시 우울해지기까지 했다. 물론 물건은 언제나 돈이 있으면 새로 살 수 있다. 하지만 휴대폰에는 돈으로 살 수 없는 것들이 들어있다. 그것도 돈으로 살 수 있게 만들어 놓아야 했는데 그걸 하지 못했다.

　아무래도 내가 좀 지친 것 같아. 집중력도 전과 다른 것 같고 간혹 가다 무섭도록 멍청해지는 것 같아. 기억력도 막장까지 간 게 아닌가 하는 생각이 들었다. 하지만 여긴 라오스 머나먼 곳이다. 스스로를 돕지 않으면 아무도 나를 도와주지 않을 것이다. 어쨌든 혜초 스님이나 현장 법사 같이 내비도 없이 걸어갈 수는 없다. 만일 혜초 스님도 이곳에 지금 있다면 휴대폰을 살 것이다. 그러니 하루이틀 더 살펴보고 휴대폰을 산다는 것은 아무 의미가 없다. 자전거를 타고 해 저무는 방비엥 거리로 나서서 휴대폰 가게에 들렀다. 185만 낍(22만6천 원 정도)을 주고 삼성 것을 하나 샀다. 사기만 하면 끝난 것이 아니다. 카톡도, 연락처도, 메모도, 제대로 하나라도 들어오는 것이 없었다. 휴대폰을 두 번 잃어버리면서 모든 것이 엉망이 되었다. 이런 엉망을 되돌리려면 어린 학생들에게 기대를 거는 수밖에 없다.

　옆의 게스트하우스로 갔다. 거긴 한국인 학생들이 많이 모이는 곳이고 주인도 상냥한 사람이었다. 학생들에게 이것저것 부탁해서 겨우 몇 사람 카톡만 뚫은 채로 돌아왔다. 이젠 또 잃어버리더라도 기기 외에는 최소한으로 잃어버리는 것이 없도록 조치를 할 것이다. 이전까진 솔직히 방법을 몰랐었다. 한 달에 두 번이나 휴대폰을 잃어 먹다니. 그렇다면 앞으로도 또 잃어버릴 것이다. 사흘간 방비엥을 돌고 나서 하루 쉬고 떠나려고 한 것을 조금 수정해야겠다. 내게는 휴식이 필요해. 나는 쉬는 방법에 대해 생각을 해야 하는 거야.

길 위의
풍경과 사람들

08.08.
토요일

오전에 친구들에게서 보이스톡이 왔다. 말인즉 니 요새 꼬라지가 이상하다. 가슴 근육도 죽은 것 같고 얼굴도 살이 하나도 없고 새까맣다. 건강은 괜찮나? 블로그에 올린 사진을 확대시켜본 모양이었다. 그러니 태국 넘어가거든 한 달쯤 요양을 하라는 것이었다. 개 한 마리 된장 발라라. 허약할 때는 개고기가 좋아. 라오스도 베트남도 개고기 다 판다. 쩝, 아니면 한국으로 들어와 충분히 쉬다가 가라나. 그래, 고마워. 그러면서 경비 걱정은 하지 말란다. 그러니까 사람 나고 돈이 났단다. 그 말에 용기백배. 자전거를 타고 된장국에 넣을 채소를 사러 나갔다.

인간관계란 것이 참 묘해서 백 번 잘하다가도 한 번 잘못하면 관계가 깨지는 수도 있다. 깨져가는 것을 바라보면 참 쓸쓸하다. 친구 사이만 그런 것이 아니라 가족도 그렇고 애인과의 사이도 그렇다. 이 세상 모든 관계가다 그렇다. 기대하는 것이 많으면 더 일찍 틀어진다. 기대를 끝까지 채워주는 것은 실망뿐이다. 그러나 영리한 사람은 그렇게 하지 않는다. 묘한 것은 대부분의 사람들이 틀어진 원인을 자신이 아닌 상대방에게서 찾는 것이다. 그러나 그런 관계란 없다. 우리가 지금까지 우정을 지속할 수 있었던 원인은 뭘까? 네 스스로를 돌아보라는 것이다.

자전거 여행에 나서기 전 예행연습으로 자전거에 지금과 같이 짐을 싣고 포항에서 인천까지 가서 표를 사왔는데 그때가 3월 중순이었다. 나는 그때 지독한 추위와 바람으로 감기가 걸렸었다. 약을 좋아하지도, 별로 신뢰하지도 않는 못된 성질이 있는 나는 대부분을 자연적으로 치유하는 걸 좋아한다. 자연치유를 핑계로 사실은 방치하는 것이다. 그런데 방치한 감기가 쿤밍에 가선 기침이 너무 심해져서 술 먹다가도 기침, 밥 먹다가도 기침, 매운 음식 들어가도 기침, 하도 심하게 해대어서 이상하다고 생각했다. 남들도 기분이 나쁠 것이고 혹시나 큰 병에 걸린 것이 아닌가 싶어서 쿤밍을 떠나며 일주일 분 보낸 것을 5일간 먹었더니 딱 떨어졌다. 거참 그렇게 쉬운 것을. 고국의 여학생들 앞에서 장영창 씨와 박군 앞에서 그렇게 기침을 해대었으니. 미련하기가 곰 선생이었다. 내 생각엔 아마도 그것 때문에 가슴 근육이 빠지지 않았을까 라는 생각이다. 약은 초기에 먹어야 하는구나. 나았으니 다행이지 더 큰 병으로 발전했다면 그 꼴이 어떻게 되었을까? 근데 지금 나는 건강한가?

열대과일과 구름

여행을 시작하면서 나는 열대지방의 채소와 과일에 상당한 기대를 걸었었다. 내가 좋아하기 때문이었다. 그러나 중국의 남쪽지방도 여기도 과일이 우리나라보다 맛이 없었다. 물론 비교할 수 있는 것들이 그렇다는 말이다. 눈으로 척 봐도 누구나 알 수 있을 정도로 복숭아나 사과가 때깔도 안 나고 작고 먹어봐도 풋내만 났다. 사과도 그게 사과야할 정도로 사과도 작고 맛이 없었다.

"이게 왜 이래요. 중국도 라오스도 나는 과일에 대해서 상당히 기대를 했는데, 우리 사과나 복숭아는 크기도 크고 얼마나 맛있어요!!"

"아마도 품종 개량을 안 해서 그런 것 같아요."

자연이 만든 것을 인간이 손을 봐야 한다는 말이다. 김상수 씨가 한 말이

사원 안에서 젊은 스님들이 세차를 하고 있다.

다. 물론 나도 거기에 동의한다. 우리가 어릴 때 따먹은 복숭아는 지금 중국시장에 내다 파는 것보다 더 못했다.

오후에는 구름이 하도 좋아 자전거를 끌고 구름을 잡으러 갔다. 오늘 하늘의 구름은 흰 뭉게구름이었다. 하지만 흰 구름 배 밑을 보면 슬쩍 숨어있는 먹구름도 있었다. 그것도 좋아. 파란 하늘을 배경으로 눈부신 흰빛을 자랑하는 구름을 봐봐. 인간이 만든 어떤 것들이 그 아름다움을 따라갈 수가 있을까. 산 위에 걸린 구름, 도로 위에, 처마 끝에, 그대의 아름다운 눈썹 끝에 걸려 있는 저 온갖 희망과 기쁨이 가득 들어있을 것 같은, 그게 미어져 터져 뭉게뭉게 나오는 것 같은 뭉게구름을 봐봐.

방비엥 중심지에서 5km쯤 자전거를 타고 나가서 다리 아래로 갔더니 남쏭 강에서 낚시를 하는 사람들이 있었다. 강은 황톳물이었다. 그 강으로 흘러 들어가는 냇가에는 노는 아이들이 있었다. 저 시절은 아무것도 부럽지 않다. 어떤 처지에 있더라도 부모님만 있으면 오직 즐거울 뿐이지. 아이들과 사진을 찍으며 놀다가 돌아왔다. 저녁엔 한국인이 하는 Vang vieng inn

게스트하우스에 앉아 있는데 한 남자가 밥을 먹으러 간다기에 따라 붙었다. 현지말도 하고 나이도 제법 든 총각이어서 이 동네의 내가 모르는 비밀스러운 좋은 식당이 있을까 싶어 따라간 것이다. 그는 태국에 오래 살았단다. 태국 말이 라오스에서도 그대로 통한단다. 20대 때부터 대학을 졸업하자마자 태국에 눌러앉아 지금까지 일을 했었다면서 이제 라오스로 건너와 다른 무얼 해볼까 하는 마음이 있어 둘러보러 왔단다. 그가 김상수 씨였다. 맥

남쏭 강의 카약들.

주를 먹다가 같은 게스트하우스에 묵는 학생들이 옆에 있으면 혼자 먹기가 거북했던지 한마디 했다.

"학생들 맥주 한 캔씩 먹어."

여행자로서는 쉽게 할 수 없는 말을 하는 사람이었다. 하지만 그의 얼굴에는 고독이 짙게 내려와 있었다. 그와 몇 개의 캔을 나눠 마셨다.

밥을 먹고 돌아와 김상수 씨와 함께 라오스 전통주인 라오라오를 사와서 게스트하우스 로비에서 한 잔 하고 있는데 손미정 양이 들어오다 합석을 했다. 혼자서 여행을 와서 놀다 들어가는 길인데 술이 조금 모자란단다. 이제 나이 스물여섯이었다. 미정이가 먹다가 남은 라면이랑 과자를 넘겨준다. 그래 고마워. 인생은 이렇게 돌고 도는 것 같아. 그대가 세운 계획은 어떤 것인가? 결혼을 하지 않겠다는 그 계획의 뒤는 어떤 계획이 있는가 이

말이네.

다시
탐짱 계곡

미정이가 한국으로 돌아가고 김상수 씨와 혼자서 여행 온 선생님 한 분과 다시 탐짱을 찾았다. 날이 너무 더웠기 때문이었다. 툭툭이를 빌려 타고 들어가니 수영을 하고 노는 계곡물이 반으로 줄어 있었다. 그간 며칠간 비가 오지 않았기 때문이었다. 산이 깊지 않다 보니 물이 비가 오고 안 오고 할 때마다 수량이 눈에 띄게 차이가 나는 것이다. 비가 많이 오면 물이 넘쳐서 입장객을 받지도 못했다. 저녁에는 처음으로 한국 식당에 가서 등갈비, 돼지김치찌개를 먹었으나 나는 별로 좋다는 생각을 하지도 못한 채 밥만 먹었다. 소주 한 병을 시켰으나 둘이서 다 먹지도 못하고 남겼다. 아마도 입맛 탓일 것이다. 김상수 씨도 태국으로 돌아가야 하고 거기서 또 어디론가 떠나야 하는 것이다. 그리고 나도 가야 해.

글쓰기

아침 일찍 김상수 씨가 가는 것을 보고 나서 게스트하우스에 들어와서 컴에 딱 붙어 앉았다. 그간 나는 방비엥의 인터넷을 아예 포기를 하고 있었다. 얼마나 시간이 걸릴지도 모르지만 하여간 여기서 지금까지의 일지는 끝을 내고 출발을 하자고 마음을 먹었다.

사진을 올리려면
놀듯이 해야 한다.

두 가지 작업이 동시에 이루어졌다. 컴에 사진 한 장을 올려놓고 올라가는 동안 나는 짐을 분류해서 일일이 휴대폰에 기록을 했다. 물건 하나 찾으려고 날마다 모든 백을 뒤지는 것에 아주 두 손을 든 상태였다. 내 좋았던 기억력은 까마귀가 물어 갔나?

블로그에 다 써놓은 글 하나를 포스팅하는 대 무려 12~14시간이 걸렸다. 마지막 확인 버튼을 눌렀더니 그마저 사진이 다 올라가지 않는다. 인터넷이 느리니 별 이상한 상황이 다 발생을 하는 것이다. 그렇다고 화를 낼수 없다. 다시 작업 시작. 누가 이기나 해 보자 이놈아. 오후 늦게 너무 더워 얼음물 한 병을 사러 나와 잠깐 움직인 것 외에는 밤늦게까지 일에 매달렸다. 내가 블로그에 글을 올리는데 정성을 들이는 가장 큰 목적은 글을 안전하게 보관하려는 것이다. 왜냐하면 이 글은 나중에 내게 남는 가장 큰 자산이 될 수 있기 때문이다. 나중에 재료가 있어야 뭣이든 만들 것 아냐.

08.11. 화요일 준비, 소떼

이제 출발 준비를 해야 한다. 된장도 한 통 사고 쌀도 사야 한다. 방비엥은 아주 작은 부락이어서 관광객을 빼면 현지인들은 얼마 되지 않았다. 이 좁은 곳에 하루에도 많은 사람들이 물건을 잃어버린다. 오늘도 여학생 한 명이 휴대폰을 잃었다면서 울상을 하고 들어왔다. 라오스 아이들이 한국 여학생들의 휴대폰을 노리는 것이다. 한국의 치안에 익숙해 있는 여학생들의 휴대폰은 라오스의 아이들에겐 너무 훔치기 쉬운 목표인 것이다.

출발 준비 이전에 진창길을 다닌 자전거는 세차를 꼼꼼히 해두어야 한다. 성능과 관계되는 일이니 소홀히 할 수 없었다. 말끔하게 씻어놓은 자전거를 타고 얼음물 하나(5,000낍) 사서 배낭에 넣고 길을 나섰다. 무작정 비엔티안쪽으로 방향을 잡아서 8㎞ 정도 내려갔다가 돌아왔다. 오는 길에 쌀 2㎏을 샀다. 20,000낍(2,400원). 루앙프라방에서는 13,000낍을 주고 산 것이다. 찹쌀을 1㎏ 샀는데 그것 때문에 비싼가? 쌀값을 주고 나니 돈이 정말 다 말랐다. 어차피 오늘 찾으려고 했었다. 좀 멀지만 이전에 갔던 ATM으로 가서 돈을 뽑으려고 하니 돈이 안 나온다. 소리만 요란하다. 가만히 지켜 서 보았더니 나만 그런 게 아니라 내 뒤에서 돈을 찾으려 하던 사람들이 다 그 꼴이다. 웬일이야? 은행에 들어가서 패스포트를 주고 돈을 찾으려고 해 봐도 안 된다. 통신장애인가? 직원도 모르겠단다. 일요일도 아닌데? 집에 밥 먹을 것은 있나 생각해 보니 된장이 조금 남았다. 그래 그걸로 오늘은 버티면 된다.

자전거를 타고 돌아오다가 소들을 만났다 소들은 연못으로 들어가더니 눈과 코만 내놓고 잠수를 한다. 많이 해본 솜씨다. 날이 워낙 덥다. 라오스의 소들은 그냥 방목을 하는 것 같았다. 울타리도 없었다. 아침에 나가서

파란색의 멋쟁이 부처님, 검은색의 부처님 색깔별로 다 있다.

더위를 피해 목욕을 하는 소떼들.

저희들끼리 다니며 풀 뜯어먹고 더우면 물에 들어가서 몸을 식히고 저녁이 되면 알아서 집으로 들어가는 것 같았다. 왜냐하면 한 번도 소를 모는 목동과 마주친 적이 없기 때문이었다. 언제나 소들만 있었다. 소들도 우리의 황소보다 작은 누렁소와 덩치가 크고 인상이 험악한 검은 물소가 귀에 플라스틱 표찰을 달고 풀을 뜯거나 진흙탕 물에 목욕을 하고 있었다.

방비엥은 인터넷이 너무 느리다. 예를 들어 포털에 들어가서 뉴스 제목을 보고 본문을 보려고 누르면 거기선 하염없이 기다리거나 아예 안 된다. 나중에 하라는 말만 나온다. 그래도 한국인이 누군가!!! 나는 거기에 붙어 앉아서 하루를 꼬박 투자하며 글 하나를 올리는 것이다. 어떻게 가능하냐 하면 내가 가만히 살피니 하루 종일 같은 속도가 아니라 시간대마다 다른 것을 발견하고는 하다가 그런 순간이 잡히면 재빨리 올리는 것이다. 하지만 이는 시간이 있을 때 이야기다.

08.12. 수요일 라오스의 ATM

어제 돈을 못 찾아 꼼짝없이 갇혔다가 결국 아침에는 미화 10달러를 들고 옆 한국인 게스트하우스에 가서 바꿨다. 80,000낍이다. 여기선 누구에게나 달러는 환영을 받는다. 근데 10달러 바꿔 된장 작은 것 하나와 고춧가루 500g을 사고 나니 80,000낍이다. 다시 ATM에 가니 돈이 나온다. 괜히 바꿨잖아. 그럼 내일 출발이다. 이제 페달을 밟고 싶다. 게스트하우스로 들어와 된장을 끓인다. 우리 고춧가루를 좀 넣었다. 굳이 된장에 우리 고추가루를 쓰는 것은 고국의 맛이 그리워서가 아니다. 여기 고추는 이상해. 작기도 작고 금방 상하고, 맛도 오지게 매운데 맛이 없다. 고춧가루는 없었다. k마트에 가면 주전부리가 너무 비싸다.

그렇다고 매끼를 쌀국수나 이름도 모르는 밥을 먹을 수 없다. 고기가 먹고 싶어서 돼지고기 꼬지 3개를 집었더니 15,000낍(1,800원)이다. 밥 한 그릇에 5,000낍(600원), 관광지라 턱없이 비싼 것이다. 꼬지 3개로는 두 숟갈도 못 먹는다. 거기다 내 입엔 맛도 없었다. 닭고기도 구운 것인데 솜 씹는 기분이었다. 그러니 된장 끓여 밥 먹는 것이 그나마 경제적이고 맛이 있었다. 하지만 된장만 먹는 것도 한두 끼지. 할 수 없이 점심에는 쌀국수 집에 들렀다. '국물이 끝내줘요'라고 한글로 쓰여 있는 집이었다. 국물은 말 그대로 맛있었다. 소고기 우려낸 물이라나? 20,000낍이다. 여기 쌀국수에는 한 개에 5,000낍하는 돼지고기보다 더 비싼 소고기가 여섯 점 정도 들어있었다. 내겐 한 끼로 충분한 고기 양이다. 아무래도 페달을 밟을 때 힘이 좀 될 것이라고 나는 믿는다.

달리고 싶다.

08.13. 목요일 개미떼의 습격

지난 저녁에 사다놓은 샌드위치 반 조각과 밥 남은 걸 먹고 나서 짐을 싸고 출발 시간을 기다리고 있는데 비가 온다. 이젠 놀라지는 않는다. 저러다 그칠 것을 알기 때문이었다. 오늘 같은 날은 비가 조금 내리는 것도 라이딩엔 한결 도움이 될 것이다. 비가 그치는 것을 보고 게스트하우스를 나와 옆 게스트하우스인 방비엥 인의 한국인 사장님에게 인사를 하고 기세 좋게 출발했다.

방비엥에서 비엔티안까지는 160km. 길이 좋으면 이틀이면 도달할 수 있는 거리다. 하지만 전과 같은 산악 지역을 만나면 며칠이 걸릴지 모른다. 그건 어차피 각오를 했다. 오히려 나는 그런 지역이 나오기를 기대하고 있었다. 왜냐하면 그런 산속에서 며칠을 머무르고 싶었기 때문이었다. 주민 외에는 아무도 없는 곳. 그리하여 사람들은 순박하고 시간은 더디게 흐르는 그런 곳에서 심신을 달래고 싶었다.

15km쯤 달려 첫 번째 원두막에서 쉬는데 아일랜드 라이더가 지나다가 자전거를 세웠다.

"안녕, 어디 가는 길이야?"

"응 비엔티안, 한국인이지? 나 한국에도 2년 동안 있었어. 구미에서 영어 선생을 했어. 정말 아름다운 구미산이 있어."

응 그렇군. 아일랜드에는 산이 없지? 그가 말하는 산은 금오산일 것이다.

"응 구미는 내 고향이야."

"그래?!! 그래 반가워!"

그는 구미가 제 고향이라도 되는 듯 반가워했다. 그리고 조금 놀다가 그는 갔다.

도저히 견딜 수 없어서 길가에 자전거를 넘어뜨려 놓고 나는 길옆에 드러누웠다. 여행 후 처음이었다.

기진맥진, 쓰러지다

다시 출발. 처음에는 휘파람을 불면서 잘 달렸다. 길도 좋았으니까. 역시 자전거는 달려야 한다. 싱그러운 공기, 초목들 상쾌한 아침이었다. 그러다 서서히 오르막이 나타났다. 다시 내리막 금방 오르막, 그렇게 가다가 25㎞ 지점에서 나는 자전거를 던져버리고 길가에 누워버렸다. 현기증이 나서 몸을 지탱할 수 없었기 때문이었다. 자전거가 길 위에 처박혔다.

일단 물을 마시고 머리에 붓고 가슴을 적시고 10분쯤 지나니 정신이 맑아졌다.

몸이 너무 지친 것이다. 개고기까지는 몰라도 휴식은 필요하다.

길은 오르막과 내리막의 연속이었다. 물고기 캔이 보이기에 두 개를 사서 넣었다. 라오스에서 발견한 먹거리였다. 5,000낍(600원)인데 캔 하나가 내 기준으로 밥 반 그릇 정도 먹을 반찬은 되었다. 비린내도 없었다. 이후에도 나는 이 먹거리를 발견할 때마다 조금씩 샀다.

그렇게 가다가 오후 3시쯤 한 가게에 들어가 어른 주먹보다 약간 큰 수박 한 덩이와 얼음물 한 병을 마시고 있는데 누가 길 건너에서 내 자전거를 보고 말을 걸었다. 스페인인 자전거 여행자 Aleu AT 였다. 그는 타이에서 출발해서 타이인 애인과 함께 방비엥으로 가는 길이었다.

그는 길을 건너와 자전거를 세우고 내게로 왔다. 우리는 반갑게 악수를 했다. 그는 중국으로 들어가 우즈베키스탄으로 가서 몽골까지 가는 여행계획을 가지고 있었다. 나이는 23살, 키는 멀대같이 컸다. 애인은 20살. 패니어도 나와 똑 같은 걸 앞뒤로 달고 있었다. 그가 내 자전거를 살피더니 림이 어디 거냐고 물었다. 한국산이야. 그리고는 패니어를 보더니 말했다.

"이건 잘못 달았어요. 이러면 방수가 안 되잖아요."

아닌 게 아니라 그가 달고 다니는 방법을 보니 내가 잘못한 걸 알았다. 그는 내 여행 계획을 듣더니 타이인 애인에게 타이말로 대화를 했다. 애인이 그 말을 듣더니 노트를 찢어서 뭔가를 써서 내게 건넸다. 그가 설명했다.

"이게 뭐냐면요. 태국에 가거든 사찰이나 경찰서 혹은 잘만 한 곳이 있으면 사람들에게 보여 주세요. 그러면 재워 줄 거예요."

스페인인 Aleu AT 와 태국인 애인. 20살, 23살. 그는 페북을 유난히 알리려고 애썼다.

그러니까 이 쪽지에는 내가 누구며 어디에서 어디로 가는 데 오늘 좀 재워 줄 수 있느냐는 글이 쓰인 것이었다. 이 친구, 과부마음 홀아비가 안다더니…. 그래 고마워. 나도 며칠 전에 태국에 사는 김상수 씨에게 태국 들어가면 사원에 가서 재워 달라면 재워준다는 아주 기가 막힌 정보를 듣고는 그걸 곧바로 실천에 옮길 마음의 준비를 하고 있었는데 다시 확인한 셈이다. 그래서 나는 기분이 좋아 이 커플 라이더에게 커피를 한 캔씩 사줬다. 셋이서 기념사진도 찍고 길에 대한 정보도 나누었다. 여기서 비엔티안 가면서는 게스트하우스가 없다고 했다. 그래 그럼 노숙하지 뭐. 헤어지며 나는 녀석을 보고 기분 좋을 한마디를 해줬다.

"네 애인 정말 예쁘다."

녀석은 파안대소를 하더니 스페인 오면 자기 집에 들르라네. 암 거기 가면 가야지 어디 사는 지도 모르지만 페이스북 아이디를 받았으니 뭔 걱정. 잘 가라 어린 친구들. 몸조심 하시고, 그대들의 사랑도 오래 간직하기를 바라네.

가다가 만난 건어물전. 라오스는 내륙국이다.

개미떼의 습격

저녁 6시, 나는 라이딩을 중지하고 길가에 있는 원두막을 오늘의 숙소로 낙점을 했다. 길보다 약간 위치가 낮았고 원두막 처마의 높이도 사람이 구부려야 들어갈 정도였다. 하지만 내 맘에 맞는 장소를 구하다가 해 떨어질 수도 있다. 방비엥에서 55㎞ 지점이었다. 그래 오늘 불볕더위 속을 그만하면 많이 왔다. 하지만 이날 나는 지옥 같은 밤을 보냈다. 해가 떨어지자 텐트를 깔고 푸라이를 덮었는데 기온도 높고 습도도 높아 온몸은 끈적끈적 땀이 흘렀다. 모기가 문 자리에는 물파스를 발라주면 그 약효가 떨어질 때까지는 모기의 공격을 피할 수 있었다. 그리고 자려고 누워있는데 뒷목을 누가 깨물었다.

"아야!"

나는 비명을 지르며 일어났다. 이게 뭐야? 무엇인지가 이곳저곳을 물어 댄다. 대체 뭐하는 놈들이야? 일어나 휴대폰 불을 켜니 개미였다. 바글바글. 머리카락 사이로 들어가서 두피를 깨문다. 입으로 불고 손가락으로 문지르고 해도 금방 한 떼가 나타났다. 소용이 없었다. 저녁을 먹으면서 흘린 음식 조각에 달라붙어서 한편에선 그걸 옮기고 다른 편에선 나를 물어뜯는 것이었다. 피할 장소도 없었다. 밤새도록 누웠다가 앉았다가 하면서 그걸 견디었다. 그 옛날 내게 있었던 지독한 일들을 견디었던 것처럼 그렇게 견디었다. 날이 새기를 그날처럼 갈망했을 때도 없었다. 밤새도록 비라도 오기를 기다렸지만 그 자주 오던 비가 그 밤에는 한 방울도 오지 않았다.

그 또한
지나가고

새벽 5시가 되자 여명이 밝아왔다. 아직도 옷 속에서 개미 몇 마리가 여기저기를 깨물어대어 사람을 기겁하게 한다. 내 이놈들을 그냥, 오오 여기선 밥도 먹기 싫다. 나는 다음 원두막을 향해 페달을 밟았다. 새벽길은 역시 좋다. 나무 사이를 조금 달리고 나자 어제 밤일은 간곳없고 기분이 상쾌해진다. 길가 원두막 위에 올라가서 야자 잎에 싸인 것을 먹었다. 작은 수박 한 덩이도 부셔서 먹었다. 원두막을 나와서 한참을 달리다가 길거리 식당이 나오기에 주저 없이 들어갔다. 밥이 있느냐고 물었더니 없단다. 라오스는 정말 먹거리가 없다. 사람이 있어야 먹거리도 있지. 그러나 나는 무엇이든 먹어둬야 한다.

먼지가 폴폴 날리는 길거리 진열대에 음식을 그냥 얹어 놓고 판다. 10년은 더 되어 보이는 선풍기 몸체에 날개 대신 천 조각 하나 달아서 부치고 있다. 거기에 오리다리를 삶아서 기름을 발라 놓은 것이 있었다. 저걸 먹어야 내가 살겠지. 그걸 시키고 밥 있나 물었더니 냉장고(?)에서 뭘 꺼내 보여주기에 하얀 것만 보고 밥을 해서 냉동시켰겠지 생각하고 고개를 끄덕였다. 그러나 이윽고 나온 것은 쌀국수였다. 오리다리는 데우지도 않고 그대로 나왔다. 나무로 불을 때서 조리하는 곳이다. 닭다린지 오리다린지, 며칠이 된 것인지 질기고 퍼석하고 도저히 못 먹겠다. 배 고프면 엔간하면 먹는다. 근데 나는 금방 원두막에서 아침을 먹고 나온 뒤라 아마도 배가 고프지 않았나 보다.

값은 28,000깁(3,400원). 3,400원이면 노동자 하루 일당이다. 닭다리는 한 입 베어먹고 먹을 때부터 나를 노려보고 있던 이 집 주인의 어린 아들에게 먹으라며 주고 값을 치르고 나왔다.

중국과 라오스

중국에서는 한국인들에게 큰 관심을 보였다. 그들은 한국인이라는 것을 아는 순간부터 웃음을 띠며 호의를 보이는 것이다. 한국인이다 하면 그들은 주저하지 않고 우르르 몰려와서 집적거리며 말을 걸고, 웃고 하는 것이다. 하지만 라오스인은 한국인에게 별 관심이 없었다. 사진 찍기에 대한 반응도 달랐다. 중국에선 사진을 찍자 하면 같이 찍는 것을 서슴지 않았다. 처음 보는 여자라도 마찬가지였다. 카메라를 가져다 대어도 피하지 않았다. 하지만 라오스는 카메라를 비추면 피한다. 아이들도 어른들과 마찬가지로 카메라를 피하는 것이다. 부끄러워하거나 거부반응을 나타내는 것이었다. 왜 이처럼 차이가 날까? 내겐 인상 깊은 대응이었다.

중국 아이들은 우리가 무엇을 주면 잘 받으려 하지 않았다. 아빠가 허락을 해도 받지 않는 아이도 있었다. 자존심이라고 해석을 할 수밖에 없었다. 근데 라오스의 아이들은 냉큼 받았다. 받은 것을 잡고 두 손을 모아 고개를 숙이며 '콥차이(감사합니다)' 하는 것이다. 거기다가 멀리서 이 광경을 본 아이들이 고사리손을 들고 오는 것이다. 같이 있던 부모들이 가보라고 하는 모양이었다. 부모가 그런다고 맨발에 그 귀여운 고사리 손을 어떡해. 동남아시아의 빈국인 라오스의 숙소 사정은 상대적 부국인 중국보다 깨끗하고 값도 쌌다.

다시 산을 오른다. 산이 그리 두텁지 않은 걸로 봐서 끝없는 오르막은 아닐 것이다. 쉬다 끌다 고개를 오르는데 아주 녹초가 되었다. 그렇게 죽을힘을 다해 오른 산길이 내리막은 불과 2㎞로 끝났다. 잠이 쏟아진다. 어젯 밤 개미와 씨름하느라 거의 못 잤다.

Phonhong이란 제법 큰 촌락을 벗어나 사원 앞에 있는 원두막을 발견하고 바로 사원 정문으로 차를 밀어넣었다. 너무 더워서 거의 실신할 지경이었다. 그리곤 길 건너편 상점으로 휘청거리며 뛰어가 얼음물을 샀다. 중국은 상점에 찬물이 귀했다. 아마도 이는 여름에도 뜨거운 차를 마시는 것을 보면 이해가 되기도 했다. 근데 라오스에선 얼음을 아이스박스에 가득 채우고 거기에 물을 넣어놓고 파는 것이다. 그 물을 사먹고 사원 앞 원두막에서 그대로 곯아떨어져 40분쯤 잤다. 개미가 무는 바람에 다시 일어나 달린다. 그렇게 한 30~40분 달리면 온몸은 다시 불덩어리가 되었다. 다시 그늘을 찾아 쉰다. 머리에 물을 부어 가슴으로 흘러내리게 하면 몸이 빨리 식는다. 그리고 다시 달린다. 그러다 한 동네를 벗어날 때쯤 비가 후두둑 떨어졌다. 재빨리 처마 밑으로 피했다. 하늘에는 해가 쨍쨍한데 비는 잠시 내리더니 금방 그친다. 다시 햇빛, 젖은 아스팔트도 금방 마른다. 비옷을 꺼내었다가 다시 집어넣었다. 점심을 먹으러 식당에 들어갔더니 쌀국수밖에 없었다. 쌀국수는 싫어. 그렇지만 둘러봐도 점심을 대신할 만 한 게 없다. 새댁이 주는 얼음물 두 컵을 순식간에 마시고 계란 다섯 개를 삶아 달라 했다. 그런데 말이 안 통하니 삶아온 것을 보니 반숙이다. 더 삶아줘. 두유와 구슬같이 작은 달걀 다섯 개를 먹고 15,000낍을 지불했다. 뜨거운 햇빛을 피해 30분쯤 있다가 다시 출발했다.

Ban na pheng이란 동네에 도착했을 때는 3시 반쯤이었다. 50km를 달렸다. 더 이상 달리는 것은 의미가 없다. 비엔티안까지 남은 거리는 50km쯤이다. 어차피 오늘 안으로는 못 들어간다. 자전거를 멈추고 지나가는 사람들에게 여기 잘 곳이 있느냐고 물었다. 예상대로 잘 곳이 있단다.(스페인 라이더는 게스트하우스가 없다고 했었다) 그러면서 그들은 세 군데를 가리켰다. 그중 나는 골목 안쪽에 있는 게스트하우스를 택했다. 큰길 쪽에 있는

반나펑 골목의
게스트하우스.
하루 80,000낍(10,000원).
방도 넓고 에어컨도
빵빵 돌아가는 곳이었다.

게스트하우스보다 아무래도 싸고 조용할 것이기 때문이다. 비포장 물구덩이를 지나 조금 안쪽으로 들어가니 게스트하우스가 나왔다. 주인 아주머니가 나왔다.

"얼마요?"

"100,000낍."

"나 어제까지 방비엥에서 잤는데 50,000낍 줬어."

주인 여자가 다시 종이에 숫자를 적었다. 80,000낍(10,000원). 그 이하는 안 된단다. 방을 살펴보니 에어컨도 있고 방도 50,000낍을 주고 잔 방비엥보다도 넓다. 좋아. 와이파이도 되고 여기서 자겠어. 무엇보다 관광지가 아니어서 관광객들이 없는 것이 마음에 들고 게스트하우스 뒤쪽으로는 작은 마을 그리고 자연이다.

우선 어젯밤의 지독한 기억들을 털어내기 위해 샤워를 해야 한다. 그리고 며칠째 입은 옷들, 땀에 찌든 옷을 빨래를 해서 널어야지, 그리고는 글을 쓸 것이다. 그리고 저녁은 밥을 해먹을 것이다, 고슬고슬한 밥을. 밥만 먹어도 맛있는 그런 밥을 해먹고 오늘은 에어컨이 있는 천국과 같은 곳에서 잠을 잘 것이다. 이 모락모락 피어오르는 행복함을 어찌할꼬.

반나펑에서 사흘
맛있는 **열대과일**과 **여유**

　Ban na pheng은 코딱지 반만 한 동네다. 게스트하우스를 나서면 비포장 골목길이고 그 길 건너에는 학교가 있다. 골목길을 타박타박 걸어 큰길 쪽으로 나가면 길 건너편에 타이어점이 있고 이어서 Kolao motor대리점이 있었다. Kolao moter의 회장은 한국인이다. 그는 이 나라 굴지의 부자다. 그는 하던 사업이 망해서 라오스 구경이나 한 번 하러 왔다가 고물 현대포터가 지나가는 것을 보고 삘을 받아 중고차를 취급해 돈을 벌었단다. Kolao 옆집은 Honda 오토바이 가게, 그 옆집은 옷집, 그 옆은 식당. 그렇게 13번 국도를 따라 500m쯤 길 양옆으로 가게들이 줄지어 늘어서 있는 동네다. 라오스 국도변을 지나다 보면 흔히 있는 평범한 동네다.

　새벽에 눈 쥐어뜯으며 일어나 컴을 당겨 글을 쓴다. 그러다 배가 고프면 밥을 한다. 찹쌀 멥쌀 섞어서 밥을 해서 따뜻한 밥을 먹는 것은 좋은데 반찬은 형편없다. 고추장에 라오스산 물고기 통조림 하나와 구군이 사준 중국산 장아찌가 모두다. 당연히 밥맛은 좋은데 자꾸 먹다 보면 밥맛만으로는 목에 안 넘어간다. 하하, 그러면 물 한 잔 먹고 또 먹는 거다. 팔콘이라 쓰인 통조림을 새고긴가 싶어 샀는데 뜯어놓고 보니 달콤한 즙이다. 크게 기대를 했는데 쩝, 영어사전을 뒤적여 봐도 정체불명이다. 이 즙은 빵이나 하나 사서 발라먹기로 결정을 내렸다. 나중에 알고 보니 연유라나.

　그렇다면 마음에 드는 식당을 하나 발견하기 전에 일단 생존전략으로 과일을 선택했다. 리치와 람부탄, 망고스틴, 포도를 조금씩 사서 탁자 위에 늘어놓고 까서 먹는다. 포도는 맛이 없었다. 왜냐하면 한국의 포도 맛을 기억하고 있기 때문에 비교가 되는 것이다. 그러나 나머지 것들은 여기서 처음 먹어보는 것들이다. 중국의 남쪽 지방에도 이 과일이 흔했지만 그 때는 밥 먹을 곳이 많았으니 먹을 일이 별로 없었다. 리치와 람부탄, 망고스틴은 껍질을 벗기면 하얀 구슬 같은 과육이 나온다. 껍질도 아주 쉽게 벗길 수 있었다. 그게 먹을수록 맛있어서 나는 사흘 동안 입에 달고 살았다. 처음 자전거를 타고 과일가게를 둘러볼 때 한 가게에서 열대여섯 살로 보이는 소년이 눈을 빛내며 가게에서 조르륵 달려 나와 나를 맞이했다.

"람부탄 1kg에 얼매고?"

소년이 눈을 반짝이며 말했다.

"1kg에 13,000낍."

나는 값을 알고 있다는 듯이 씨익 한 번 웃고 나서 말했다.

"10,000낍 하자."

소년은 망설임 없이 영리한 상인 흉내를 내면서 잠깐 생각하는 척하다가 '좋아요'하면서 재빠르게 과일을 봉지에 담는 것이었다. 나는 녀석의 그런 행동이 귀여워서 그다음부터는 이 집을 이용했다. 그렇지만 밥을 안 사 먹을 수는 없다. 과일가게 가기 전에 있는 한 식당으로 들어갔더니 조리하던 주인 여자가 퉁명스럽게 손님을 맞았다. 라오스 가게의 손님맞이 기본 콘셉트는 퉁명이다. 하지만 여자가 가리키는 곳을 보니 볶음밥 사진이 있다. 헉, 운수대통. 그래 저걸로 줘요. 오이 두 쪽, 소스 하나, 국물 한 그릇과 볶음밥 한 그릇이 나왔다. 맛은 훌륭했다. 이후 하루 한 번, 떠나기 전날에는 두 번을 이용했다. 나머지 시간들은 컴에 매달렸다. 서버에 사진을 올리는 일은 '막노동'이다. 그렇게 매달리다 몸이 가라앉으면 자전거를 끌고 나와 동네 뒤쪽을 한 바퀴 도는 것이다. 정오 무렵 시작되는 하늘의 쇼!! 구름이 슬그머니 꽃을 그리는 시간은 황홀하기까지 했다. 하지만 정오의 햇살은 뜨거웠다. 사진을 찍다 보면 머리는 화끈거리고 땀이 뚝뚝 떨어진다. 그렇지만 어떻게 해. 그땐 그 뜨거움조차 즐겨야 하는 것이다.

08.18.
화요일

비엔티안의 한국인들

메콩 강의 구름

짐을 챙겨 자전거에 달고 나는 또 떠난다. 게스트하우스 종업원이 내가 떠난다는 것을 주인 여자가 자는 방에 가서 알려도 주인 여자는 코빼기도 보여주지 않았다. 숙박료는 어제 저녁에 지불했으니 볼일이 없다는 것이다. 손님은 달랑 나 혼자였다. 나오거나 말거나 나도 간다. 여기서 비엔티안까지는 약 50㎞. 이런 길이라면 한나절이면 도착할 수 있을 것이다. 길은 외길, 아침부터 햇살이 따갑다. 첫 번째 사원이 나온다. 좋다. 비엔티안까지 가면서 나오는 사원마다 들어가 봐야지. 근데 가다가 보니 사원이 너무 많다. 이 많은 사원의 스님들을 신도들이 다 먹여 살려야 할 것이다. 물론 나 같은 여행자도 신도들이 돌보아 준다. 그러고 보니 퇴락한 사원들이 많았다. 건물이 오래되고 낡아도 손을 못 보는 것이다. 사원에 들어갈 때마다 나는 스님들에게 물을 청했다. 온몸에 땀을 철철 흘리며 들어오는 사람을 보고 물주기를 거절할 스님은 없다. 슈퍼에서 물을 사서 자전거에 달고 다니면 물이 햇빛에 달아올라 뜨거웠다. 사원에 들어가면 정수기가 있어 시원한 물을 마실 수 있는 것이다.

라오스는 가게마다 얼음공장에서 지급해 주는 아이스박스에 얼음을 준비했다가 음료를 사러 오면 얼음을 한 바가지씩 건네주었다. 라오스 전역에 이 얼음을 배달해 주는 공장이 있고 이 얼음공장 사장은 비엔티안의 대

저택에서 산단다. 크나큰 이권이 걸린 사업이란다. 이 얼음 사업을 보고 탐내는 사람이 있으면 사람들은 경고한다.

"얼음공장을 차리고 싶다고? 죽으려면 무슨 짓을 못해요?"

사원에도 얼음이 있었다.

달리다 보면 기관총을 어깨에 메고 다니는 사람들이 있었다. 사복 차림이었다.

"저 사람들은 뭐예요?"

"군인들이에요."

군인? 사복인데요? 돈이 없어서 군복 지급을 못해요. 그런가? 공무원들의 봉급이 4개월씩 밀린 일도 있었단다. 햇빛이 너무 강해서 40분쯤 달리고 나면 온몸이 불덩어리가 되는 느낌이었다. 근데 사원이 너무 많다. 1km마다 하나씩 있는데도 있었다. 비엔티안에 가까워질수록 더 많았다. 사원에 들어가기를 포기했다. 아침에 빵 한 조각을 고기인 줄 알고 산 연유에 찍어 먹고 나왔는데 더 이상은 배가 고파 달릴 수가 없었다.

가게마다 식탁이 보이면 밥을 먹을 수 있느냐고 물어봤지만 먹을 게 없단다. 밥은 포기하고 주민이 가리켜 준 한 식당으로 들어가서 국수를 시켜먹었다. 국수 나오는 동안 물 한 병과 두유 한 병을 먹고 토마토가 보이기에 그것도 두 개를 먹었다. 국수도 두 젓가락 먹으니 바닥이 난다. 사이다한 병과 얼음 한 주머니를 받아 다시 달린다.(식사와 음료값 17,000깁) 그러다가 다음 그늘 밑에 들어가서 얼음을 꺼내니 다 녹아 물만 있다. 이마저도 마시니 뜨뜻하다. 하하, 하이고 더워라. 오후 2시쯤 느낌이 다른 도시가나타났다. 마침 한국 식당이 있어서 들어가니 여기가 비엔티안이란다. '여울식당' 사장님에게서 여러 가지 정보를 얻었다. 에어컨 빵빵 돌아가는 여

청색 상자가
아이스박스다.
얼음공장에서
나눠준 것들이다.

비엔티안의
한국인 쉼터.

울식당에서 순두부 백반 한 그릇에다 밥을 두 공기나 먹었다. 여행 떠난 후
먹은 음식 중에서 가장 맛있게 먹은 음식이었다.(40,000낍 4,800원)

그리고 다시 달리며 한국인이 하는 게스트하우스를 찾아 가다가 한글이
보이기에 들어갔더니 라오스 한인 쉼터였다.

"여기는 모두가 공짜예요."

자전거도 공짜, 짐 맡기는 것도 공짜, 커피도 공짜, 인터넷도 공짜. 돈은
사장님 호주머니에서 나온단다. 휴게실엔 에어컨이 빵빵하게 돌아간다. 하
나 방은 안 된다. 80,000낍이란다. 그게 그건가? 물론 세상에 공짜는 없다.

한국으로 돌아가는 사람들이 휴게실에 쉬다가 여기서 제공하는 차량 편으로 비엔티안 공항으로 이동한다. 그건 20,000낍이다. 백 사장은 렌터카 사업을 하고 있었다. 물론 그건 공짜가 아니다. 자전거는 구미시에서 기증한 10대가 돌아가고 있었다. 한국인 쉼터에 여행객들이 큰 도움을 얻고 있는 것이다. 누이 좋고 매부 좋고다. 저녁은 쉼터의 백 사장과 구미에서 온 임호원 군과 길 건너 일본인 식당에서 도시락을 먹었다. 소주 한 병에다 맥주 두 병을 곁들여서 먹었는데 백 사장이 지불했다. 임호원 군은 구미 자전거 스폰서의 아들이란다. 탱큐. 임호원 군과 야시장에 들러 비어라오 한 잔을 더 먹고 방으로 들어와 몸을 눕혔다.

08.19. 수요일 비엔티안

아침으로 쌀국수 한 그릇을 먹고 임호원 군을 앞세워 대통령궁과 독립기념탑, That luang 사원을 갔다. 대통령궁은 잠겨 있었다. 이 나라의 인구는 680만 명, 중국 쿤밍시의 인구 700만 명보다도 적다. 라오스의 국토 면적은 우리의 남북한을 합친 크기보다 약간 크다.

비엔티안은 메콩 강을 사이에 두고 태국과 마주 보고 있다. 비엔티안의 메콩 강둑에 올라가면 건너편에 태국이 보인다. 이 나라의 언어는 태국과 같다. 마치 제주도와 경상도 방언과 같은 차이란다.

"근데 어떻게 태국에 먹히지 않고 살아 남았나요?"

내가 현지에 사는 김기철 씨에게 물었다.

"프랑스 점령 시절에 프랑스와 태국이 맺은 협정 때문에 살아남았어요."

아마도 태국 눈에는 라오스가 먹을 게 없었나 보다.

대통령궁.

메콩 강은 중국 윈난성에서 시작해 미얀마, 타이, 라오스, 캄보디아, 베트남 등 5개국 4,000여㎞를 흐른 뒤 남중국해로 빠진다. 비엔티안의 메콩 강 둑을 따라가다 보면 대통령궁 뒤에 차오아누봉 왕의 동상이 태국 쪽을 바라보며 오른손을 내밀어 악수를 청하는 모습으로 서있다. 싸우지 말고 잘 지내자는 뜻이란다. 역사적으로 이웃만큼 겁나는 나라도 없다. 메콩 강 강둑에 올라서면 푸른 하늘에 구름 쇼가 펼쳐졌다. 장엄한 광경이었다. 이 둑을 따라 저녁이면 야시장이 펼쳐진다. 강변을 따라 식당과 옷 등을 파는 가게들이 줄지어 늘어서고 거기를 여행객들이 찾는 것이다. 아침 일찍 한국인 쉼터를 나와 시내 쪽으로 나가다가 오른쪽 골목으로 들어가면 바로 강둑이 나온다. 그 강둑을 따라 자전거를 타는 것은 특별한 즐거움이었다. 점심은 여울식당으로 갔다.

"여기 오고 처음으로 밥 같은 밥을 먹었어요."

일주일 남짓 있은 임호원 군이 여울식당의 밥을 먹어보곤 감격에 차 한 말이다. 오후에 메콩 강둑으로 가볼까 하고 나오는데 한국으로 돌아가는 밤 비행기를 타기 위해 쉼터에서 기다리고 있던 학생 둘이 내가 나오자 따라 나와 묻는다. 김동영 군이었다.

차오아누봉 왕. 강 건너 태국 쪽을 향해
손을 내밀고 있다.

메콩 강의 둑. 건너편이 태국이다.

"저희들도 따라가면 안 될까요?"

왜 안 돼, 같이 가면 되지. 쉼터의 자전거를 타고 그들이 나를 뒤따랐다. 메콩 강변을 따라가면서 사진도 찍고 놀다가 돌아왔다. 그리고 맥주 파티가 벌어졌다. 언제나 즐거운 파티이다.

08.20. 목요일

메콩 강변의 구름

끼니마다 식당을 찾아다니는 것도 고역이다. 끼니마다 밥을 하는 것도 고역이다. 굶는 것은 더 고역이다. 자전거를 끌고 비엔티안 공항 근처에 있다는 김기철 씨가 가르쳐 준 빵집을 찾아간다. 직접 구워서 판다는 곳이다. 빵을 사서 자전거에 걸고 잼과 버터를 하나씩 사서 발라 먹기로 하고 마트에 갔으나 버터가 없었다. 고추장과 버터를 밥에 비벼 먹으면 한 끼는 맛있게 먹을 수 있는데 아쉽다. 빵을 사 들고 오는데 길거리 포차에 죽을 파는

것이 보였다. 빵보다는 죽이 낫지. 좁쌀죽에 닭고기 몇 점 넣은 죽 한 그릇
을 먹고 나니 세상이 아름다워 보인다. 가격은 5,000낍(600원)이었다.

다시 메콩 강가로 나가 반얀트리 그늘에 앉아 놀다가 야자열매를 한 개
10,000낍에 사서 그 물을 마셨다. 니 맛도 내 맛도 아니군. 그러나 메콩 강
위의 구름들은 너무 아름다워서 야자열매 맛 따위야 어떻든 상관이 없었
다. 자전거 스탠드의 나사를 조이기 위해 공구상가를 찾아 나섰다. 비엔티
안 시의 인구는 약 60만 명, 작은 도시가 아니다. 30~40분쯤 헤매다가 공
구 상가를 찾았다. 맞춤한 스패너를 찾아 값을 물었다. 주인 여자가 계산기
에 금액을 적었다.

"20,000낍."

하늘을 향해 한 번 씨익 웃으니 가격이 15,000낍으로 내려간다. 나는 다
시 손가락 하나를 들었다.

"오케이."

10,000낍에 사서 배낭에 넣고 돌아왔다.

08.21.
금요일
교민 김기철 씨

교민 김기철 씨가 쉼터로 찾아왔다. 그가 아는 쌀국수 '잘 하는' '포쌤'이
라는 곳으로 나를 안내하기 위해서였다. 그는 26년째 동남아를 돌고 있는
분이다. 여행이 아니다. 그는 그의 표현대로 먹고살기 위해 분통이 터지는
한국을 뒤로 하고 가족과 함께 나온 것이다. 태국에서 10년, 중국 시안에서
1년, 캄보디아와 태국 치앙마이 4년 등. 그는 라오스에서도 4년째 살고 있
다. 하나 있는 자식인 딸은 그의 자존심이다. 싱가포르에서 호텔업에 종사

하고 있는데 스위스 로잔에 있는 세계적인 호텔 학교를 장학금으로 나왔단다. 그가 나를 안내해 주기로 하고 찾아온 것이다. 국립박물관으로 가는 길에 나는 다시 ATM 앞에 섰다. 근데 수수료가 50,000낍이나 된다. 이상해. 방비엥에서는 20,000낍이었다. 5만 낍은 너무 많다. 옆에 있는 다른 ATM으로 가니 40,000낍이다. 어쩔 수 없이 돈 몇 푼을 찾아 나왔다. 불교 박물관으로 해서 독립기념탑으로 갔다.

"여기 올라가면 비엔티안 시내가 다 보여요."

내가 비엔티안 시를 조망할 수 있는 곳이 없느냐고 김상수 씨에게 묻자 데리고 온 것이다. 높은 곳에 올라가 지상을 내려다보면 모든 경치가 아름답게 보인다. 썩은 곳도 허물어진 곳도 아름다움 속에 묻혀버리는 것이다.

오후에는 조강섭 군이 어제 비엔티안에 도착했는데 저녁에 찾아오겠다고 연락이 왔다. 그는 학교를 졸업하고 취업에 나서기 전에 자전거 세계여행을 하기 위해 나온 것이다. 중국 칭따오로 들어와서 남부 해안선을 따라 상하이로 해서 쿤밍과 따리로 해서 리장으로 갔다가 루앙프라방으로 해서 방비엥으로 넘어 왔단다. 인연이란 묘한 것이 그는 내가 쿤밍에서 만난 순규란 여학생을 리장에서 만나 내 이야기를 듣고 블로그를 통해 연락을 해온 것이다. 그는 쿤밍의 홈프에서 내 자전거를 봤단다. 그러면서 오다가 내가 만난 스페인 커플과 라오스 사기꾼도 만났단다. 강섭이는 내 블로그를 읽었고 그가 바로 블로그에 나오는 사기꾼이라는 것을 알아챘단다. 라오스 사기꾼은 내게 한 말과 똑같은 말을 강섭이에게도 하더란다. 우리는 그 부분에서 크게 소리 내어 웃었다. 라오스 친구의 처지도 안타깝다.

저녁에 약속대로 강섭이가 쉼터로 찾아왔다. 카우치서핑에 호스트 전화 오기를 기다리다가 호스트가 마음이 변했는지 전화가 오지 않아서 그냥 왔단다. 우리는 김기철 씨가 아는 베트남식 보쌈 '넴느아'가 '맛있는' 집으로

쉼터에 도착한 조강섭 군.

넴느아 식당에서 김기철 씨와 함께.

갔다. 소주에 맥주를 섞어서 넴느아와 함께 맛있게 먹었다. 땀을 줄줄 흘리면서 먹었다. 에어컨이 없었기 때문이다.

강섭이는 내 방에서 자기로 했다. 내 방 침대는 혼자서 자는 병원침대 같이 좁은 것이다. 바닥은 마룻바닥이다.

"우짤래?"

나는 그의 생각이 어떤가 싶어서 물었다.

"저는 바닥에라도 여기서 자고 싶은 데요."

그는 돈 400만 원을 들고 세계여행에 나섰단다.

"저도 돈 떨어지면 돌아가야 합니다."

그는 27살의 청춘이다. 여행을 나오고 한 달쯤은 취업 걱정에 밤잠을 설쳤는데 그게 아무런 소용이 없다는 것을 깨닫고 지금은 그런 걱정은 하지 않는단다. 그는 여행 3개월째다. 청춘의 아픔도 노년의 아픔만큼이나 절실하다.

08.22.
토요일 **비엔티안 관광**

아침에 일어나서 우리는 전날 내가 K마트에 가서 사다 놓은 신라면 두 개를 끓여먹었다. 점심은 한국인 식당인 여울에 가서 먹자고 약속했다. 제대로 된 밥이라도 한 그릇 먹여서 보내고 싶었다. 그는 내일 방콕으로 넘어가서 캄보디아에서 친구와 만나 중국여행 중 잃어버린 카메라를 한 대 받기로 했다고 했다. 그는 교환학생으로 인도에서 4개월간 체류한 적이 있었고 네팔을 한 번 여행했다고 했다. 내가 많은 정보를 얻은 것은 물론이다. 그는 내 여행 계획을 듣고 말했다.

"아마 방콕에서 다시 만날 것 같아요."

그래 너도 다시 만나고 이란으로 가면 중국 시안에서 만났던 현석이도 만날 것 같다.

강섭이와 함께 비엔티안을 돌기로 하고 밖으로 나왔다. 사원들을 들어가 보고 대통령궁을 지나 독립기념탑으로 다시 탈루앙 사원으로 갔다. 탈루앙 사원은 문이 열려 있었다. 지난번은 문이 닫혀 있어서 들어가 보지 못했었다. 오후 1시쯤 여울식당으로 가서 순두부와 된장찌개를 시켜 공기밥을 두 그릇씩 먹었다. 강섭이는 찌개가 나오기도 전에 밑반찬으로 나온 콩나물무침이며 감자 볶은 것 등 네 접시를 모두 먹어 치웠다. 나는 그 모습을 웃으며 지켜보았다. 밥이 얼마나 중요한지를 어린 나이에 깨달은 것이다. 소주도 4병이나 먹었다. 강섭이를 처음 만났을 때 내가 물었다.

"술 좀 하냐?"

"많이는 못해요."

하하 강섭아, 너에게 많이는 도무지 몇 병이냐? 200,000낍(24,000원)을 지불했다. 라오스에서 식사비로 가장 많이 쓴 돈이다. 강섭이는 자전거가 펑크가 나서 돌아올 때는 끌고 왔다. 펑크 때우고, 한숨 자고 난 뒤 저녁엔 강변으로 나갔다. 라오라오 한 병을 슈퍼에 가서 사서(8,000낍) 맥주와 섞어서 먹었다. 라오스는 식당에 술을 갖고 들어가는 것이 자연스러웠다. 생각대로 문화가 형성되는 것이다. 라오스는 이정표가 드물었다. 방비엥에서 비엔티안으로 오면서 이정표를 본 기억이 몇 번 없다. 사원을 들어가도 영문 표기가 없었다. 분명히 사원마다 이름이 있을 것이지만 라오스어를 읽을 수 없으니 모든 사원이 내겐 그냥 사원이었다. 그러니 어쩔 수 없이 여행객들도 그냥 보고 그냥 지나갈 뿐이다. 탈루앙 사원은 그나마 유명해 거긴 지도에 이름이 영문 표기가 되어 있어서 알 수가 있었다. 탈루앙 사원에서 동상 옆에 앉아 있는 분을 보고 물었다.

"이 동상은 누구예요?"

"킹 세타크랏입니다."

하기야 구태여 알아서 무슨 소용이 있겠는가. 그도 나도 그냥 세상을 한번 지나갈 뿐인 것을.

황금사원 앞 조강섭 군.

08.23. 일요일 라오스의 진정한 **볼 것들**

비엔티안에서 한국 여학생들의 휴대폰은 도난의 표적이었다. 라오스의 비엔티안 한국인 쉼터에서 있는 동안 거의 매일 휴대폰 분실 사건이 일어났다. 한국인 쉼터에서 일어난 일이 아니라 쉼터 바깥에서 일어난 일이다. 야시장에서, 사원에서, 메콩 강가에서, 분실한 사람들은 거의가 여학생들이었다. 한두 명이 잃어버렸다고 했을 때는 본인의 관리 소홀이겠거니 했지만 사고가 거듭되다 보니 그게 아니라는 생각이 들었다. 유독 여학생들이 잊어버리는 것도 그런 생각을 뒷받침해 주었다. 현지인들이 여학생들의 휴대폰을 노리는 것이다. 학생들의 휴대폰 하나 가격이 여기선 일 년을 벌어야 모을 수 있는 돈이다. 덕분에 비엔티안 경찰서가 바빠졌다. 휴대폰 분실서류를 만들어 줘야 하기 때문이었다. 그래야 여학생들이 보험 혜택을 받을 수 있기 때문이다.

방비엥에서도 휴대폰을 잃어버린 여학생들이 발을 동동 구르는 모습을 몇 번 봤었다. 내가 방비엥에서 잃어버린 휴대폰도 결국은 그런 과정을 거쳤을 것이라는 확신이 드는 이유다. 분실이 아니라 도난인 것이다. 도난을 막는 가장 확실한 방법은 휴대폰을 몸에 지니는 것이다. 핸드백에 넣어두는 것도 안 된다. 뒷주머니에 꽂는 것은 '내 것 가져가슈' 하는 것과 마찬가지다. 자전거 거치대도 안 된다. 손에 쥐고 있다가 잠시 탁자 위에 놓는 것도 안 된다. 대중들 앞에서는 꺼내지도 말아야 한다. 가슴에 품는 수밖에 없는데 그게 쉽지 않다. 자식이라도 늘 품에 안고 있을 수는 없잖아. 가난한 나라일수록 조심해야 한다. 부자 나라의 가난한 사람들은 더욱 조심해야 할 것이다. 휴대폰에 신경 쓰다가 여행을 망쳐서는 안 될 것이기 때문이다. 여행의 자유를 누리려면 안 되는 것 투성이도 받아들여야 한다.

라오스의 볼 것들

여행하는 동안 어디어디에선 무엇을 봐야 하나요? 라는 질문을 자주 받았다. 글쎄, 당혹스러운 질문이다. 어디 가면 무엇을 봐라 하는 것은 방비엥에선 블루라군을, 비엔티안에선 독립기념탑과 탈루앙 사원을 보라는 것이 누구나 외치는 말이다. 그런데 정말 그럴까? 정말 그런 것들이 메콩 강위를 수놓는 구름보다도, 라오스 북부 산악지대의 웅장한 산들을 휘감던 안개보다도 더 볼만한 것들일까? 가족 사이에 흐르는 사랑은 두고라도 말이야.

사람들이 살아가는 것을 봐야지, 그걸 보는 데는 시장을 빠뜨릴 수 없다. 음식도 먹어보고 물건도 사고, 민가에 들어가 숙박을 할 수 있으면 더욱 좋다. 하지만 이는 짧은 일정의 여행객들이 접할 수 없는 일들이다. 나 역시 북부 산악 지역에 며칠 머무르지 못한 것이 내내 마음에 남았다. 여행은 과정이 아닌가. 준비하는 과정도 당연히 포함되겠지. 밤잠을 설치며 설레는 가슴을 가져 본 사람이라면 그게 여행의 목표만큼 값지다는 것을 알 것이다. 역사도 문화도 개뿔도 모르는 나라의 독립기념탑을 보러 그 먼 길을 가는 것이 아니지 않는가. 일정을 잘 짜야 한다. 여러 곳을 며칠 만에 휑하고 통과하느니 차라리 한 곳에서 여러 날을 머무는 것이 더 나은 여행이 될 수도 있는 것이다. 아울러 현지인들과 어울리면 더 좋은 여행이 될 것이다.

비엔티안에 오는 여행객들은 대부분 야시장을 찾는다. 야시장은 메콩 강변을 따라 길게 늘어서 있다. 상설시장이든 오일장이든 시장은 어느 곳을 가더라도 여행객들에게 가장 의미 있는 볼거리를 제공해 줄 것이다. 메콩 강의 야시장도 술집에서부터 옷, 신 등 각종 물건을 파는 가게들이 손님들을 맞이하고 있는 곳이다. 그리고 사람들은 강 건너 태국의 불빛을 바라보며 술을 마신다. 땀을 줄줄 흘리면서, 이국의 밤을 즐기는 것이다. 쇼핑도 여행을 즐기는 한 방법이겠지만 자전거 여행자에게 쇼핑은 금물이다. 정말 저걸 내 나라에 가져가면 얼마나 좋겠어 하는 생각에 호주머니에 손이 가다가도, 팔자대로 살자 싶어서 손을 거둬들이는 것이다. 모두가 짐이기 때문이다. 어제 낮엔 강섭이가 가지고 다니는 바리캉으로 머리를 깎았다. 샤워장에 쭈그리고 앉은 나를 강섭이는 차분하게 6㎜ 탭을 달아서 고르게 밀어 주었다.

　저녁을 먹고 노닥거리다가 늦게 찾은 야시장에서 시작한 술이 동네 구멍가게로, 새벽까지 이어졌다. 술을 많이 못한다던 강섭이는 주는 대로 원샷이다. 헛, 그 녀석 참 시원하게 먹는다. 나중에는 혼자 여행 온 여학생인 정은이와 어울려서 술을 마셨다. 외국여행이 주는 긴장감 때문에 술을 흠뻑 취할 만큼 마시지는 않았다. 그래도 술집에 들어갈 때는 취하고 싶어서 라오라오라는 라오스 토속주를 사서 맥주를 조금 섞어서 마셨다. 음주와 함께하는 대화야말로 긴장을 풀어주는 데는 최고다. 그리곤 아침에 다시 여울식당을 찾았다. 강섭이가 태국으로 넘어가는 날이다. 아침이나 든든하게 먹여 보내야지 싶어서 한국 음식을 먹으러 간 것이다. 그는 한창 먹을 나이다. 무쇠인들 못 삭일까. 된장찌개 하나에 공기밥 두 그릇씩 먹고 쉼터로 돌아와 강섭이를 보냈다. 그래, 잘 가라, 어린 친구야. 여행이 너의 앞날에 좋은 밑거름이 되기를 바란다.
　"아저씨, 나 가여."
　아주 편한 토속적인 친화적 멘트를 남기고 정은이도 갔다. 이제 다 갔다. 라오스에서 더 이상 만날 사람은 없다. 갑자기 할 일이 없어진 것 같은 허

떠나가는 강섭이. 뒤에 실린 장구를 두드리는 것을 못 본 것이 아쉽다.

전함에 메콩 강둑 위로 올라가 나무 아래 그늘에 앉아서 스스로 갑론을박
하다가 그것도 별 재미가 없어서 들어와 버렸다.

 08.24.
월요일

맛있는 음식도
한두 끼

새벽부터 컴퓨터에 매달렸다. 에어컨이 시원치 않아서 낮이면 더웠다.
된장에 넣을 것이 마땅치 않아 쌀을 사러 간 김에 마침 보이는 채소가게와
그 옆 구멍가게에서 돼지고기 약간과 채소를 사서 된장을 끓여놓고 저녁까
지 세 끼를 퍼먹었다.

근데 듣기 좋은 꽃노래도 한두 번이라고 네 끼째 그걸로 먹으려니 거부
반응이 왔다. 쌀 2kg에 26,000낍(2,800원)이었다.

08.25. 화요일 보급품을 받다

오전에 부탁한 물건을 받았다. 짐이 또 늘었다. 이 짐을 받기 위해 오늘까지 머문 것이다. 한데 가만히 여권을 살펴 보니 비자기간이 오늘까지다. 쩝, 벌금 물게 생겼다. 왜 내가 착각을 했을까? 큰 잘못이 아니니 벌금을 내면 될 것이다.

오후에 한국에서 온 중년의 여행객 네 분이 내게 한국 식당을 아느냐고 묻는다. 근데 어떻게 가시려우? 자전거? 자전거는 여자들이 못 타는 사람이 있어서 안 돼요. 툭툭이 타고 가지요. 근데 툭툭이 타고 가다 어떻게 길 건너편에 있는 자그마한 간판을 봐? 그들도 걱정이 되어, 같이 가시면 안 될까요? 타시죠, 점심 같이 합시다. 눈빛이 간절하다. 하이고, 내가 지금 빨래를 해서 탈수기를 돌리고 있는데 쩝. 하지만 우짜노? 운전기사도 모르는 한국 식당을 어떻게 찾아. 그래서 따라가서 밥 한 그릇 얻어먹었다.

"우와, 이것 한국에서도 이렇게 맛있게 하는 집은 흔치 않아요."

그분들이 말했다. 그래서 내가 데리고 온 거요. 하지만 이 집 사장님은 음식 할 줄 몰라요. 왜냐하면 내가 된장에 넣을 두부를 어디서 사느냐고 물었더니 자기 식당에 있는 두부를 내어주며 된장에는 무엇무엇이 들어가지요? 하고 물었다. 그러더니 주방으로 가서 감자와 호박을 가져다주는 바람에 아하, 이 집 사장님은 요리는 아예 못하는 구나. 그럼 대체 맛을 내는 사람은 누구야?

그들은 또 사장님에게 물었다.

"비엔티안에선 어디를 가서 무엇을 봐야 하지요?"

여울 사장님이 우물쭈물했다. 왜냐하면 그도 당혹스럽기 때문이었다. 독립기념관과 사원은 그렇게 자랑스럽게 내세울 것이 아니기 때문이다.

"예, 저도 많이 다녀 보지 않아서. 그러니까 사람 사는 걸 보시는 게… 궁시렁궁시렁…."

그는 여행에서 무엇을 봐야 하는지를 아는 사람이었다.

빨래를 널어놓고 ATM에 가서 돈을 찾았다. 쉼터의 숙박료를 계산하기 위해서였다. 대충 짐을 싸 놓는데 꼬박 두 시간, 그러나 내일 아침에 나머지 짐을 다시 싸야 한다. 지겹지만 되풀이하지 않을 수 없다. 좁은 침대에 누우니 잠은 오지 않고 메콩 강의 구름만이 눈앞을 어른거렸다.

08.26. 수요일 우정의 다리 건너 **태국**으로

새벽부터 천둥과 번개를 동반한 소나기가 줄기차게 내렸다. 어젠 쉼터 사장님인 백종현 씨가 이렇게 말했었다.

"제가 여기 6년을 살았는데 요즘 같은 이상 날씨는 처음이에요. 며칠째 비도 오지 않고 기온이 너무 높습니다."

현지에서 여행사를 하는 김기철 씨도 말했다.

"원래 4~5월이 가장 더워요. 송끄란 축제가 4월 12일입니다. 동남아에선 모두 이날을 즐겨요. 이날의 시원은 어른들이 아이들에게 어깨에 물을 묻혀주며 더위 먹지 말고 한 해를 건강하게 보내라고 기원하는 날이었는데 지금은 아예 서로에게 물대포를 쏘는 날로 변했어요."

비가 온다고 짐을 안 싸나, 저러다가 말겠지. 짐을 옮겨서 자전거에 싣고 기다린다. 일찍 출발해서 국경을 넘으려고 했는데 한 시간 반이나 기다리다가 8시에 나섰다. 빗발이 약해졌기 때문이었다. 어차피 우기에 비를 피할 수는 없다. 우의를 꺼내 입고 비엔티안에서 30여㎞ 지점에 있다는 태국으로 넘어가는 우정의 다리 쪽으로 페달을 밟았다.

내가 가는 목적지는 우정의 다리가 아니다. 다리 너머 있는 농카이 Nong Kai에서 다시 수십㎞ 지점에 있는 Udon Tani라는 도시다. 우돈타니에 가야 Chang Mai가는 버스를 탈 수 있는 것이다. 강섭이는 농카이에서 방콕으로 가는 기차를 타고 가서 벌써 도착했다고 연락이 왔다. 내비도 없이 비엔티안 시내를 통과해 가다가 갈림길이 나오면 물어가면서 그냥 밟았다. 빗속을 10㎞ 달리니 이미 신과 자전거는 흙탕물로 개떡이 되었다. 옷도 땀으로 폭삭 젖었다. 배도 고프다.

길거리에 늘어선 포차에 자전거를 세우고 들어갔더니 물고기 구운 것과 고두밥이 전부다. 화덕을 3개나 피워놓고 나무로 불을 때고 있는데 도무지 무엇을 만드는 거야? 비는 추적추적 내리고 음식에는 파리떼가 새까맣게 붙어 있었다. 선풍기는 기름과 때에 절어서 쳐다보기조차 민망하다. 오호 하나님, 내가 웬만하면 먹습니다. 다행이랄까? 물고기 두 마리를 시켰는데

화덕을 피워놓고 요리를 했다.

자빠진 김에 쉬어간다.

잘못 알아듣고 한 마리만 내어왔다. 한 점 찍어 맛을 봤더니 비린내가 풍긴다. 물고기는 밀어놓는다. 다행히 밥은 맛이 좋다. 밥을 비닐에 싸서 주머니에 넣고 젊은 주인 여자가 상처받지 않게 쓸데없는 말 몇 마디에 웃음 몇 번 터뜨리고 5,000낍 지불하고 바쁜 척하며 바로 나와 다시 페달을 밟는다. 라오스의 밥맛은 세계 최고다.

20㎞ 지점 우측에 우정의 다리가 있다는 표지판이 나왔다. 우측으로 방향을 틀어 자전거를 밟는다. 어느 새 비가 그치고 햇빛이 내리쪼였다. 우의는 벗어 짐 사이에 접어 넣고 다시 페달을 밟는다. 13㎞를 달리니 라오스 국경 검문소가 나왔다. 시간은 11시 20분. 3시간을 달렸다. 자전거를 도로 검문소 콘크리트 턱에 아슬아슬하게 세워놓고 줄을 기다려 직원 앞에 섰다. 도장을 찍으려던 직원이 비자 기한 날짜를 놓칠 리가 있나.

"내 실수요."

10달러를 달란다. 준비해 간 10달러를 건넸다. 벌금이다. 다시 자전거를 끌고 태국 쪽 검문소를 지나 우정의 다리를 향해 페달을 밟는다. 여기서부터는 좌측 통행이다. 다리는 좁아터져서 차 한 대가 겨우 지나간다. 다리 복판은 철로가 깔려 있었다. 다리를 다 건너서 철로가 휘어지는 지점을 넘다가 자전거가 레일에 미끄러져 개구리처럼 엎어져 버렸다. 뒤에 따라오던 차가 기겁을 하며 선다. 헐, 다친 데는 없군. 에구 쪽 팔려. 주의 부족이다. 레일이 자전거와 같은 방향이라 위험한 걸 알면서도 세우기가 귀찮아 밀어버렸더니 레일에 미끄러져 넘어진 것이다. 아픈 건 고사하고 배낭에 짊어지고 다니는 노트북은 무사할까?

다시 한참을 달려서 태국 검문소에 서니 라오스 사람들과 한국인들이 서는 줄이 다르다. 한국인들은 태국에 무비자로 90일을 체류할 수 있다. 입국

카드를 작성해서 직원에게 내미니 다시 한 번 갔다 오라고 손짓한다. 태국 말을 내가 알아들을 수 있나. 입국카드 나눠주던 곳에 가니 사인을 해서 가란다. 다시 카드를 내미니 또 갔다 오란다. 뭐야? 뭣 때문에? 직원은 계속 태국말만 쓴다. 서로가 못 알아들으니 중년의 직원이 신경질을 내면서 나와 한참 걸어가다가 에볼라 바이러스 어쩌고 쓰인 곳을 가리킨다. 감이 당장에 온다. 이 사람아, 진즉에 그러지, 신경질은 왜 내나? 너는 한국말 할 줄 아나?

검역소에 가서 패스포트와 카드를 내밀며 말했다.

"나는 5개월 전에 한국을 출발했다."

그러니까 사스 발병 전이라는 말이다. 여직원은 알았다며 바로 직인을 찍어줬다. 국경을 통과 하는데 1시간 20분이 걸렸다. 뭣이 이리 싱거워.

태국에 들어왔긴 들어왔다. 남의 나라 처음 가면 멍하다. 뭐가 뭔지 알아야지. 햇빛은 이글거리고 배도 고프고 온몸은 땀으로 젖었다. 자전거를 중앙 분리대에 세워놓고 쭈그리고 앉아서 쉬며 뭐부터 해야 하나를 생각한다. 배가 고프다. 밥부터 먹어야지. 그게 첫 번째다. 밥을 먹으려면 태국 돈부터 찾아야 한다. 돈 찾으려면 ATM부터 찾아야지. 자전거를 끌며 헤매어 봐도 태국 글자를 알아볼 수 있나. 물어물어 ATM을 찾아 인출을 시도했으나 돈이 안 나온다. 이게 대체 무슨 글자야? 햇빛에 부셔서 글자가 보이지도 않았다. 자꾸 하다가 카드가 먹히면 안 되니까 은행으로 들어가서 직원에게 도움을 요청했다. 직원이 바깥으로 나와서 돈을 찾아 준다. 10,000 바트, 한국 돈 347,800원이다.

근처에 있는 식당으로 들어갔다. 나는 큰 소리로 말했다.

"차오 밧(볶음밥)."

타이에서 먹는 첫 식사가 볶음밥이다. 40바트(1,391원)란다. 배 고프니 썬 오이 두 조각에 계란 프라이도 없는 밥이 꿀맛이다. 몸이 화끈거려서 얼음 넣은 물을 석 잔이나 마셨다. 쉼터에서 얼음물만 먹는 나를 보고 김기철 씨가 말했었다.

"건강하시니까 얼음물을 마실 수 있지 찬물 마시면 배탈 나는 사람 많아 요."

그것도 복이라는 말이다. 한겨울에도 얼음물만 마셨는데 이 더운 날씨에, 중국처럼 따뜻한 물을 마실 수는 없다. 밥을 먹고 내비를 치니 우돈타니까지 54km가 나온다. 이게 대체 뭐야? 비엔티안에서 우돈타니까지 거리를 검색했을 때는 62km가 나왔다. 34km를 달렸는데 다시 54km다.

📝 **후기** 이는 이 앱을 처음 쓰는 나의 착오였다. 직선거리와 실제거리 두 가지를 맵스미는 알려준다.

이 더위에 오늘 내로 들어가긴 힘들 것 같다는 생각이 들었다. 그래 빨리 가는 것은 중요하지 않다. 10km에 한 번씩 만일에 그 전이라도 몸이 견디기가 어렵다는 신호만 보내도 쉬기로 하고 다시 달린다. 10km를 달리니 원두막이 나왔다. 합이 43km를 달렸다. 원두막에 들어가 뜨거운 햇살을 피해 잠시 눈을 붙인다. 40분쯤 눈을 붙이고 나니 몸이 좀 개운한 느낌이 들었다. 다시 햇빛 속으로 들어갔다. 태국의 도로는 시원하게 뻗은 고속도로 같다. 물론 부분적으로 공사 중이고 엉망인 곳도 있었다. 차들도 거기에 맞춰서 살인적으로 달린다. 차들은 일제 일색이다. 도요타, 이스즈, 미스비씨, 혼다, 마즈다. 가물에 콩 나듯이 현대가 있었다. 다시 10km를 달렸을 때는 목이 타 들어가는 것 같았다. 물은 준비했지만 햇볕에 뜨뜻해져서 마실 수가 없다. 길거리 코코넛을 파는 포차가 보였다. 들어가면서 자전거를 세우기

길가의 원두막 닮은 쉼터는
내겐 절실한 곳이었다.
여기서 잠시 눈을 붙이고.

도 전에 다급하게 고함을 질렀다.

"물, 물."

그러자 포자 주인이 얼음에 재인 코코넛 열매를 칼로 머리를 날리고 빨대를 꽂아줬다.

물보다는 이게 낫겠지. 얼마나 달고 시원한지 과액을 마시며 원두막 안으로 들어가 주인 남자와 한참을 노닥거리다가 나왔다. 25바트. 엄지를 치켜드는 주인 아저씨의 배웅을 받으며 다시 달린다. 얼음물과 코코넛이 있다면 무슨 걱정이 있으랴. 기분이 가뿐해진다. 다시 10㎞를 달리면 저 달고 시원한 코코넛 과액을 마실 수 있다는 생각에 빨리 달려야겠다는 생각뿐이다.

다시 10㎞쯤 달렸는데 미안하지만 코코넛 가게가 보이지 않았다. 목이 더 타 들어가는 것 같았다. 그렇지만 없는 걸 어떡해? 병에 든 뜨뜻한 물을 이것이라도 먹어야 살지 라는 생각으로 마신다. 해도 넘어가는 시간이었다. '원두막에서 잘까.' 찾아 들어간 원두막에서 개미떼를 보고 기겁을 하고 나왔다. 개미는 무서워. 사원에 들어가 잘까? 하지만 사원은 보이지 않

다시 10㎞를 달려 만난
코코넛 포차.
얼음에 재워놓은 코코넛의
맛은 환상적이었다.

앉다. 학교도 들어가서 눈치를 살폈으나 가망이 없어 보였다. 안 돼? 그렇
다면 게스트하우스로 가자. 무엇보다 씻고 싶다. 다시 4㎞쯤 달리다 마음
이 급해졌다. 빨리 잘 곳을 찾아야 한다. 오늘은 첫날이다. 중국 꼴 나서는
안 된다.

태국의 라이더들은 옷이나 자전거는 확실히 라오스보다 깨끗하고 세련
되어 보였으나 나를 스치며 지나가면서도 본척 만척이었다. 그런데 한 중
년 라이더가 지나가면서 말을 걸까 말까 하면서 추월하더니 저 앞에서 자
전거를 세우고 나를 기다린다. 내가 먼저 인사를 했다.

"이 근방에 게스트하우스 없어요?"

더듬더듬이지만 말이 통했다.

"우돈타니까지 가야 한다. 25㎞쯤 더 가야 해요."

그때 자동차가 한 대 서더니 사람이 내려 대뜸 내게 악수를 청했다. 관심
이 많다는 말이다. 그러더니 나와 사진부터 찍는다. 중국인인가? 우돈타니
까지는 지금 못 간다. 나는 너무 피곤해서 이 근방에서 자야 한다고, 했더
니 이 사람이 길 건너 게스트하우스가 있다면서 알려준다.

근데 저기를 어떻게 건너가? 중앙 분리대 대신에 차로 두 개는 될 만한 고랑이 있었다. 유턴 하는 곳은 너무 멀다. 짐을 실은 자전거를 내가 끌어 올릴 수가 없다 하니 자기가 끌어 주겠단다. 그리하여 찾아갔더니 헛방, 다시 혼자서 숙소를 찾고 있는데 이 사람이 돌아가다가 걱정이 되어 또 차를 몰고 건너왔다. 그렇게 두어 번 하고 나니 나도 진이 빠졌다.

근처에 호텔이 있다 했지만 500바트(17,390원)나 한다고 했다.

"미안하지만 너무 비싸다. 나는 장기 여행자야."

탈락시켜버렸다. 그렇게 다시 가다 보니 24시호텔이 보였다. 이 한적한 농촌에 호텔이다. 이젠 지쳤다. 500바트고 뭐고 반가워서 들어가니 진짜 500바트를 부른다. 400바트하자. 안 돼요. 하자니까? 직원은 또 웃으며 안 된단다. 태국은 처음 보는 사람들과 대화할 때는 먼저 웃음부터 짓는 모양이었다. 흙떡이 된 자전거부터 화장실로 밀어넣어 씻고 옷을 모조리 벗어서 빨래를 하고 신도 씻어 어두워진 바깥마당 울타리 나무에 널어놓고 라면을 끓였다. 근데 신라면이 왜 이리 맛이 없어? 몸상태가 좋지 않다는 말이다. 내일은 바쁘지 않아도 된다. 치앙마이 가는 버스는 저녁에 있다는 정보를 들었기 때문이다.

텐진~인천 간 한국인 항해사가 자전거를 끌어올려 놓고 나서 나와 대화를 나누며 말했었다.

"저는 여기 이 배에서 10년을 일했고 중국에서도 10년을 살았는데도 아직 중국도 중국인도 무서워요. 근데 중국어도 못하면서 어떻게?"

한마디로 아무것도 모르면서 장차 여행을 어떻게 할 것이냐는 말이었다. 모르는 것이 약일 때도 있다.

우돈타니
야간버스

08.27.
목요일

새벽부터 또 비가 쏟아진다. 밤새 말린 옷을 입고 다시 빗속에 서긴 싫었다. 빗속을 달리면 또 세차를 하고 빨래를 해야 한다. 하지만 하루를 더 여기서 있어야 한다는 것은 더 싫다. 이불 속에서 발을 꼼지락거리며 계산에 계산을 거듭했지만 답은 이미 나와 있는 것이다. 오전 중에만 그치면 우돈타니를 간다. 하지만 기다린다는 것이 초조하다. 밥을 지어서 먹었는데 욕심을 부려서인지 밥이 많다. 남은 밥을 변기에 버렸다.

비가 그치는 것을 보고 자전거를 끌고 나온 시각이 12시 조금 전이었다. 우돈타니까지는 멀어 봐야 30㎞ 안팎일 것이다. 그리하여 마침내 2시를 전후하여 우돈타니에 들어섰지만 이제 버스정류장을 찾아야 했다. 학생일 것 같은 젊은 애들에게 몇 번 물어봤지만 말이 통하지 않는다. 자전거를 몇 번이나 자리를 옮기며 사람들과 접촉을 해본다.

나는 아직 맵스미의 내비 기능도 숙지를 하지 못하고 있었다. 사거리에 자전거를 세워놓고 이 사람 저 사람 관상을 본다. 쟤는 폼이 영어를 알아들을 폼이고 쟤는 좀 농뗑이였을 것 같아. 하지만 아무도 통하지 않았다. 다시 차를 끌고 가다가 은행 앞에서 차를 세웠다. 은행에서 나오는 말쑥한 애에게 물었으나 역시다. 근데 이 친구가 은행 문을 가리키면서 저기로 들어가라는 시늉을 한다. 됐다. 내가 왜 그 생각을 못했지? 은행 창구에 가서 물었더니 바로 한 사람을 손짓해 준다. 여행원에게 휴대폰을 꺼내어 해당지점을 체크해 달라 하고 탱큐를 연발하고 나와서 2시 30분쯤 버스정류소에 도착했다. 날이 매우 뜨겁다. 8시 30분발 우돈타니행 버스표를 787바트

(27,000원)에 끊었다. 2층 1번 좌석을 나는 원했다. 앞자리는 바깥 풍경을 보기좋아 선호하는 자리다. 일단 근처 식당에 들어가 맛없는 차오밧 한 그릇 먹고 50바트를 지불했다. 자전거 짐을 내려서 쿤밍에서 얻은 마대 포대에다 넣어서 표 파는 아가씨에게 짐을 봐줄 것을 부탁하고 자전거만 몰고 나왔다. 오다가 만난 선전탑에 있던 사원을 둘러보기 위해서였다. 태국의 사원은 라오스의 사원과 무엇이 다른가 궁금했기 때문이다. 날은 더운데 정류소 의자에 앉아 시간을 쪼개는 것도 못할 짓이기 때문이었다. 하지만 나는 결국 땡볕에 한 시간 넘게 땀만 철철 흘리다가 돌아와야 했다. 도무지 내비를 이해할 수 없었기 때문이었다. 길을 한 번만 잘못 들어도 내비의 방향타가 제멋대로 돌아 갔기 때문이었다. 그러나 이건 필시 내 잘못이다. 그렇게 제멋대로인 앱이라면 이미 퇴출되었을 것이기 때문이다. 결국 내가 아직 이 앱을 제대로 사용하지 못하고 있는 것을 확인한 것이다.

온라인 앱은 쓰지도 못한다. 와이파이 지역이 아니면 내 스마트폰은 메모나 적는 종이 역할 밖에 못하기 때문이었다. 스마트폰을 잃어버릴 때마

버스 매표소. 공동으로 되어 있지 않고 행선지마다 매표소가 달랐다.

다 점점 낮은 사양을 샀기 때문에 시스템 저장 공간이 부족해서 다른 앱도 받지 못하는 처지였다. 정류장으로 돌아와서 의자에 앉아 있으니 몸무게가 100kg은 가볍게 넘길 것 같은 여직원이 자전거 운임을 200바트 내란다. 하여튼 표를 끊고 이미 몇 시간이나 지난 시점이었다. 많이도 부른다. 저 여직원과는 격투를 해도 내가 질 것 같았다. 별 수 없이 200바트를 지불하고 나니 머리에 김이 모락모락 올라오는 기분이었다.

물 한 병을 사서 벌컥벌컥 들이켜고 저녁밥을 먹어두고 빵까지 준비하고 나니 7시 30분쯤 버스가 들어왔다. 운전기사와 합세해서 짐들을 화물칸에 넣고 버스는 8시 20분에 출발했다. 트랜서젠더가 확실할 것 같은 안내양이 자리를 안내해 줘서 갔더니 대합실에서부터 별로 반갑지 않았던 양코배기가 내 옆자리에 앉는다. 아니나 다를까 그는 앉자마자 규슈에서 젊은 기미코와 10시간이나 섹스를 했더니 몸이 피곤하다고 수다를 떨며 내 반응을 살핀다. 이놈아, 늙어도 곱게 늙어라. 프렌치모자에 반바지에 털만 많은 가느다란 다리 꼬락서니하고. 세상에 꼴불견이 여행지에서 딸 같은 어린 여자들을 데리고 다니는 늙은 남자들이다. 이놈아, 알기나 똑바로 알아라.

버스가 시외로 나오자 안내양이 도시락과 물휴지, 간식으로 빵과 작은 물 하나씩 나눠준다. 중국에서는 25시간짜리를 타도 받아보지 못한 대접이다. 내일 아침밥까지는 문제가 없군. 빵빵하게 돌아가는 에어컨과 담요, 거기다가 화장실까지 설치된 버스는 밤새 쉬지 않고 달렸다. 잠결에 한 번씩 보이던 바깥 풍경. 그러니까 자전거를 타면 죽었다 할 길이지만 또 그런 길이 아름답다는 것을 아는 나는 조금 서러워졌다. 매표원은 우돈타니까지 12시간이 걸린다고 했지만 실제로는 10시간 만인 다음 날 6시 20분쯤 치앙마이에 도착을 했다.

타이왕국의
옛 수도 **치앙마이** 도착

오전 6시 20분, 밤새 쉬지 않고 달려온 버스가 치앙마이 버스정류장에 나를 내버렸다. 일단 사람들의 시선 속에서 자전거에 짐을 세팅하고 담배를 한 대 피워 물었다. 어디로 가지? 새하마높, 침을 튕겨 방향을 잡을 수도 없고, 말도 안 통하는 사람들을 잡고 물어보려는 생각만 해도 무섭다. 하지만 우짜노? 블친님이 알려준 대로 문무앙 거리를 찾아야 한다. 내비를 실행시켜도 글자가 보이지 않는다. 죄다 비슷한 것만 있다. 물어물어 결국 문무앙 거리와 비슷한 발음의 한 지점으로 방향을 잡고 내비를 따라간다.

하지만 내비가 얼마가지 않아 돌대가리 증세를 나타냈다. 아니다. 나의 돌대가리 증세가 도진 것이다. 대체 이게 뭐하는 내비야? 그렇게 두 시간을 헤매는 동안 나는 이 앱의 돌대가리 증세와 나의 돌대가리 증세를 처방하는 약을 구한 것이다. 가다가 일단 그 거리라고 앱이 가리키는 곳에 자리를 잡은 뒤 자전거를 세우고 유스호스텔을 검색했다. 거기서 뜨는 가장 가까운 거리의 호스텔로 가기로 결정한 것이다. 성벽을 몇 번이나 헤매다가 드디어 그 호스텔을 찾았다. 놀랍게도 방은 50바트부터 있다고 쓰여 있었다.

하지만 나는 경험상 그런 비지떡을 믿지 않는다. 주인 여자가 150바트짜리도 있고 200바트짜리도 있단다. 150바트는 팬이 돌아가고 200바트는 A.C(에어컨을 이렇게 말했다)가 돌아간단다. '일단 150바트짜리부터 봅시다.' 올라가니 가는 길목마다 일인용 텐트를 가지런히 놓아 방바닥 위에 쳐놓았다. 사람도 그 텐트에 들어있었다. 처음 보는 광경이었다. 150바트짜

치앙마이의 성벽. 성벽 안쪽이 구시가.

리를 올라가니 진열대로 쓰는 앵글에 짜놓은 침대가 기다리고 있었다. 몸무게가 좀 나가면 부러질 것 같은 엉성한 앵글이었다. 자전거를 들여놓을 여유 공간도 없었다.

"자전거와 짐을 옮겨야 되는데요."

일단 나는 급했다. 샤워가 절실했다. 그러나 자전거와 짐은 바깥에 둬야 한다고 주인 여자가 손짓 발짓이다. 자전거 여행자에게 자전거를 밖에 두라 하다니. 자전거를 길바닥에 둬야 한다고? 호스텔은 기다란 건물의 한 부분을 쓰고 있었다. 더 말할 필요가 없다. 나는 자전거를 세워놓고 옆집으로, 길 건너로, 같은 형식의 호스텔을 둘러보다가 마침내 맞춤한 집을 발견했다. 아직 처녀인 듯한 주인은 무엇보다 말이 통했다.

"4층은 150바트고요 10인실입니다. 2층은 8인실이고 에어컨이 돌아가고 200바트예요."

나는 두말 않고 2층을 택했다. 집 안은 깨끗했다. 2층은 더 맘에 들었다.

화장실도 방 안에 있었고 넓었으며 깨끗했다. 물론 에어컨도 빵빵하게 돌아가고 있었다. 옥상은 작은 정원을 꾸며놓고 정자도 있었으며 세탁기도 쓸 수 있었다. 세탁기 옆은 빨래 건조대가 있었다. 1층에는 조리실이 있어서 조리도 할 수 있었고 식탁도 두 개나 놓여 있어 밥도 먹을 수 있도록 되어 있다. 내가 잘 8인실 방엔 중국인 손님 두 사람만 있었다. 만세!! 3일분 600바트(20,000원)와 디파짓 100바트를 지불하고 짐을 옮겼다.

짐을 2층으로 4번 만에 다 옮겼다. 일단 베이스캠프가 마련되었으니 무슨 걱정이 있나. 우선 샤워와 빨래부터 했다. 마침 중국인 둘이서 볼일을 보러 나간다. 며칠 있을 거냐고 물었더니 내일 간단다. 버스에서 받은 도시락을 내어 밥을 먹는다. 양은 적었지만 맛있었다. 내가 필요한 정보를 여주인에게서 얻은 뒤 자전거를 끌고 밖으로 나왔다. 근처 지리도 익힐 겸 오다가 봐둔 사원에도 들어가고 무엇보다 먹을 것을 좀 사다 놓아야 하기 때문이었다. 점심도 먹어야 했다. 겨우 찾아낸 식당으로 사진을 보며 저걸 달라고 들어갔더니 의자에 앉기도 전에 볶음밥이 나온다. 무심결에 한 숟가락 먹었더니 밥알이 꾸덕꾸덕 굳어 들어가는 중이었다. 만든 지 오래된 것이 마침 내게 당첨된 것이다. 두 숟가락쯤 먹다가 생각하니 울화가 터지는 것이다.

"야, 이 사람들아! 먹는 걸 가지고 이러면 우짜노? 이걸 밥이라고 손님한테 내어 놓는 거야?"

숙소 좋은 곳을 만나 좋던 기분이 확 달아나는 것이다. 하지만 한국말이니 상대는 묵묵부답. 40바트를 던지듯이 주고 나와 람부탄과 빵 우유 등을 160바트어치를 샀다. 이는 심심풀이 간식이 아니다. 나의 식량이다. 사람은 끊임없이 먹어야 하니까.

얼떨결에 간
도이수텝 사원

아침에 Mueang Mueang inn 유스호스텔을 나서기 전에 중국인 주인 여자 Tony에게 물었다. 토니는 스물세 살 처녀다. 여기 치앙마이에 있는 사원 중에 어디가 최고야? 그야 도이 수텝이지요. 하지만 거기는 산 중턱에 있어서 내일 가셔야 해요. 오늘은 늦었다는 말이었다. 얼마나 걸리는데요? 자전거로는 한 시간 정도? 걸으면 4시간 정도 걸려요. 음 그래요. 그럼 평지와 마찬가지인 모양이로군! 하면서 나는 팔자 편한 대로 해석을 했다. 그녀가 오토바이를 타지만 자전거를 모른다는 것을 간과한 것이다.

그래서 치앙마이 국립박물관과 근처의 사원을 보기 위해 자전거를 끌고 나섰다. 국립박물관은 호스텔과 거리가 1㎞도 안 되는 성벽 안쪽에 있었다. 입장료 90바트였다. 조그마한 건물인데 볼 게 있다는 말인가? 타이는 인구가 6,500만 명가량이다. 큰 나라다. 인구가 라오스의 열배다. 라오스와 강한 유대감을 갖고 있는 도시가 치앙마이다. 국토는 우리의 남북한을 합친 넓이의 2.3배다. 정식 명칭은 The kingdom of Thailand. 태국에 들어와 길을 가다가 보면 국왕과 왕비, 왕실 가족의 사진들을 곳곳에서 만날 수 있었다. 저 사람이 대체 누구요? 나의 이 눈치 없는 물음에 그들이 대답했다. 국왕이야.

이 나라 사람들의 국왕과 왕실에 대한 존경심이 남달라서 왕실에 대한 모욕은 절대 금물이란다. 도이수텝 사원에 올라갔을 때는 국왕과 왕비 그리고 공주의 대형사진이 있었고 그 밑에는 제단이 있고 향로가 있었다. 제단에는 꽃들이 놓여 있었다. 거의 신으로 추앙을 받는 게 아닌가 하는 생각이 들었을 정도였다.

　박물관을 보고 그 앞에 있는 Three king 동상을 보고 나서도 아직 점심때가 되지 않았다. 도이수텝을 가볼까? 내비를 치니 6.7㎞가 나왔다. 나중에 안 것이지만 이는 엉터리였다. 직선거리였다. 6.7㎞라면 묻고 말고 할 것도 없잖아. 나는 토니가 한 말을 까맣게 잊었다. 내비 따라 가다가 치앙마이 대학교를 지난 언덕에서 아침 겸 점심으로 새우볶음밥 하나에 찬물을 세 바가지나 마시고 50바트를 지불했다. 날은 무지 덥다. 그래도 그까짓 길쯤이야.

　근데 이때부터 내비가 이해하지 못하는 행동을 하기 시작한 것이다. 골목길을 뺑뺑이 돌기를 몇 번 할 수 없이 다시 사람들에게 묻기로 했다. 그리하여 치앙마이 대학교를 가로질러 도이수텝 산(1,658m) 밑에 도착했을 때는 2시 30분쯤이었다. 포차에서 찬물 한 병 사먹으며 물었다.

　"도이수텝은 어디로 가요?"

　"저쪽으로…. 여기서 11㎞야."

　그러면서 산길을 가리키는 것이었다. 산길 11㎞라는 말이다. 오르막만 11㎞라는 말이다. 도이수텝 사원은 이 산의 경사면 1,056m 지점에 있다. 망설이지 않을 수 없었다. 산세를 보니 오르막 오르는데 3시간 정도 걸릴 것이고, 내려오는 데는 30~40분 정도. 관람을 1시간 안에 끝내면 7시 전에 내려올 수 있다. 여기까지 온 거리가 18㎞니까, 산 밑에서 호스텔까지의 거리가 15㎞ 남짓할 것이다. 평지 15㎞야 장난이지 뭐. 그렇다면 올라가자. 3시간만 반쯤 죽으면 된다. 내일 다시 오는 것도 엄두가 나지 않으니까. 물 한 병 꿰차고 페달을 밟았다.

　땀을 한 말쯤 흘리고 한 시간 정도 밟다가 열로 몸이 폭발할 것 같을 때

식힌다. 20분쯤 쉬다가 다시 오르기를 반복했다. 서양인 라이더 한 명이 나를 추월한다. 어따 그 친구 길기도 하다. 자전거를 보니 여행객이 아니다. 여기 현지에 사는 사람이다. 다시 오르는 데 태국인 라이더가 옆으로 다가오며 말을 걸었다. 서른살의 Amorn Wannarak라는 페북 아이디를 쓰는 친구였다. 같이 노닥거리며 페북 아이디 주고받고 이 친구 먼저 보내고 뒤따라간다.

"너 가서 날 기다려."
3시간 만에 입구에 도착을 하니 기다렸다는 듯이 소나기가 쏟아졌다. 날은 저물어가는 데 우의도 빵구 때우는 장비도, 라이트도 가져오지 않았다. 여기까지 올 줄 알았나. 소나기를 피해 처마 밑에 30분쯤 있으니 빗발이 약해졌다. 그렇지만 이런 빗속이라도 몇 분만 노출되어도 배낭은 젖어버린다. 비닐 우의를 50바트에 사서 입고 사원으로 올라갔다. 우의는 사람보다 배낭에 든 물건들을 젖지 않게 하기 위해서다.

사원은 남자 반바지는 입장을 허용을 하지만 여자 반바지는 안 된다. 핫팬츠 입고 들어가면 부처님이야 득도를 하셨으니 괜찮겠지만 부처님을 보좌하는 처사님들의 권위를 생각해서일까? 그래서 멋모르고 핫팬츠 입고 들어가는 여자들은 제지를 받았다.
"긴 치마 입고 들어가세용."
라오스의 사원 앞에는 그래서 보자기를 파는 곳이 있었다. 보자기를 치마 대신 두르면 되니까. 그런데 여기는 보자기를 준비해 뒀다가 입으라고 내어준다. 도이수텝 사원은 남자고 여자고 양말을 벗고 들어가야 한다. 그럼 여자들 스타킹은? 그건 눈감아 준다. 어디서 벗노? 안 되잖아. 나는 멋모르고 반 양말 신고 들어갔다가 아무 말도 하지 않기에 그냥 돌아다녔다.

도이수텝 사원 입구.　　　　　　　　　계단을 올라가면 본당이 나온다.

태국의 사원들은 화려하다. 도이수텝은 온통 황금색을 발라놔서 더욱 화려했다. 건축 양식이야 라오스나 태국이나 대동소이하지만 라오스가 차분하다면 여긴 화려하면서 바쁘다. 입구 계단의 난간을 장식한 뱀부터 크고 다양한 색을 입혀 놨다. 태국은 특히 동물의 조각품들이 사원마다 즐비했다. 원숭이, 닭, 코끼리, 소 등등. 십이지신상들을 곳곳에 만들어 놓았다. 조각품을 만들어 파는 곳도 많았다. 황금색과 붉은색, 한껏 멋을 부린 지붕과 처마, 그리고 사원 벽면과 탑에 부조된 조각들. 내려오는 길은 그야말로 누워서 떡먹기였다. 그러니 목이 막힐 수가 있는 것이다. 비가 와서 도로는 미끄럽고 커브가 세고 내리막이라 브레이크를 놓으면 속도가 통제 불능이 된다.

08.30.
일요일 **코끼리** 한 마리
먹어야 산다

　여행을 다니면 가장 부실한 것은 말할 것도 없이 먹는 것이다. 그것을 조국의 선후배들에게 하소연하니 답이 이렇게 돌아왔다.

　"태국도 엄청 식문화가 발달했잖아요. 맛있는 것 좀 사 먹으세요. 보신 좀 해가면서 다녀요."

　스스로 태국은 아직 못 가봤다면서 하는 말이다. 하지만 그는 세계 여러 곳을 남 먼저 다닌 친구다. 생각해 보면 나는 지난 5개월간 닭 한 마리 못 먹었다. 돈 아끼느라고? 아니다. 삶은 닭 파는 곳을 못 봤고 생닭 파는 곳을 못 찾았다. 나는 구운 닭은 못 먹어. 맛이 이상. 재료의 맛을 그대로 살리는 요리가 굽는 것이라고 하는데 나는 그게 싫어. 한국인은 국물이 있어야 돼. 국물이. 내게 해를 끼치는 사람을 '너는 그 따위로 하면 국물도 없다.'고

푸미폰 국왕과 왕비 사진.

하잖아. 그게 한국인이야. 국물이 중요하다는 말이잖아.

맨날 가는 데가 싼 식당이나 포차만 찾다 보니 그렇게 된 면도 있지, 간혹 뷔페가 보여도 혼자 들어가서 고기 굽고 그 많은 돈을 지불하긴 싫어서 그냥 지나쳤다. 고기를 좋아하지 않는 내 식습관도 문제다. 그러다 보니 정말 식사가 부실하다. 하루 한 끼 정도 밥을 먹고 나머지 끼니는 빵 하나에 라면, 과일이 전부다. 반찬을 여러 가지 먹어야 체내 영양 균형을 이룰 것 아냐. 블로그에 올린 사진을 보고 친구들이 너 살 많이 빠졌다는 말을 몇 번 듣다 보니 정말 그런가 싶어서 1바트를 주고 체중계에 올라가 봤다. 떠날 때보다 3㎏이 줄었더군. 이건 줄은 것도 아니잖아. 하지만 나는 30년 동안 같은 체중을 유지했다. 그래서 그런지 자전거를 타도 더위 때문인지 맥을 못 추겠어. 그래서 이러다간 소리 소문 없이 가는 것이 아닌가 싶어서 코끼리라도 한 마리 잡아 먹어야겠다고 생각한 것이다.

태국은 정말 코끼리를 사랑하는 것 같아. 곳곳에 각종 포즈의 코끼리 조각을 만들어 놓았거든. 그런 조각들은 너무 귀여워. 나도 코끼리를 좋아하지. 고함을 지르며 귀를 펄럭거리며 화를 내는 코끼리도 귀여워. 그래서 코끼리 투어를 한 번 할까 싶어서 각종 팸플릿을 뒤적여 봤더니 코끼리 덩치값을 하느라고 그런지 너무 비싸다. 3,000바트(약 105,000원). 코끼리 목욕 시키면서 등 긁어주는데 들어가는 돈이다. 그 돈 줘도 코끼리 등은 타지도 못 한다. 나도 동물 등에 올라타는 짓은 하기 싫어. 왜냐하면 그렇게 되기까지 코끼리가 당했을 고난을 생각하면 싫다는 말이다. 그래서 나는 고향 공원 동물원에서 몇 번 본 코끼리로 만족하기로 했지. 트레킹도 알아 봤지만 여기서는 순수한 정글 트레킹은 없어. 코끼리와 연계하거나 카약 등과 연계하는 거지. 돈이 안 되는 것은 안 한다는 말이다. 당연히 두 가지 다

나는 접어버렸다. 그러나 코끼리 한 마리는 잡아먹어야 돼. 이건 생존과 직결되는 문제니 생각할 것도 없다. 그래서 이날 아침 일어나 시장을 간 거지. 코끼리 고기 사 먹으려고. 그러나 코끼리 고기는커녕 생닭도 없더군. 30바트짜리 도시락도 이젠 싫어. 결국 슈퍼에 들어가 엄지손가락 굵기 만한 닭다리 몇 개 사고 마늘을 구입하기 위해 시장 바닥 채소전을 다 기웃거려 마늘 몇 알과 고추 몇 개를 사서 돌아와 호스텔 조리실에서 푹 삶아 먹었지. 병아리 다리인지 살이 없어 이빨 사이 끼이지도 않더군.

거기다가 밥을 먹으려고 오전에 해 먹고 남은 밥솥을 여니 개미떼가 새까맣게 붙어 있더군. 멋모르고 떠먹은 한 숟가락은 아까워서 다 씹어 먹고 나머지는 개미째는 못 먹겠더군. 그래서 버렸다. 결국 과일 몇 가지 사 들고 와서 침대에 걸터앉아서 그걸 까먹었다. 8인실인 내 방은 중국인 둘이서 자고 나가고 난 뒤 손님이 없어서 나 혼자 쓰니까. 눈치 안 보고 먹을 수 있었지만 무슨 영양가가 있겠어?

체중 70kg을 수십 년째 유지를 했는데 객지 생활 5개월 만에 3kg을 반납했지만 아깝지는 않아. 근데 내가 자꾸 힘이 없어 퍼지니까 문제지.

휴대폰
보강

08.31.
월요일

방비엥에서 새로 산 스마트폰은 필요한 앱을 받으려고 하니 창고가 좁아 안 된다면서 창고를 좀 더 확보하라는 문자가 떴다. 호스텔과 한 건물에 있는 삼성전자 서비스센터는 어제 일요일은 문을 닫았었다. 하루를 기다려 아침밥 먹고 득달같이 달려갔더니 SD카드는 자기들은 안 판다면서 사가

지고 오면 데이터를 옮겨주겠단다. 그렇지만 나의 컴퓨터 자문관인 한국의 친구 강박사는 그걸 사더라도 앱은 못 받을 수 있다라고 경고를 했다. 그렇지만 어차피 창고가 좁아서 사진도 저장이 안 되니 사야 한다.

　호스텔 위쪽 길에 있는 컴플라자를 찾아 갔더니 62기가짜리가 1,200바트, 32기가가 410바트란다. 32기가짜리를 370바트(13,000원)로 깎아서 사서 주는 대로 받아 나왔는데 그걸 꽂으니 공간이 60기가다. 이게 왜 이래? 상표에 따라 가격이 그만큼 차이가 나는가 하고는 그려려니 했다. 그리고 유심칩도 꽂기로 했다. 하지만 삼성의 직원은 그렇게 해도 앱은 받을 수 없단다. 그럼 앱은 어떻게 하나? 일단 근래에 쓰지 않았던 앱들을 모조리 지웠다. 필요할 땐 다시 받으면 되니까. 오프라인 맵은 검색 기능도 시원치 않고 와이파이가 안 되는 지역에 가서도 소통을 위해선 사전 기능이 필요하다. 온라인 구글 맵도 필요하다는 생각이 들었기 때문이었다. 그래 내일은 유심 칩을 사러가자.

　저녁엔 혼자 여행 온 중국인 친구가 나에게 관심을 보이며 여러 가지를 물었다. 그와 맥주 두 병 시켜 한 병만 겨우 마셨다. 아무래도 몸이 정상이 아니다.

자전거로도 지구는 좁다

2015년
9월

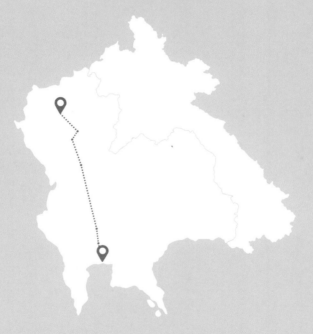

치앙마이   캄샌퐁   람빵   왓 푸라 닷 람빵 루앙   수코타이

캄펑푸엣 국립공원   싱부리 사원   아유타야   방콕   네팔 카트만두

호스텔
에피소드

아침부터 유심칩을 사기 위해 근처의 마트를 다 돌았으나 파는 곳이 없었다. SD카드를 산 컴플에 갔더니 여자 매니저가 깜짝 놀란다.

"왜 그래?"

"당신이 어제 32기가 돈을 줘놓고 64기가짜리 가져갔잖아. 내가 따라 나가니 사람이 없어. 오호 하느님!"

"나는 당신이 주는 대로 가져갔어. 무슨 말이야."

젠장, 그래 어쩐지 이상하다 했지. 어제 찍은 사진을 32기가짜리로 옮기고 64기가를 토해 놓고 나왔다. 그래 너희들은 나를 찾았으니 다행이다. 어차피 나는 그 정도까지는 필요가 없다. 그런데 유심칩은 없었다.

그럼 자전거를 타고 밖으로 나가자, 호스텔로 돌아와 필요한 물건을 찾으려고 패니어를 여니 쿤밍에서 대안학교 교사인 윤군이 주고 간 큰 캔맥주가 터져버려 안에 있던 오리털 잠바와 겨울옷들이 폭삭 젖었다. 곰팡이도 군데군데 피어있다. 아마도 국경을 넘든 날 레일에 미끄러져 넘어질 때

록몰리 사원의
재미있는 해태.

중국인 파티. 밥 한 그릇 대접받았다.

터진 모양이었다. 빨래가 급하다. 세탁 방법을 보니 물빨래를 해도 된단다. 패니어 안에 든 옷들과 물건들을 모조리 빨아서 널어놓고 나니 바쁠 게 없어졌다. 오리털 잠바가 하루 만에 마를 리는 없다. 출발을 늦추는 수밖에 없다. 남은 시간은 근처의 사원들을 이 잡듯이 뒤졌다.

저녁을 먹으러 나가는데 로비에서 토니와 중국인 여행객들이 모여서 저녁을 먹다가 나에게도 먹으라고 권한다. 먹고 있던 음식이면 어때? 사 먹는 것보다는 나을 것 아닌가. 샤브샤브와 같은 음식이었다. 당연히 먹어야지. 무슨 요리인지 몰라도 국물을 포함해서 배부르도록 먹었다.

그리고 나선 중국인들의 사진 찍기가 시작됐다. 한 사람씩 나와서 나와 사진을 찍는 것이었다. 왜냐고? 자신들은 처음 보는 자전거 여행객이어서였다. 라오스나 태국 사람들과는 확실히 다른 정서였다. 사원을 돌다가 만났던 중국인들도 내 자전거에 관심을 두다가 자전거를 타고 왔다고 하면 당장 그 자리에서 엄지를 쳐들어 주고 진심으로 경탄하면서 나와 함께 사진을 찍어도 되냐고 묻는 것이다. 암, 되지. 그까짓 사진 보시 하나 못 할까 봐. 그간에 도움을 받았던 중국인들을 생각하면 사진 한 장 같이 찍는 것이 무어 대단한 일일까.

저녁때 옥상에 올라가 봤으나 옷은 아직 마르지 않았다. 그래, 오히려 잘 됐다. 요즘은 출발하는 것도 겁이 난다.

 캄센퐁

09.02.
수요일

아침에 밥을 먹으러 내려가니 전자조리기 안의 밥에 또 개미떼가 새까맣게 붙어서 식사 중이다. 개미의 습격을 막기 위해서 플러그를 꽂아놓았었다. 설마 뜨거운 전자조리기를 타고 넘지는 않겠지 했는데 누가 플러그를 빼놓은 모양이었다. 밥을 또 그냥 버릴 수가 없다. 이놈들을 어떻게 해? 물을 부어 개미를 뜨게 해서 건져내고 또 다시 물을 부어 그 밥을 다 먹었다. 개미가 밥에 똥오줌을 쌌으면 어떡하냐고? 약이 되겠지, 쩝. 그것보단 닭다리와 함께, 콩나물 무침이라도 제대로 한 번 먹었으면.

점심은 슈퍼에 가서 30바트짜리(1,000원) 도시락 하나 사서 먹고 물 한 병 챙겨서 캄센퐁으로 간다.
"어디로 가면 좋아?"
토니가 대답했다.
"캄센퐁으로 가세요."
"거기 볼 게 뭐가 있나?"

"그냥 마을이에요."

치앙마이는 인구 15만 명이다. 하지만 태국에선 세 번째 큰 도시이다. 6,700만 명인구가 너른 땅에 흩어져 살고 있는 것이다. 그 나라의 산업과 관계가 있는 것이다. 그렇군. 하지만 나는 그냥 사람 사는 걸 보는 것을 좋아해. 그냥 천천히 동네를 돌아보는 것도 기쁨이다.

내비를 치니 호스텔에서 캄센퐁까진 17㎞가 나왔다. 왕복 40㎞ 정도 나오겠군. 아무 생각 없이 주위를 둘러보다 돌아오면 된다. 내비가 지시하는 방향으로 차를 몬다. 오프라인 내비를 따라 가다가 방향타가 이상한 것 같아서 한참 보고 있으니 신호를 받으려고 대기하고 있던 서양인 라이더가 대열에서 이탈하여 내게 다가와 물었다.

"어디로 가세요?"

그는 현지에 사는 듯 캄센퐁에 대해 소상하게 일러주고 가던 길로 갔다. 그래, 이렇게 하여 나도 내비에 익숙해지는군. 도시에서 길을 찾는 데는 내비가 절대적이다. 그렇게 찾은 캄센퐁은 고급스러운 주택들이 모여 있는 교외의 주택단지였다. 그길을 한 바퀴 돌아 나오는데 비가 두두둑 떨어진다. 이어서 장대 같은 소나기다. 나도 이젠 안 속는다. 재빨리 처마 밑으로 피해서 30분쯤 있으니 거짓말처럼 햇빛이 쏟아졌다.

왕비의 초상 아래 제단이 차려져 있다.

저녁에는 빨래를 걷어 내려다

놓고 짐 싸는 것을 뒤로 미루고 블로그에 글 하나 올리고 나니 세상 귀찮아져서 그냥 갔다. 그래 내일 새벽에 짐 싸서 출발 하리라. 토니에겐 내일 아침 일찍 간다면서 숙박료를 먼저 계산해 줬다.

치앙마이
출발

눈을 뜨니 새벽 4시다. 30분쯤 꼼지락거리다가 일어나 짐을 싸는 데에 두 시간. 지난 저녁에 사다 놓은 도시락을 먹고 아래층으로 짐을 옮겨 자전거에 장착하고 나니 7시 15분이다. 로비에 있던 중국인 여행객이 내가 짐을 장착하는 걸 보더니 눈이 휘둥그레지면서 묻는다. 그리고 또 같이 사진을 찍잔다. 그래 너도 중국인이니 좋다. 사진 한 장 보시하고 출발했다. 치앙마이여 안녕. 태국의 최종목적지는 방콕이다. 여기서 방콕까지는 703㎞. 1차 목적지는 Sukhotai다. 치앙마이에서 300㎞가 조금 넘는 거리에 있는 크메르제국의 유적지다. 거기로 가는 이유는 치앙마이 방콕 코스에 그 길은 빠져 있기 때문이었다. 그리고 거기에 고대 크메르 유적이 있다.

그렇다고 내가 그 유적을 꼭 봐야 해서 가는 것은 아니다. 인터넷을 뒤져봐야 사진 한 장 달랑 나오는 유적이 뭐가 볼 게 있겠는가? 특별히 좋다면 사람들이 그걸 가만두었을 리가 없다. 치앙마이 방콕 노선이 수코타이를 피해가는 것은 길을 둘러가거나 승객이 많이 없거나 길이 험해서일 것이다. 그러면 조금 한적하겠다는 계산에서 가는 것이다. 근데 내비를 따라가다 보니 시내를 빠져 나오는 길이 어제 캄센퐁 가는 길과 동일코스다. 캄센퐁 직전에서 우회전해서 Lampang 가는 길로 들어서자 도시의 부산함에서

이 사원에 쉬고 싶었으나 계단이 너무 높아 짐 옮길 일이 걱정이어서 포기.

벗어난다. 20㎞를 달리고 땀에 절어서 길가의 코코넛 가게로 뛰어들었다.

"물, 물, 물, 워러. 워러. 아이스워러."

태국의 공용어는 영어다. 하지만 대부분 사람들은 영어를 하지 못했다. 당연하다. 제 나라 말 놔두고 영어를 쓸까? 공용어로 영어를 지정한다고 해서 사람들이 영어를 잘 할 수 있나? 우리나라 소설가 중에도 영어를 공용어로 하자는 얼빠진 놈이 있었다. 개소리로 치고 넘어갔는데 얼마 전에 신문을 보니 초등학교부터 한자 병기를 추진하자는 교육부의 계획이 발표되었다. 아직 말랑말랑한 아이들 머리에 영어도 모자라 한자까지 짐을 지우자는 것이다. 이 세상에 한 나라가 두 문자를 쓰는 나라는 일본뿐이다. 일본이 무엇을 부러워할까? 바로 한글이다. 중국인들이 자신들의 글자 때문에 받는 스트레스를 아는가? 漢字不忘(한자불망)이면 中國必亡(중국필망)이다. 아큐정전의 작가 루신과 그때 중국의 선진 지식인들이 한 말이다. 알고 있지? 물론 안타까운 한탄이다. 그 어려운 글자, 평생을 배워도 다 못 배우는 글자, 글자 같지 않은 글자를 우리가 왜 배워야 하는가? 되놈들이 컴퓨터를 어떻게 치는지 한 번 보기나 했나? 왜놈들이 컴퓨터 자판 두드리는 건 어떠하고? 이놈아(교육부 담당자). 도무지 무엇이 부족해서 지랄을 하나? 그냥 네가 아는 그 알량한 한자는 무덤으로 가지고 가라. 왜 다 죽은 귀신을 끄집어내어 부활 제단을 차리나. 왜?

여행을 다니며 생각해 본다. 만일 가는 나라마다 한국어를 한다면 그게 정말 좋을까? 나는 소통이 안 되는 것이 더 재미있다. 말을 못 알아들으면 싸울 일이 없다. 그래서 인간만이 남는 것이다. 사람은 말로만 소통을 하는 것이 아니다.

코코넛 가게에서 30분쯤 노닥거리다가 다시 페달을 밟는다. 30㎞를 지나고 나니 슬슬 오르막이 나온다. 오늘은 쉬는 것을 기록해보리라 마음먹었다. 34㎞ 지점에서 원두막 쉼터로 뛰어들었다. 10㎞를 못 넘긴다. 땀 좀 식히고 빵 하나 꺼내어 잼 발라먹고 뒤를 보니 동네다. 태국은 현대적인 도시가 방콕 하나뿐이란다. 방콕에 800만 명이 모여서 바글거리고 나머지 6,000만 명은 나라 각지에 흩어져 부락의 수준으로 모여 살고 있다. 그러니 우리의 중소도시의 개념으로 태국의 지방을 보면 헷갈린다. 치앙마이가 태국에서 세 번째로 큰 도시인데 인구는 15만 명이다. 그러니 몸은 고되어도 그냥 지나칠 수가 없었다. 어떻게 집을 지어 놓고 살림을 사나 궁금해서다. 출발해서 가다가 그 생각이 들어서 피곤하지만 다시 돌려서 마을 안길로 슬슬 들어가 본다. 집들이 큼지막하고 대지는 우리의 호화주택 범주로 들어갈 만큼 넓다. 국토가 넓으니 이게 좋다. 골목에는 사람의 자취가 없다. 아이들이 뛰어 노는 모습이 여기도 없다. 동네를 나와 다시 출발, 43㎞ 지점에 오니 식당이 보였다. 11시 30분이지만 여기를 놓치면 앞으로 식당이 또 나올까 하는 염려 때문에 점심을 먹고 물을 두 병이나 마셨다. 80바트. 밥값이 점점 올라간다. 밥을 먹고 나니 잠이 쏟아졌다. 그러나 식당에는 누울 곳이 없었다. 그래, 원두막 정자에 가서 잠깐이라도 눈을 붙이자, 오르막 하나 넘어 3㎞쯤 가니 마침 원두막 쉼터가 나온다. 바로 직행. 자전거 기대 놓고 한숨 잤다.

　원두막 옆에서 코코넛 파는 아저씨는 내가 정자로 들어오고 아직 한 사람의 손님도 맞이하지 못했다. 그는 그늘 밑에 그냥 앉아 있기가 무료했던지 작대기를 들고 풀을 내리치며 시간을 보내고 있었다. 내가 다가가자 그도 멋쩍었던지 계면쩍은 웃음을 짓는다. 코코넛 물 하나 사서 먹는다. 30바트. 다시 출발. 이곳부터 또 오르막이다. 타고 오르다가 어쩔 수 없이 내려 끌바를 한다. 30m쯤 전진하고는 서서 자전거를 붙잡고 쉰다. 이것을 열 몇 번을 반복하다 보니 숫자도 잊어먹어 그냥 올랐다. 쉴 때마다 가물가물 넘어가는 정신을 부여잡았다. 햇빛이 사정없이 달려든다. 피할 곳이 없다. 그러다 결국 자전거를 놓쳐서 한 번 넘어뜨렸다. 내가 왜 이래? 50㎞ 지점에 도달하니 고개 정상이다. 마침 있는 보자기만한 그늘에 자전거 스탠드 받쳐놓고 아스팔트에 주저앉아 버렸다. 이거 왜 이래? 30분쯤 쉬다가 다시 출발, 57㎞ 지점까지 오니 또 머리가 뱅글뱅글. 마침 사원이 있어서 자전거를 거기 기대 놓고 표지판 뒤 그늘로 들어가 숨을 돌리다 수도를 보고는 머리를 감았다. 정말 덥다. 사원으로 올라가 재워달라 해볼까 생각하다가 계단이 너무 높아서 짐을 올릴 생각을 하니 까마득하다. 포기하고 다시 출발, 65㎞ 지점에 오니 상점이 있다. 다시 물물을 외치며 물 마시는 시늉을 하며 들어간다. 아주머니가 재빨리 물을 대령한다. 물 한 병 먹고 모자라 아이스커피 한 잔 더 마시고 아주머니에게 묻는다. 물론 말은 안 통한다. 몸짓 손짓 발짓이다.

　"이 근처에 게스트하우스가 있어요?"

　"없다. 30㎞ 더 가야 한다. 오르막 내리막이다. 뒤로 5㎞ 가면 있다."

무료하게 보내는
시간은 싫어. 사람들이
한글을 모르니 뒤에
와서 서 있어도 신경이
쓰이지 않는다.

방금 넘은 그 고개를 또 넘어가라고? 거긴 없던데? 그리고 내일 아침 다
시 그 고개를 넘으라고. 그렇게는 안 되지. 그렇다면 나는 빨리 잠자리를
잡아야 한다. 텐트밖에 없다. 계속 이야기를 하며 눈치를 보다가 식당 옆
셔터가 내려진 처마 아래 평상을 가리키며 말했다.

"여기 텐트 치고 좀 잡시다."

아주머니가 그러라고 한다. 얼른 텐트를 쳐놓고 아직 두어 시간 남아 있
는 해 빠지기를 기다리는 동안 노트북을 끄집어내어 사진을 정리하며 이
글을 쓴다. 아주머니는 해가 빠지기 전에 내게 밥을 만들어 주고 셔터를 내
리고 오토바이를 타고 집으로 들어가 버렸다. 처마 밑에 텐트를 치면 비가
와도 걱정이 없고 플라이를 안 쳐도 되니 더위도 걱정이 없다.

해가 빠지고 텐트에 누워 있으니 캄캄한 밤하늘에서 비가 내린다. 풀벌
레 우는 소리, 두꺼비 우는 소리, 개구리 우는 소리, 차들이 지나가는 소리.
소리, 소리, 소리. 식당 뒤쪽엔 노래방인지 계속 울부짖는 노래 소리가 들
린다. 외로운 모양이다. 외로우니까 소리를 지르겠지. 길 건너 상점들도 문
을 닫았다. 노랫소리가 더 크게 들렸다.

나도 가끔 외롭다. 혼자 하는 여행이어서 외로운 것이 아니다. 한국이 나를 외롭게 하는 것이다. 한국에 있는 사람들이 나를 외롭게 하는 것이다. 나의 과거가 나를 외롭게 하는 것이다. 되돌릴 수 없는 것들이 나를 외롭게 하는 것이다. 아니 사실은 그냥 외롭고 싶어서 외로워지는 것이다. 그래서 또 노트북을 펴고 글을 쓴다. 빗소리 들으며 저놈의 귀가 찢어질 듯한 자동차 소리 들으며 아들놈 생각하고 딸아이 생각하며 돌아가신 어머니를 떠올린다. 내일 새벽이면 나는 텐트를 걷고 여명이 비치는 길로 나서 수코타이를 향해 페달을 밟겠지만 내 지나간 흔적이야 먼지보다 나을 게 있겠는가.

밤 12시, 드디어 고대하던 잠이 쏟아진다. 컴 밀어놓고 텐트 안에 누웠다. 내 집처럼 편안하다.

입술 마비가 오다

09.04. 금요일

눈을 뜨니 6시다. 일어나 짐을 싸야 한다. 근데 일어나가기가 싫었다. 전에 없던 마음이다. 몸이 찌뿌둥한 것이다. 밤 12시쯤 자도 나는 3시면 1차로 눈을 뜨고 4시 반쯤이면 일어나 꼼지락거린다. 그대로 누워서 빗소리 들으며 7시 20분에 일어났다. 별일이지만 가다 보면 몸이 정상으로 돌아올 거야. 태국의 11번 국도는 시원하게 뚫려 있었다. 중앙 분리대는 너비가 5~10m쯤 되고 그 초지 위에 가로수들이 한 줄 혹은 두 줄로 늘어서 있다. 자전거와 오토바이 전용 차로도 너비가 2m가 넘었다. 태국의 교통질서도 양호했다. 라오스도 좋았다. 중국처럼 무질서한 교통질서가 여기는 없었다. 라오스와 태국도 서민의 발은 오토바이였다. 중국은 대개가 전동차인데 반해 라오스와 여기는 아니다. 오토바이를 타는 사람들은 헬멧을 착용해야 하는 법규가 있는 모양이었다. 치앙마이에서 사원을 돌아보러 나갈 때였다. 호스텔 앞의 도로에서 교통경찰들이 가로수 밑에 진을 치고 법규 위반 차량들을 단속하고 있었다. 헬멧을 쓰지 않고 오토바이를 타던 사람들이 단속되는 걸 지켜봤다. 잡힌 사람들은 고양이 앞에 쥐다. 하하. 나는 그게 재미있어서 한참이나 지켜봤다. 사람 사는 게 재미있어서다. 어디나 같다.

"그러게 이놈들아. 바가지를 왜 안 쓰나?"

시원하게 뚫린 국도를 중국처럼 빌빌거리며 달리는 차도 없었다. 여기도 툭툭이는 있었지만 도시 안에서 운행을 하고 국도로 나오니 없었다. 중국처럼 매연을 뿜으며 귀청 찢어질 듯한 소리를 내며 언덕을 기다시피 올라가는 삼륜차도 없다. 태국 사람은 또 탔다 하면 일제차다. 국도를 운행하는 차들은 살인적으로 달린다. 도무지 제한속도가 얼마야? 치앙마이를 벗어나 국도로 들어오자 치앙마이 근교에서는 보이던 자전거 라이더들이 보이지를 않았다. 길가에는 마을도 없었다. 간혹 길가에 상점 몇 집들이 오고 가는 차량들에게 장사를 하는 모습이 보인다. 농사를 짓는 농가들은 길 훨씬 뒤편에 있는 것이다.

출발해 2km쯤 달리니 고개가 나왔다. 어제 식당 여주인이 말하던 그 고개다. 산세를 보니 반쯤 죽었다 하는 생각이 절로 든다. 산 아래에는 식당과 카페가 몇 집 늘어서 있었다. 밥을 먹을 수 있느냐고 묻자 어서 오라며 반긴다. 빵을 한 개 먹어서 배가 더부룩해 밥 생각은 없었지만 여기서 배를 채워두지 않으면 산을 올라가며 감당 못할 사태가 생길지 모른다. 볶음밥 한 그릇 먹고 찬물을 두 병이나 마셨다. 땀 흘릴 것을 감안해서 미리 마셔

고개 정상의 경찰관 사무실에서 물 한 잔을 얻어먹었다.

놓는 것이다. 그러나 이는 나중에 알고 보니 잘못된 행동이 아닌가 하는 생각이 들었다. 몸속에 물이 많이 들어가면 전해질이 어쩌고 하면서 산성 농도가 어떻고 해서 죽음에 이르는 쇼크가 올 수도 있다는 것을 읽었기 때문이다. 70바트 지불하고 화장실 가서 볼일 보고 허리끈 조아 매고 길을 나선다. 화장실은 아주 깨끗했다. 다행히 하늘에는 해가 없다. 그것만 해도 내게는 큰 도움이 된다. 식당주인 여자가 어디까지 가느냐고 묻는다.

"수코타이로 해서 방콕으로 갑니다. 근데 저 산은 정상까지가 몇 km나 되나요?"

그녀가 일본인인 자기 남편에게 묻더니 대답했다.

"3km쯤 돼요."

3km라면 한 시간 반쯤 걸릴 것이다. 죽었다 해도 두 시간이면 넘겠지. 근데 마음이 급하면 페이스를 잃는다. 페이스를 잃으면 금방 지친다. 마음이 급해지는 것은 불안하다는 의미다. 3 시간 만에 그 산길 정상에 섰다. 속도

계에 찍힌 거리는 4.2㎞였다. 시간도 많이 걸렸다. 대체 현기증은 왜 나는 거야? 몇 번이나 넘어지려는 것을 간신히 지탱했었다. 수도 없이 쉬었다. 왼쪽 입술에 이상한 증세가 나타났다. 이게 뭐더라? 그렇다. 치과에 가서 이를 치료할 때 부분 마취를 하면 이런 냄새와 증상이 나타났었다. 그러니까 입술에 부분적으로 마비가 오는 것이었다. 그런 증세가 왔다가 사라졌다가를 반복했다. 그래 뭔가 오긴 왔다. 무엇인지 모르지만 나쁜 것임은 틀림없다.

정상에 올라 경찰관 초소에서 잠시 쉬며 물 몇 잔 얻어 마시고 다시 자전거에 올라타서 내리 15㎞를 달렸다. 그렇게 가다가 보니 길가에 코끼리 대형 조각이 있다. 입간판을 보니 코끼리 병원이라고 쓰여 있다. 자전거 붙잡고 서서 사진을 찍다가 입구에 사람들이 있었지만 말없이 자전거를 병원 안으로 밀어넣었다. 경험상 태국은 사원이든 공원이든 자전거를 타고 들어가도 되었다. 중국처럼 돈 받는 곳도 없고 자전거 출입금지도 아니다.

병원은 입구부터 경사가 져서 자전거를 나무에 기대어 세워놓고 터벅터벅 걸었다. 마비가 오는 것은 오는 것이고 지금 당장 죽을 일은 아니지만 그냥 지나치면 후회할 것 같아서 들어가 보는 것이다. 태국 여행을 했다는 사람이 코끼리도 한 번 못 봤다고 어떻게 뻔뻔하게 말을 해? 700m쯤 이정표를 보고 걸어 들어가니 건물이 몇 개가 나오고 사람들이 있다. 태국인은 처음 보는 사람을 만나면 일단 웃는다. 즐거워서 웃는 게 아닌 것 같았다. 그게 인사의 예절인 모양이었다. 바리케이트가 쳐져 있어서 들어가도 되느냐고 물었더니 들어오란다.
발목이 체인에 묶인 코끼리가 각 우리마다 한 마리씩 세 마리가 있었다.
늙고 병든 코끼리들이었다. 나는 사진 한 장 찍다가 나와 버렸다. 아픈 사람을 사진 찍는 것은 예의가 아니다. 그럼 코끼리도 마찬가지다. 다시 10 km를 달리자 동네가 나온다. 동네 전체가 시장이었다. 도대체 이 시장의 사람들은 어디서 온 거야? 점심을 먹어야 한다. 힘이 없을 때는 어떻게든 밥을 먹어야 하니까. 입구 간판 기둥에 자전거를 그냥 던져놓듯이 세워놓고 시장 복판으로 들어갔다.

자전거? 가져가려면 가져가 버려, 오늘은 너무 힘들어. 더 이상 자전거를 끌고 자전거를 묶어 놓을 곳을 찾을 힘이 없었다. 많은 사람들 눈앞에 세워놓으면 자전거는 무사할 것이니까. 옷가게와 과일가게를 지나 식당을 찾으러 다니며 계단을 내려가는데 눈앞이 아찔하다. 누가 손가락 하나로라도 살짝 밀어버리면 나는 그대로 엎어져 다시는 못 일어날 것 같은 생각이 들었다. 말하기도 귀찮아서 남이 서는 줄 뒤에 서서 식권 한 장을 35바트에 끊었다. 그 식권을 제가 먹고 싶은 음식 앞에 가서 조리원에게 내밀면 국수든 밥이든 돈에 맞춰 주는 스타일이다. 국수 가게에 가서 식권을 내밀고 국수 한 그릇 받았다.

코끼리 케어 센터.

그 국수 한 그릇 먹고 나와 자전거를 세워놓은 곳 앞에 있는 아이스크림 포차 앞에 앉았다. 더 쉬어가자. 아이스크림 하나 줘요. 플라스틱 의자에 몸을 젖히고 앉아 반사적으로 아이스크림을 먹는다. 무슨 맛인지는 관심 없다. 쉬기 위해 앉았을 뿐이다. 20바트. 20바트이고 30바트이고 달라는 대로 줄 거니까 여기서 좀 쉬어갑시다. 시간이 흐르고 아이스크림 주인 아저씨와 이런저런 얘기를 주고받다가 나는 일어섰다. 어쨌든 가야 하니까. 람팡으로 가야 한다. 람팡에 가야 내가 누울 곳이 있을 것 같다. 간밤에 그렇게 덥지는 않았지만 땀은 많이 흘렸다. 온몸이 찐득한 느낌이다.

"람팡까지는 몇 km요?"

"20km는 가야 한다."

길이 여기처럼 평평하다면 어떻게 하더라도 닿을 수 있을 것이다. 다시 15km쯤 달리니 시내에 들어온 느낌이 났다. 목이 타서 가게로 뛰어들었다.

"찬물, 찬물!"

물을 반은 마시고 반은 머리와 가슴에 붓는다. 그나마 오늘은 햇살이 없어서 살았다. 탱큐 하느님. 여기가 어디요? 람팡입니다. 흠 람팡이 맞군. 그럼, 잘 곳은 찾으면 될 것이고 끼니 걱정이 앞선다. 저녁에 밥을 할까? 쌀이 있느냐고 물었는데 아무래도 안 통한다. 통과.

가게 아주머니가 가르쳐 준 대로 가도 게스트하우스가 보이지 않았다. 자전거를 세워놓고 물어 볼 사람들을 기다려도 지나가는 사람이 없다. 다시 자전거를 다른 곳으로 옮겨 세워놓고 사람을 기다리는 데 차가 한 대 온다. 가릴 것 있나, 검문이다 서라. '자는 데가 어디 있어요? 아주머니.' 아주머니가 손짓 발짓을 한다. 그 아주머니가 가리키는 대로 가니 큰 호텔이다. 돈 꽤나 달라 하겠군. 마침 결혼식이 있는가 보다. 점심을 안 먹었으니 밥이나 좀 주세요 할까?

내가 말을 걸자 호텔 프런트 아가씨가 불이 났다. 우왕좌왕 뛰더니 영어를 아는 사람을 데려 왔는데 할머니다. 근데 이 할머니가 말을 하긴 하는데 나도 잘 못 알아듣겠고 자신도 못 알아듣는다. 할말만 하쇼. 하루에 얼마요?

"하루 580바트에 100바트는 또 뭐요? 디파짓이요?"

그게 아니면 뭐가 있겠는가? 가격이 비싸서 심술이 나서 하는 말이다. 비싸지만 몸은 지치고 태국에 들어 온 첫날 밤 500바트(17,000원 정도)를 주고 잤었다. 80바트 더 주는 것은 감수를 하자. 그래서 아가씨들을 앞세우고 3층 방까지 가 봤지만 엘리베이터가 소형이라 눈대중을 아무리 해도 자전거가 들어가지 않을 것 같았다. 저 짐을 어떻게 해? 다른 곳으로 옮기자. 여기는 비싸고 내가 잘 곳이 아니다. 다시 나와서 달린다. 달리다가 이러면 못 찾지 싶어서 자전거를 세워놓고 길가에 앉았다. 스마트폰 오프라인 맵에 게스트하우스를 치니 마침 하나가 뜬다. 2㎞ 밖이다. 있기만 한다면 그 정도야 더 갈 수 있다. 그렇게 찾아 들어온 곳이 이곳이다.

Wang river 옆에 있는 Riverside guest house였다. 미국인 주인 여자와 스태프들이 대문을 밀고 자전거를 들이대는 나를 보고 의미심장한 미소를 지었다. 일단 물 한 잔 마시고 방이 있냐고 묻고 얼마냐고 물었다. 그간 태국은 가격을 깎아주는 곳이 없었다.

"1인실이 400바트, 돔(도미토리)은 다 찼어요."

"어제까지 치앙마이에서 200바트 주고 잤어요. 나는 장기 여행자인데 돈이 충분치 않아요."

내가 선뜻 결론을 못 내리고 망설이자 "며칠이나 있을 건데요?" 하고 주인 여자가 묻는다.

"그건 나도 몰라요."

주인 여자가 깔깔깔 웃더니 말했다.

"내일 아침 자봐야 알겠다 이 말이지요. 그럼 이틀 자는 걸로 하고 600바트를 주세요."

영리하고 결단이 빠른 여자다.

"탱, 탱큐"

근데 에어컨은 없고 팬이란다. 내가 고개를 갸웃거리자 주인 여자가 말했다. 요즘 덥지 않잖아요. 선풍기만 해도 충분해. 안 그래요? 그렇다. 어제 저녁 텐트도 견딜 만했었다. 짐을 옮기고 일단 빨랫거리를 내어 놓는 일을 할 엄두가 나지 않아 침대에 누워 스마트폰을 만지작거리다 보니 친구에게서 카톡이 와 있다.

보이스톡을 걸었다. 오랜 친구 강선생이 나왔다. 오늘의 내 증세를 설명했더니 그는 바로 결론을 내렸다. 쉬어가야 해. 일주일이라도 쉬어. 그게 바로 몸이 주는 경고 신호야. 무시하면 가는 거야 그러면서….

"하루에 그거 있잖아. 달걀 다섯 개씩 먹어. 무조건 먹어. 너는 하루에 다섯 개 먹어도 돼."

달걀이 그렇게 좋은 거야? 정말 그렇게 좋아?

"너 채소 좋아하는 것은 알겠는데 고기를 먹어줘야 해. 고기를 사 먹어. 경고 무시하면 가는 수가 있다."

고등학교 교사로 평생을 보낸 친구의 조언이다. 카톡이 있으니 옆에 있는 것처럼 대화를 나눈다. 불과 몇 년 전까지만 해도 김포공항을 떠나면 '행방불명'이었다. 세상은 좋아졌을까?

벌써 한 달쯤 전에 한 친구가 경고했었다.

"너 지친 모양이니까 쉬어라. 개 한 마리 된장 발라라. 아니면 태국에서 요양소에 들어가서 쉬어. 한국 돈 백만 원쯤 하면 될 거야. 아니면 한국에 나와서 쉬다가 다시 들어가면 되잖아."

세계를 제집처럼 뛰어다니는 CEO 친구였다. 그러나 나는 CEO가 아니다.

전화로 강선생이 다시 말했다.

"H가 죽었어. 며칠 전에."

고딩 때 우리의 멤버였다가 인연을 끊은 친구가 있었다. 한동안 엄청 친했었는데, 그래 그 친구 배가 많이 나왔었지. 배가 나온 만큼 돈에 대한 욕심이 너무 많았어. 그게 결국은 자신을 상하게 했을 거야. 인연을 끊은 지가 이미 수십 년이 흘렀지만 옆에 있는 것처럼 녀석의 목소리가 들리는 것 같았다. 인연이 끊어지고도 수많은 곡절이 있었다. 그는 아직도 아련한 그리움이 남아 있는 그 옛날의 친구다. 나무관세음, 아멘.

그렇다. 아무래도 내 몸이 이상해. 죽음이란 것이 멀리 있는 것도 아니다. 쓰러지는 순간 삶과 죽음이 갈린다. 내가 너무 미련해. 일단 생체 배터리부터 충전시키자. 나는 침대에서 벌떡 일어나 밖으로 나와 게스트하우스 주인 아주머니를 찾았다.

"이야기 좀 합시다."

여자가 무슨 일인가 하며 나왔다.

"나 생체 배터리가 아웃 된 것 같아요. 며칠 더 쉬다가 가야겠어요."

그러니 요점은 돈을 좀 깎아 달라는 말이다. 여자가 바로 가격을 제시했다.

"5일 더 쉰다고요? 그럼 하루에 270바트."

"250바트로 합시다."

미국인 여자가 다시 계산을 한다. 250바트으로 5일이면 1,250바트인데 1,300바트를 달라는 것이다. 그래 좋다. 그러니 하루 260바트이다. 쳇, 그

러나 그게 어딘가. 그래 지금 당장 오늘부터 먹고 놀기다. 돼지처럼 먹는
것이다. 돼지처럼 먹을 것이다. 돼지처럼 먹어야 한다. 그러나 그게 될까?
쉬기는 쉬더라도 성격상 가만히 쉬지는 못 한다. 하여간 일단 먹기부터 시
작하자. 예전과 다르게 영양가 있는 걸로 돈은 당분간 생각지 말자. 근데
일단 저놈의 옷부터 빨래를 해 놓고 먹으러 가자. 게스트하우스 골목을 빠
져나와 얼마 가지 않아 한 식당에 사람들이 북적거린다. 가만히 보니 고기
를 굽고 있다. 쩝, 맛은 없을 것 같아. 그러나 무조건 먹자. 모르는 동네 여
기저기 기웃거린다고 맛있는 집을 알거냐? 식당으로 들어가서 옆 테이블
에 고기 굽은 것을 가리키며 말했다.

"저거 줘."

종업원이 뛰어가서 영어를 하는 주인을 데려온다.

"혼자세요? 저게 한 상에 199바트(6,700원)입니다."

예전 같으면 놀라서 그 자리에서 뛰어나왔겠지만 "마니? (미소를 살짝
지으며)노 프라블럼."

새우, 돼지고기, 내장에 각종 채소를 가져와서 지글지글 굽는다. 정말 맛
이 없다. 나는 왜 고기가 맛이 없을까? 하지만 돼지는 맛을 따지지 않는다.
리필 무한정이라는 식당에서 1차도 겨우 끝내고 물 한 병과 얼음 해서 230
바트를 지불하고 나왔다. 돼지도 갑자기 너무 많이 먹으면 배탈이 날 것이
니까 그 정도로 한 거다. 부른 배 앞세우고 태국하고도 랑팡의 골목길을 걷
는다. 그렇군. 친구들이 아니면 내가 지금까지 살았을까? 삼국지나 수호지
를 봐봐. '처자는 의복이요 형제는 수족이라'했잖아. 형제는 버릴 수가 없
다는 말이다. 엄마가 내게 심어놓은 생각이다. 그도 아닌 것 같아, 세월도
변하는 것이잖아.

1.

"서울만 가도 삼시 세끼를 다 사서 먹으려면 뒷골이 아픈데 외국에서야 말해…."

황간 사는 블친 다음 블로그 왕글빨 전상순 씨의 카톡 문자다. 그러게 그게 보통일이 아니지요. 그나마 식당에서 모두 사 먹을 수 있는 날은 다행이다. 차려주는 밥 먹다가 가끔씩 하는 외식이야 즐겁지. 하나밖에 없는 식당에선 선택권도 없다. 제 나라라면 입맛에 맞는 밥을 골라서 먹을 수 있지만 여기가 어디 그런가. 포항 사는 자전거 동아리 회원인 슈아는 말했다.

"삼시 세끼 꼬박꼬박 밥 차려 주는 것도 보통일 아니에요."

삼식이 남편 챙기는 것도 어렵다는 말이다. 아무렴 나야 내 입뿐이니까 먹고 싶지 않을 때는 그냥 건너뛰지만, 가족들이 있으면 그럴 수 없다. 밥 차려주는 것도 보통 일이 아니다. 밥이 그냥 뚝딱 나오는 줄 알지 가족들 밥 제대로 먹으려면 끼당 한두 시간 정도는 꼼지락거려야 해. 그러니 마누라 밥 차려주는 것 군소리 말고 고맙게 먹어, 이 친구들아.

한국 남자라면 예전에 외면하고 살았던 것들, 예를 들어 밥을 하고 빨래를 하고 청소를 하는 것 말이야. 그러나 그게 사람 사는 기본이야. 그건 땀 흘리지 않으면 되지 않는 것들이야. 어디에 있든 뭘 하든 빠뜨릴 수가 없어, 그게 가장 중요해. 장기 여행자는 돈 보따리 싸 짊어지고 가서 하는 줄로 아는 사람들이 있다. 돈 많이 있어 봐 그런 사람은 이런 여행을 안 해. 왜냐하면 돈을 지켜야 하니까. 여행을 나서서 몇몇 자전거 장기 여행자를 만나봤지만 하나같이 경제적으로 풍족하기는커녕 빈곤한 사람들이었다. 그래서 더 재미가 있는 것이다. 돈이 없어서 더 재미가 넘치는 것이다. 이건 비밀이니까 잘 새겨두세요.

2.

아침부터 푸드마켓을 찾아 호스텔을 나서서 이 골목 저 골목 뒤졌다. 왜냐하면 밥을 먹어야 하니까. 다행히 시장은 내가 여행 전 다년간 다닌 경험이 있기 때문에 또한 요리도 있는 그대로 응용해서 했던 경험이 있기 때문에 순서대로 장을 봤다. 돼지처럼 먹기로 결정을 했기 때문에 그 실천에 들어간 것이다.

쌀 2kg, 양파5개, 마늘 한 주먹 90바트(3,153원). 태국은 쌀 수출국이다.
생닭 한 마리 120바트(4,200원).
감자 3알, 고추 5개, 배추 한 포기(배추 크기는 우리 배추의 7분의 1 수준) 28바트(980원).
수박 70바트(2,450원).
빵 40바트(1,400원).
물 큰 병 2병 26바트(910원).
합 13,000원 정도.

같은 것을 센트럴플라자라는 대형마트에 가면 쌀을 제외한 다른 것은 아마 2배로 줘야 할 것임.

3.

생닭은 자를 만한 칼이 없어서 크게 나누어서 가져왔는데도 전기조리기에 모두 들어가지를 않아 두 번에 나누어서 삶았다. 마늘 까서 다섯 쪽씩

붉은 것이 람부탄.
옆이 리찌.

던져 넣어서 물 붓고…. 이 호스텔은 투숙객 조리실이 없어서 화장실에서 삶았다. 국물이 넘치는 것에 대비를 해서 화장실로 간 것이다. 다 삶아놓고 조리기 씻어서 다시 안쳐놓은 쌀을 넣어 밥을 짓는다. 반찬은 할 수가 없었다. 그래서 풋고추와 양파를 그냥 까서 고추장에 찍어 먹었다. 그래도 사 먹는 것보다는 낫다.

그렇게 밥을 하다 보니 12시 30분이 되어서야 먹을 수 있었다. 정말 배터지게 먹었다. 조림간장에 고춧가루 실실 뿌려서 손으로 닭살을 뜯어 찍어 먹었는데 그게 그렇게 맛있을 줄이야. 몰랐었다. 그날 밤10시 30분까지 배가 고프지를 않고 밥 생각이 없어서 슬슬 걱정이 되더군. 이놈의 위장이 너무 오랜만에 고기를 투하했더니 소화시키는 법을 잊었나 하는 걱정 말이야. 어쨌든 그걸 세 끼에 걸쳐서 다 먹었지. 5개월 동안 닭 한 마리 못 먹은 원한을 푼 거다. 다음은 돼지고기를 먹자. 큼직큼직하게 썰어 달래서 삶아 간장에 찍어 먹든지, 된장에 넣어 된장국을 끓여 먹어야징. 생각만 해도 가슴에 감격이 넘친다.

4. 치앙마이 사원

아침 겸 점심으로 닭을 뜯어먹고 운동 삼아 근처의 치앙마이 사원을 찾아 둘러보고 있는데 비가 쏟아진다. 처마 밑에 비를 피하고 있으니 대학생들이 사원 안으로 들어오란다. 이런저런 이야기를 나누다가 노스님이 한 분 들어오시기에 예의를 차린다고 일어섰더니 어디서 왔느냐고 묻는다.

"까올리(한국인)입니다."

"당신은 타이 사람 같은데요."

헐, 어퍼컷이다. 설마 땡중은 아니겠지. 나의 얼굴은 선글라스를 쓴 부위만 하얗고 나머지는 새까맣다. 그러니 내가 봐도 무늬가 원숭이와 다를 것이 없다. 그러면서 스님은 자러 왔느냐고 물었다. 도시에도 재워주는 모양이군. 그런 줄 알았다면 사원으로 왔을 것이다. 아직 나는 사원의 잠자리는 어떤지 모른다. 마음에 새긴다. 비가 그치고 사원에서 나와 센트럴플라자

치앙마이
사원.

(백화점)에 들러 구경만 하다가 숙소로 들어와 다시 컴 앞에 앉았다. 먹고 쉬고 운동도 하면서 일주일을 보낼 것이다. 내가 아프면 내 주위의 많은 사람들에게 피해를 입힐 수 있기 때문이다. 그건 싫다.

왕 강변의 야시장

09.06. 일요일

종일 컴 앞에 앉아 작업을 하다가 저녁 무렵 신선한 공기를 쐬고 싶어 야시장으로 갔다. 호스텔을 나서면 바로 야시장이 서는 Wang 강변이 있다. 그런데 이 조그마한 도시에서 매일 서는 야시장에 사람들이 왜 이렇게 많은 거야? 아직 어둠이 내리기 전인데도 사람들은 도로 양편으로 있는 가게 사이로 끝없이 흘러가고 있었다. 옷, 장난감, 먹거리가 대부분이다. 우리의 야시장과 다름이 없다. 야시장도 꽤나 길어서 끝까지 가는데 한참의 시간이 걸렸다. 다시 되돌아오는데 중간쯤 오니 소나기가 쏟아졌다. 야시장 상인들이 바빠졌다. 옷, 책 등 비를 맞으면 안 되는 것들을 재빨리 상자 속에 담고 철수를 한다. 오늘의 야시장은 시작하자마자 비 때문에 철수를 하는

야시장 풍경.

야시장.

것이다. 나도 아무런 준비 없이 나왔다가 빨랫거리만 늘게 생겼다.

돼지고기

아침 일찍 축산시장을 찾아서 돼지고기 1kg을 샀다. 140바트를 줬다. 고기에 비계가 없어서 무슨 맛으로 먹을까 생각하다가 옆에 갈비에 붙은 비계를 좀 달랬더니 손가락만큼 떼 주고 15바트를 달란다. 버릇대로 덤으로 좀 달라 했는데. 덤을 모르니 돈 달라면 줘야지. 마트에 들어가 빵도 30바트어치 사고 양파와 도마토 40바트, 하루에 다섯 개씩 꼭 먹으라던 달걀도 굵은 놈으로 45바트를 주고 10개를 샀다. 나는 아무래도 시장 체질인 모양이다. 시장을 다니는 것이 편안하고 재미가 있는 것이다. 게스트하우스로 돌아와 재빨리 국을 끓이고 밥을 하고 달걀도 삶았다. 국맛은? 별 맛 있나, 돼지고기 국이라 생각하고 먹는 것이지. 기대가 너무 컸다. 음식의 맛은 물론 재료에도 있겠지만 사용하는 양념에서 맛이 나온다. 간장에다 고춧가루 타서 찍어 먹다가 생 양파를 썰어서 고추장 듬뿍 찍어 고기와 같이 먹으니 네 맛인동 내 맛인동. 그래도 한 그릇 배부르게 먹었다. 후식으로 빵 한 개 먹고. 다시 롱쿤과 람부탄을 까먹고 물 마시고 나면 식사를 완성하는 것이다.

오후엔 Wat Sri long Muang에 갔다가 돌아왔다. 물론 가다가 다른 사원이 있으면 불문곡직하고 들어갔다. 나머지 시간은? 컴에 코 박았다. 이제 6개월이 다 되어가니 이럴 때 가장 아쉬운 게 책이다. 문자중독, 활자가 그리워지는 것이다. 좋은 책 말이야. 포털에 코 박고 아무리 읽어 봐야 정보다. 책과는 다르다. 책을 읽으면서는 생각도 할 수가 있다.

왓 푸라 닷 람팡 루앙

09.08.
화요일

루앙 사원은 람팡에서 약 20㎞ 지점에 있다고 했다. 치앙마이로 되짚어 올라가는 길에 있다고 했다. 아무리 짐이 없는 자전거라 해도 밖에 나가면 가만 있어도 땀이 줄줄 흐른다. 20, 30분 밟으면 땀에 폭삭 젖는다. 이럴 때는 사원에 들어가는 것이 최고다. 한 시간쯤 내비를 따라 가니 내비도 더운지 슬슬 이상증세를 발동하려고 했다. 사원에 들어가서 급하게 물을 찾았더니 한 처사님이 나와서 합장을 하며 얼음 속에 재어 둔 물을 두 컵이나 준다. 역시 부처님은 인자하셔. 태국은 이런 면에서 아주 좋다. 지금까지 다닌 절에서 돈을 받는 곳은 못 봤고 절마다 들어가면 얼음과 찬물을 준비해 뒀다가 기꺼이 내미는 것이었다. 이게 나 같은 자전거 여행자에게는 천국의 선물이다. 물을 가지고 다녀도 햇빛에 뜨거워져 마실 수가 없고 가게가 그리 많지 않다 보니 사 먹을 데도 없다. 목마른 자에게 물 한 잔이 갖는 의미는 우주만큼 크다.

사원을 나와 주위의 여러 사람에게 물어 가르쳐 준 대로 간다. 3㎞ 가라더니 그만큼 가니 루앙 사원이 나왔다. 버마식의 사원이고 예전에는 성곽이었고 많은 전투가 있었던 곳이란다. 한때는 버마의 지배 아래 있던 곳이었다.

이 더운 나라에서 싸우려면 정말 땀깨나 흘렸을 것이다. 사원은 지금까지 본 것과는 조금 달랐다. 다른 사원들처럼 날렵하고 섬세하고 화려하진

탈루앙 사원.

않았다 투박하면서 전체적인 색조도 가라 앉아 있었다. 여기가 자타가 공
인하는 람팡의 최고 볼거리란다. 천막 치고 앉아 여행객들에게 사원에 대
한 안내도 하고 지원도 해주는 곳으로 가서 얼음을 꺼내어 물을 붓고 흔들
어 차가운 물을 마신다. 오매 시원한 것. 처사님 사진도 한 방 찍어 주세요.
그렇게 여섯 시간쯤 다녔는데 입술에 마비 증세가 또 오는 것 같았다. 짐도
안 실었는데? 우울해지려는 마음을 붙잡는다. 내가 네 놈에게 질 수는 없
다. 먹으러 가자. 나는 이런 증세가 있어, 병은 이렇게 나발을 불어야 옳은
처방이 나오고 병은 음식으로 고치는 것이 최고라고 알고 살았다.

　'식약동원.'

　돌아오다가 센트럴플라자를 다시 들렀다. 냉방이 쾅쾅 돌아가는 곳이어
서 땀도 식히고 칫솔도 하나 사기 위해서였다. 여행 떠나고 칫솔을 3개나
부러뜨렸다.

스님과
여신도

　탁발승도 만나고 싶고 시장도 가기 위해 아침 일찍 게스트하우스를 나섰다. 거리는 온통 출근하는 사람들이 탄 오토바이들이 메우고 있었다. 여기는 대중교통도 툭툭이 외에는 보이지 않았다. 우리의 시내버스 같은 것이 보이지 않는 것이다. 람팡의 구시가는 길이 매우 좁아서 대개가 일방통행길이었다. 아직 지리에 익숙하지 않은 나는 이 길들이 몹시 부담스러웠다. DSLR 들고 시장 쪽으로 걷고 있다가 무심코 고개를 돌리니 건너편 인도 가운데에 젊은 여자가 탁발승 앞에 무릎을 꿇고 앉아서 합장을 하고 있다. 부리나케 카메라를 들이대었으나 한 장을 찍고 나니 전신주가 중간을 가로질러 서 있다. 자리를 옮기려고 하니 상황 끝이다. 다시 꿇어앉으세요 할 수가 있나. 나는 저런 신심을 가진 사람을 보면 부럽다. 태국 사람 모두가 그런 것은 물론 아닐 것이다. 시장에 스님이 탁발을 다녀도 대부분의 사람들은 본체만체. 스님도 그런 것에 신경을 쓰지 않았다. 그러고 가다 보면 어디선가 사람이 나타나 스님 앞에 무릎을 꿇는 것이다. 그럼 스님은 멈춰 서서 그 사람이 일어설 때까지 기다리거나 한 바탕 좋은 말씀을 하는 것처럼 보였다. 나는 그런 광경이 무척 아름답게 보였다. 어떤 신뢰와 가교가 있기에 저리도 순수하게 기댈 수 있단 말인가. 그래서 그런 장면을 한 번 더 사진에 담으려고 길거리에서 만난 스님의 뒤를 졸졸 따라가기로 했다. 맨발의 노스님이었다. 스님이 멈추면 멈추고 가면 가고 그렇게 가다보니 본의 아닌 미행이다. 스님도 몇 번 뒤를 돌아보셨는데 별로 개의치 않는 눈치였다. 아마도 내 카메라를 본 때문이리라. 그렇게 한 40분 따라다니다가 스님이 나오는 반대 방향으로 길을 잡는 것을 보고 나도 돌아섰다. 시장을 나와 사원 하나를 지나치니 사원 앞에 모스크가 있었다. 문이 잠겨 있어 들어가 보지는 못했으나 종교 간 갈등이 없으니 이리 마주 보고 있어도 온전한 것이 아닌가.

수박을 한 덩이 사 와서 먹다가 방 안에 그냥 뒀더니 쉬어서 3분의 1쯤을 버렸다. 아까워라. 그래서 먹고 싶지만 가급적 다른 것을 산다. 람부탄, 망고스틴, 리치, 롱콘, 화룡과, 하미과, 구아바, 두리안, 포도, 사과, 망고, 바나나…. 많기도 하다. 두리안은 과일의 황제라고 불리는데 그 냄새 때문에 치앙마이의 무앙무앙 호스텔에서는 특별히 두리안 반입금지라는 포스터를 써서 객실 입구에 붙여놓은 것을 봤었다. 두리안은 열지 않아도 냄새를 풍기는 과일이다. 시장에서 파는 것 중 가장 비싼 것은 포도였다. 망고스틴이 보통 1㎏당 20~40바트, 롱콘이 30~50바트면 포도는 90~120바트다. 이게 대형 마트로 가면 포도 260바트, 망고스틴 80~100바트. 이런 식으로 두 배가 넘었다. 이 중 내 입맛에 특별히 맞는 것이 롱콘과 람부탄이라는 과일이었다. 가격은 람부탄이 가장 싸다. 보통 1㎏에 20바트 주고 사먹었는데 어제는 시장에 가니 15바트로 팔았다. 나는 그저 흐뭇할 뿐이었다. 가장 싼 과일이 가장 입에 맞다니 이런 행운이 어디 있는가. 태국은 재래시장에 가도 가격을 종이에 적어 일일이 물건 앞에 내놓았다. 나는 하루에 람부탄 2㎏과 롱콘 1㎏을 사서 먹는다. 원숭이처럼 앉아서 원숭이보다 더 날렵하게 껍데기를 까서 먹는다. 가격도 싸고 맛도 최고다. 뭐든지 먹어야 한다. 돼지처럼.

고추장이 떨어져 사기 위해 람팡의 대형마트인 센트럴플라자로 갔으나 고추장은 없었다. 이 지방에 한국인의 출입이 많지 않다는 말이다. 라면 몇 봉지와 불고기 양념, 참기름이 진열대 한쪽에 아주 조그마한 공간을 차지하고 있을 뿐이었다. 기꼬망 간장과 일본 라면, 식품들 일색이었다. 아쉬워 손가락만한 참기름 한 병을 가지고 나왔는데 가격이 103바트다. 게스트하우스로 돌아와서 짐을 챙기기 시작했다. 이건 여기 넣고 저건 저기 넣자, 그리고 다시 한 번 스마트폰에 적힌 대로 패니어에 넣었는가를 확인하자. 그렇게 움직이다가 뒷골이 당겨 잠시 누웠다가 친구와 통화하고 블로그 댓글 살피고 나서 겁이 났다. 아무래도 몸이 시원찮다. 몸이 아파 더 이상 여행을 계속할 수 없는 상황이 온다는 것이 내게 가장 무서운 것이다. 그렇게는 할 수 없어. 사흘간 더 머물기로 결정을 했다. 지금 사흘 쉬는 것이 나중에 한 달을 쉬는 것보다 나을 것 같다는 계산 때문이었다. 더위에 이렇게 약해서 도대체 아프리카는 어떻게 종단하나? 생각할수록 한심하다. 여행 6개월째다. 쉴 때도 되었나?

아침부터 비가 추적추적 내린다. 먹을 게 없어서 식품을 사러가야 하는데 비가 와서 또아리를 틀고 앉아서 시간을 보내다 비가 그쳐 시장에 들렀더니 이미 대부분 철수하고 아무도 없다. 새벽 번개시장인 모양이다. 사다

놓은 식빵에다가 바나나 잼을 발라 먹고 나서 돌아다니다 보니 점심저녁이 걱정이다. 게스트하우스에서도 양식을 팔던데 요즘은 빵 두 조각 먹고 '식사 끝' 할 그런 용기는 없다. 지금은 어떻게 하든 잘 먹어야 할 시점이다. 다시 센트럴플라자를 찾았다. 3층 식당가를 둘러보니 일본식 도시락이 마음에 드는 것이 있다. 근데 하필 가장 비싼 289바트(10,000원)짜리다. 태국은 30~50바트면 한 끼를 해결할 수 있다. 그래도 오늘은 저걸 하나 먹자. 저녁은 식빵으로 해결하고 내일 아침에 시장을 가서 원한 맺힌 닭을 한 마리 더 사기로 하자. 닭 한 마리 먹으면 이 세상 최고의 보신을 했다고 생각하는 나의 이 고급 진 입이여.

그러나 그렇게 둘러보다가 한국 식당을 만나 버렸다. 꼴을 보아하니 일본인 주인이 흉내만 내는 것 같았지만 사진을 보고 유혹을 참지 못해 들어갔다. 왜식보다는 한식이지. 한국 사람은 한국 음식이 제일이다. 조개가 듬뿍 들어간 해물 순두부를 하나 시키고 물과 얼음을 시켰다. 태국도 물 한잔 공짜가 없다. 김치가 나왔는데 한 점 찍으니 없다. 물론 리필도 없다. 얼큰한 맛에 순두부 한 그릇 비우고 220바트를 지불했다. 순두부 180바트에, 물과 얼음이 30바트였다. 마트를 나오니 햇빛이 강렬하다 언제 비가 왔느냐다. 구름도 제대로다. 라오스에서 보던 메콩 강변의 구름을 그리워하며 태국 하늘에는 그런 그림이 안 그려지는가 하고 기대를 했지만 그간 보름 가까이 지나는 동안 그런 조짐이 보이지 않다가 오늘 하늘이 메콩 강 위의 그 하늘을 닮았다. 자전거를 끌고 강변을 다니며 구름을 배경으로 사진을 찍는다. 행복한 시간이었다.

그렇게 돌다 보니 학교가 보였다. 고등학교다. 바로 자전거를 밀어넣었다. 경비실 아저씨도 암말 하지 않았다. 학생들이 앉아 있는 옆자리에 슬며

안녕 하던
여학생들.

비야 오려면 와라.
우리는 즐겁다.

시 끼어 앉아 아이들이 노는 것을 지켜본다. 내겐 아주 즐거운 시간이다.
카메라만 갖다 대면 까르르 하하. 남녀 공학인 학교였다. 깔깔거리며 뭐 장
난할게 없나 싶어서 눈을 반짝이며 오던 여학생들 중 하나가 내게 가까이
오더니 한국말로 인사를 했다.

"안녕!"

내가 '안녕' 하고 그 말을 받자 아이들이 뒤집어진다. 왜 웃어? 하하 킬킬
나도 너희들 웃는 걸 보니 즐겁다. 그러고 있는데 남학생 한 명이 오더니
묻는다.

"캔 유 스피커…."

대답을 하니, 이 녀석이 킬킬 웃더니 친구들 노는 데로 가서 공을 잠깐

차고 나서 다시 왔다.

"훼어 아 유 프롬?"

응 나 까올리야, 클클클 웃더니 다시 공 차러 갔다가 또 왔다.

"훼어 아유 고잉…?"

그러고 가더니 다시 와선 또 묻는다. 하하, 녀석은 공을 차러 간 게 아니라 문장을 만들려고 갔던 것이다. 그러더니 급기야 밥 먹었냐고 묻는다. 크흐 하하하. 아이들 노는 걸 보는 것만큼 평화롭고 즐거운 것은 없다. 아무리 기분이 나쁠 때라도 아이들만 보면 저절로 입이 귀에 걸린다. 이 녀석아 걱정 고마워, 킬킬. 그렇게 노닥거리고 있는데 비가 쏟아졌다. 대부분 학생들이 비를 피해 처마 밑으로 들어가는데 비가 오거나 말거나 축구를 하는 아이들도 있다. 그깟 놈의 비, 좀 맞으면 어때! 빗속이라도 아이들은 즐겁다. 여행에서 우리가 둘러봐야 할 곳을 내게 꼽으라면 나는 시장과 학교와 사원(종교시설)을 둘러보라고 권하고 싶다. 사람 사는 것이 거기에 다 들어있다. 모처럼 아이들과 시간을 보내고 나서 나는 기분이 좋아져서 히죽히죽 웃으며 게스트하우스로 돌아왔다.

09.12. 토요일 준비

출발 준비를 하기 위해 시장에 들러 닭다리 두 개를 샀다. 큼지막한 놈으로, 한 개는 오늘 먹고 한 개는 배낭에 넣어 가다가 먹을 예정이다. 아직도 삶아 놓은 닭고기가 조금 남았다. 닭다리 파는 가게 주인도 이젠 얼굴이 익어서 가면 인사를 한다. 중국에서는 오리 다리를 비닐에 진공포장을 해서 파는 것을 마트에서 사 먹을 수 있어서 좋았다. 그걸 구군과 먹던 기억이

태국은 세계 최대의 쌀 수출국답게 쌀값이 싸다. 좋은 쌀 2kg에 50바트. 우리 돈으로 1,600원 정도.

난다. 더불어 토마토와 오이, 빵도 가다가 하루 정도는 먹을 만큼 샀다. 태국은 그간의 경험으로 봐서 사 먹을 곳이 별로 없었다. 까딱하면 쫄쫄 굶으며 라이딩을 해야 한다. 잠잘 곳도 마땅치 않았다.

더위에 오르막을 타봐. 해본 사람만이 안다. 코피 제대로 난다는 말이다. 자전거를 타다가 때맞춰 먹는 닭다리는 최고일 것이다. 출발 날짜를 잡고 보니 기분이 상쾌해졌다. 고추장이 마음에 걸려서 센트럴플라자 맞은편에 있는 홈플러스로 가볼까 하며 나섰다가 수코타이 가는 길을 익혀 놓자 싶어서 게스트하우스에서 시내를 빠져나가는 길을 알아 놓고 외길이 나올 때까지 달렸다가 돌아왔다. 짐을 싣고 모르는 시내 길을 빠져 나가자면 개고생이기 때문이다.

돌아오면서 도로 안쪽으로 나 있는 길로 들어가서 동네를 헤매고 다니다가 사원도 들어갔다가, 가게도 들어가 보고, 사람들도 쳐다보다가 들판에 앉아 이것저것 생각해 본다. 머리도 꼬리도 없는 생각들이다.

잠과 **피곤**의
관계

09.13.
일요일

어제 저녁엔 게스트하우스 주인 아저씨의 오토바이 동아리 회원들이 라이딩을 하고 와선 베란다에서 술판이 벌어져 노래 소리가 흘러나오고 밤늦게까지 시끄러웠다. 술 한잔 생각이 간절했다. 나그네 맘이 흔들렸다.

종일 짐을 쌌다. 가방도 하나 사서 먹을 것만 담아가다가 바를 풀지 않고도 꺼내어 먹을 수 있게 만들었다. 별도의 창고를 하나 더 만든 것이다. 짐보따리가 하나 더 늘었다. 거기에 람부탄 넣고, 롱콘 넣고, 빵 넣고, 잼 넣고, 식빵도 넣고 약도 넣고. 넣고, 넣고…. 그냥 싸고, 비닐에 싸고, 비닐에 또 비닐을 싸고, 싸고. 블로그에 글을 올리고 잠들었으나 새벽 1시 30분에 깨어 다시 잠들지를 못해서 뒤척였다. 어느 순간부터인가 피곤과 잠과의 관계가 틀어져 버렸다. 피곤한데 잠이 달아나는 것은 몸이 반항하는 거야 맘이 반항하는 거야? 그래도 나는 잠을자야 해.

불성이 없는
개?

09.14.
월요일

1시 30분에 깨어 뒤척이다 두 시 세 시 네 시. 시간이 그냥 막 흘러간다. 이러면 안 돼. 나는 자야 돼. 아니면 주문이라도 외워야 해. 그렇게 잠을 청하다가 살짝 잠이 들었던 모양, 깨어나니 6시 30분이다. 헉 늦다. 일어나다시 짐을 싼다. 밥부터 먹어야 그릇을 싸지. 밥 먹고 설거지해서 그릇 챙기고 숙박료 계산하고 자전거에 짐 챙기고 나서 안장에 오르니 8시 50분이다. 늦었다. 새벽같이 달려야 되는데.

람팡 시내는 그저께 빠져나가는 길을 답사를 해놨으니 한결 여유롭게 벗어났다. 시외를 달린다. 1시간 40분 정도 달리니 사원이 하나 나왔다. 물이 급하다. 사원 안으로 들어가니 사람은 안 보이고 개들 몇 마리가 죽어라고 짖어댄다. 이윽고 스님 한 분이 얼굴을 내밀었다.

"물, 물, 물 물 좀 주세요."

젊은 스님이 내 꼴을 보고는 씨익 웃더니 냉장고에서 차가운 물을 꺼내준다. 물 몇 잔을 거푸 마시고 사원을 카메라에 담는데 개들이 유난하다. 몇 마리가 나를 에워싸더니 극성스럽게 짖었다. 그중 한 녀석은 바짓가랑이를 물고 지그시 당겨보기도 했다. 그렇다고 개들을 겁내는 내가 아니다. 스님이 제지를 해도 막무가내다. '조주스님'이 뭐라고 말씀하셨던 간에 이놈의 개들에게는 불성이 없는 모양이다. 개들 때문에 스님에게 민망해서 쉬지도 못하고 나왔다.

다시 달린다. 한 시간쯤 달리니 길거리 과일포차가 나왔다. 반가워서 재빨리 들어가니 얼음에 쟁여둔 파인애플을 꺼낸다. 주스가 아니고 과육 두 봉지다. 파인애플 하나에 두 봉지가 나오는가? 차가운 파인애플 과육을 한 봉지 조금 더 먹으니 더 이상 못 먹겠다. 나머지는 가져가라 했지만 이 땡볕에 가져가더라도 먹지도 못할 것이다. 아이스박스에 다시 넣어줬다.

"얼마요?"

"40바트."

하나에 20바트인 모양이었다. 왜 나에게 두 봉지를 줬을까? 나는 두 개를 달라고 한 적이 없다. 하지만 아주머니는 분명 두 개를 달란다고 알아들었기 때문에 주었을 것이다. 돈 지불하고 물 한 잔 얻어먹고 다시 달린

불성이 없는 개들.

과일포차.

다. 고개가 나온다. 그리 높아 보이지는 않았지만 각별히 조심하리라고 마음먹는다. 한 템포 먼저 쉬고 한 소끔 더 쉬리라. 그래도 역시 고개는 온몸의 물을 쥐어짜야 한다. 켁켁거리며 고개를 넘는다. 그렇게 2시 40분까지 달린 거리가 고작 45㎞다. 소나기가 쏟아진다. 마침 길가에 정자가 보였다. 재빨리 자전거를 밀어넣고 챙겨 온 점심을 먹는다. 비닐에 둘둘 말아 온 밥을 꺼내고 삶아 온 닭다리 하나와 오이, 토마토를 내어 닭다리엔 간장 대신 소금을 뿌려 뜯는다. 역시 사 먹는 것보다 익숙한 맛이다. 오토바이를 타고 마을 안쪽으로 가던 사람들이 쳐다봤지만 어때?

비는 한 시간째 쏟아지고 있었다. 길 건너 가게로 가서 빵과 물을 사면서 아주머니에게 물었다.

"이 근처에 게스트하우스 있어요?"

시간이 벌써 4시다. 잠잘 곳을 알아둬야 한다. 그러면서 내가 잠자는 시늉을 하자 아주머니가 집 앞에 있는 평상을 가리키며 저기서 자란다. 하하 아주머니는 내가 잠자는 시늉

평상 위의 텐트. 오성 호텔이 부럽지 않다.

을 하며 이 근처라고 손짓 하는 것을 '여기서 좀 잡시다.' 라고 하는 줄 알아 들은 것이다. 말이 안 통하면 이런 횡재수도 있군. 숙소를 찾는 것은 정말 피곤한 일이다. 여기선 더워도 샤워를 못할 뿐이지 텐트를 치면 모기는 얼씬도 못한다. 물론 정자에서 자도 좋다. 하지만 그건 차선책이다. 이런 곳은 안심하고 잠을 청할 수 있다. 옷 홀랑 벗고 팬티만 입고 자다 새벽에는 선선해서 우의를 덮고 잤다.

09.15.
화요일
수코타이
가는 **길**

아주머니 가게는 저녁 7시도 전에 문을 닫더니 새벽 6시에 문을 열었다. 문을 열고는 내게 말했다.

"커피 한 잔 하세요."

"감사합니다."

커피 한 잔 마시고 화장실을 빌려 볼일 보고 세수하고 빵 몇 개와 물 한 병을 사서 챙기고 다시 페달을 밟는다. 아저씨도 나와서 엄지를 쳐들며 장

도의 행운을 빌어준다. 고마워요.

3km쯤 가다가 보니 언덕 위에 사원이 나왔다. 그냥 지나갈 수는 없다. 수 없이 많은 사원들을 봤지만 이 사원은 다른 사원들과 다를지 모르니까. 밥 도 먹어야 한다. 시장끼는 없었지만 이것에 속아서 배고플 때까지 달리면 어떤 결과가 나오는지를 안다. 이젠 안 속아. 빨리 가야 한다는 강박관념 이 결국 에너지를 더욱 고갈시키는 것이다. 새벽이라 문을 닫아 놓은 사원 의 문을 밀고 들어가 둘러만 보고 나왔다. 스님 두 분이 계셨으나 별 반응 을 보이지 않기에 아쉬운 것도 없어서 그냥 나왔다. 모두 비슷해. 사원 계 단 입구에 앉아 밥상을 차렸다.

깻잎, 오이, 토마토, 라오스에서 산 물고기 캔, 그리고 그저께 지은 밥을 꺼내어 냄새를 맡아보니 괜찮다. 여기 쌀은 우리가 안남미(베트남, 알랑미) 라고 한 쌀과 같은 종류로 보이는데 수분을 적게 품는 쌀이어서 그런지 빨 리 쉬지를 않았다. 빵도 두 개를 먹었다. 먹기 싫어도 먹어두면 그게 다 에 너지가 된다는 것을 알기 때문이다. 쉴 때마다 무언가를 조금씩 먹는 것은 내가 결정한 룰이다. 밥 먹고 주위를 청소하고 다시 달린다. 지금 나의 인 생은 달리는 것이니까. 10km를 달리고 다시 정자에 들어가 쉬다가 근처 풀

텐트 칠 장소며 커피며
화장실 등을 제공해준
가게 아주머니.

샤워를 할 수 있게 해 주고
얼음물, 수건 등 온갖 편의를
제공해 준 할머니.

물 한잔,
말 한마디이지만 이들의 친절이
그렇게 고마울 수가 없다.

숲에 들어가 몸을 좀 비운다. 몸이 가벼우면 달리기가 쉽겠지. 다시 달리다
타는 갈증에 길가에 집이 보이자 바로 들어가서 물을 찾았다. 할머니 한 분
이 나왔다. 망고주스를 외치니 주스는 없고 콜라가 있단다.

　전해질이 생각 나서 콜라를 시키고 물도 한 병을 시켰다. 태국에는 아직
이온음료가 없었다. 레드불의 출생지가 태국이다. 이온음료와는 관계가 없
나? 센트럴플라자를 샅샅이 뒤져도 이온 음료가 없었다. 과일주스가 흔한
나라여서 그런가? 태양이 이글거리는 시간이었다. 쉬면서 점심도 먹고 할
머니가 권하는 대로 샤워도 했다. 할머니는 한숨 자고 가라고 했지만 좁은
벤치라 사양을 하고 두 시간쯤 보내다 125바트를 지불하고 길을 나선다.

할머니에게 길이 어떠냐고 물었더니 손으로 경사를 급하게 그리며 자전거로는 못 올라간다고 고개를 흔든다. 그래요? 어제 잔 가게의 아저씨는 반대가 되는 말을 했었다. 가자, 내가 가서 확인을 해야지.

달리다 길을 왼쪽으로 90도 꺾었다. 수코타이 가는 길이다. 산으로 들어서는 초입이었다. 도로가 좁아져 간다. 이제 본격적으로 산길이 시작되는 지점인 것 같았다. 지나가던 오토바이를 탄 아저씨가 나를 보더니 내가 쉬고 있던 정자로 들어와 이것저것 묻고는 싣고 다니던 얼음물을 내 병에다 가득 채워 주고는 갔다. 산의 초입은 경사의 비밀을 감춘 채 편안한 얼굴로 천연덕스럽게 나타났다. 3㎞라던 고갯길이 6㎞가 넘어도 끝날 줄을 모른다. 처음에는 100m쯤 끌고 한 번씩 쉬다가 올라갈수록 거리가 짧아진다. 50m, 30m, 20m, 10m, 쉴 때마다 가드레일에 자전거를 붙여 세우자마자 나는 길거리 바닥에 그냥 주저앉았다. 몸이 지치면 체면이고 뭐고 없다.

아득하기만 한 길, 올라온 길을 돌아보면 꿈결처럼 아득하다.

드디어 마지막일 것 같은 고개 정상이 보였다. 차들이 올라가더니 바로 밑으로 사라지는 것이다. 엔진소리도 한껏 높아졌다가 다음 순간 들리지 않는 것이다. 정상이 틀림없군. 정상 올라가서 사진 한 장 찍고 자전거에 올라탔더니 웬걸 100m도 못가서 모퉁이를 도니 다시 오르막, 그것도 경사가 아주 급하다. 그렇게 세 번을 속고 나선 주저앉아 버렸다.

3시간을 끌었다. 땀을 아마 한 동이쯤 흘렸을 것이다. 다리에 경직이 온다. 시간은 벌써 오후 6시가 넘어간다. 산길에는 텐트를 칠 장소도 없었다. 설사 있다고 하더라도 밤새 비가 얼마나 올지를 모른다. 뭔가 결정을 내려야 하는 시간이었다. 더 이상은 못 가겠다. 지나가는 오토바이를 탄 남자에게 손짓을 했다. 오토바이가 섰다. 학생이었다. 하지만 소통불능. 나는 정말 열과 성을 다해서 여기서 고개 정상이 얼마나 되느냐고 물었다. 그림까지 그려가면서 몇 번이나 물었다. 정상까지만 올라가면 그 다음이야 바퀴가 구르는대로 두면 되니까. 학생이 말했다. 글씨로 "2~3㎞입니다."라고 흙바닥에 썼다.

못 미더워서 몇 번이나 더 물었지만 같은 대답이다. 내비에서 본 산길은 9㎞였다. 내가 계산을 잘못 했는가? 고원지대인가? 그럴지도 모른다. 산은 겹겹이다. 그렇다면 빨리 서둘러야 한다. 지나가는 트럭을 잡기 시작했다. 그러나 고개 정상 부근이다 보니 차들은 그냥 지나간다. 그러던 중 학생이 반대편 차로에서 차 한 대가 지나가자 아는 체를 했다. 차가 섰다. 하지만 자가용이었고 세 사람이 타고 있었다. 학생이 쫓아가서 무슨 말을 하자 차가 유턴을 해서 돌아왔다. 차에서 내린 여학생이 영어를 하느냐고 묻는다. 됐다.

나는 재빨리 자전거의 짐끈을 풀고 앞 타이어를 뺐다. 짐은 뒷좌석 한쪽

나를 수코타이 주 까지 태워 준 세 사람.　　게스트하우스.

에 치례대로 쌓았다. 자전거는 뒷 트렁크에 넣어 튜브로 잡아매었다. 오토바이를 탄 학생은 갔다. 여학생 둘이 앞좌석에 포개 앉고 나는 뒷좌석에 앉았다. 근데 약 300m쯤 가자 길이 내리막이다. 어어!!! 뭐 이래? 이러면 안 되잖아? 대체 그 학생은 왜 2~3㎞라 적었을까? 세상에, 정말 이게 무슨 꼴이람.

"어디까지 가세요?"

앞에 앉은 20살 아가씨가 물었다. 나 일단 수코타이로 간다. 근데 아가씨가 알아듣지 못했다. 답답했던지 누구에겐가 전화를 걸더니 나를 바꿔준다. 최종목적지가 어디에요? 나요? 나 아프리카요. 아니 오늘 어디까지 가면 돼요? 나는 수코타이를 가는데 수코타이 근처의 게스트하우스 아무데나 내리면 됩니다. 이미 어둠이 내려앉은 밤길을 약 40분쯤 달려서 게스트하우스앞에 차가 섰다. 숙박료를 물으니 500바트란다. 다른 숙소는 없단다. 텐트를 칠까? 어디에? 나는 망설였다. 학생들은 오던 길로 돌아가 나를 만나기 이전에 한 약속을 지켜야 한다면서 바쁜 기색이다. 더 이상 시간을 끌 수 없었다. 500바트에 오케이 사인을 보내지 않을 수가 없었다. 차에서 내리자 근육이 뻣뻣하게 달라붙었고 관절이 굳어서 걸음을 제대로 옮기지도 못했다. 이건 또 왜 이래? 학생들은 여기에 오기 전에 주유소에서 기름도 넣었다. 그래서 내가 돈 이야기를 끄집어내자 그들은 고개를 완강히 저었다.

"돈은 받지 않겠습니다."

인생에는 수많은 변수가 있다. 세상일은 자신의 의지만으로 이루어지지 않는다. 어떤 우연이 필연으로 작용하는가. 어떤 일이 일어날 것인가를 누가 예측을 할 수 있을 것인가? 하지만 무슨 일이든 항상 일어난다.

 ## 자비는
인간 최고의 **덕목**

어제 저녁 이틀 분 1,000바트를 주면서 '사흘을 묵는다면 깎아주는 거요?'라고 물어보니 400바트에 해주겠단다. 혹시나 유적들을 둘러보는 시간이 길어질까 봐 물어본 말이었다. 하지만 저녁에 아무래도 이상해서 검색을 했더니 여기는 수코타이 시가 아니었다. 수코타이는 여기서도 86㎞ 저쪽에 있었다. 여기는 수코타이 주였다. 그렇다면 여기에서 더 묵을 이유가 없었다. 또 급해지려는 마음을 일단 눌렀다. 일단 몸은 멀쩡하다. 다리도 별 탈이 없다. 기분이 좋아진다. 어제가 먼 꿈결처럼 느껴졌다. 아침부터 또 비가 뿌렸다. 밖을 내다보니 아주머니가 숙소 뒤 밭에서 작물을 손보고 있었다. 빨래를 걷으러 갔더니 아직 마르지 않았다. 태국의 날씨는 습하다. 어둠이 내린 저녁에는 온몸이 찐득찐득해진다. 하루를 쉬고 가자.

오전에 나는 짐을 분류해 싸는 데에 다시 매달렸다. 머피의 법칙이 나에게는 다시는 안 통하도록 하고 싶었다. 그러면서도 그게 안 된다는 것을 알고 있다. 적어 놓았던 기록들을 무시하고 다시 하나씩 짐을 넣으며 새로 기록을 했다. 다시는 찾는 물건이 나를 거역하며 숨어 있지 못하게 할 것이다. 이놈들아! 오후에 비가 그치자 자전거를 끌고 나섰다. 3㎞만 가면 과일을 파는 곳이 있단다. 내일 먹을 양식을 사야 한다. 오가는 사람 없는 농촌의 길을 자전거를 타고 천천히 지나간다. 가다가 학교가 나오면 들어가서 아이들 노는 것을 구경하고 골목길이 나오면 골목길도 들어가 봤다.

그렇게 6㎞를 가니 그때서야 시장이 나왔다. 롱콘과 람부탄 빵과 두유까지 사서 돌아왔다. 점심은 게스트하우스에 돼지고기를 넣은 볶음밥과 송땀을 시켜 먹었다. 블친인 씩씩한 여행가 장만옥 님이 송땀이란 것이 우리의 김치와 비슷하다고 알려준 것을 기억하고 있었기 때문이었다. 과연 송땀은 김치처럼 맛있어서 오랜만에 즐겁게 식사를 할 수 있었다. 근데 매워. 맛있게 매운 것이 아니라 아프게 매워.

09.17. 목요일

사찰 안의 푸줏간

새벽 일찍 일어나 밥을 해서 주먹밥 두 개를 만들었다. 비상식량이다. 설거지해서 짐 다 꾸리고 아직 자는 주인을 깨워서 송땀과 돼지고기, 볶음밥을 부탁했다. 출발 시간이 늦어질 것이지만 먹고 가는 것이 시간을 절약할 것이다. 가격은 물 한 병까지 90바트. 볶음밥 두 그릇을 먹을 수 있는 돈이다. 한 그릇 맛있게 먹고 출발. 한 시간쯤 밟으니 비가 내린다. 급히 주유소로 피했다가 비가 그치자 다시 출발. 점심 때가 조금 이르지만 찬물이 급하니 마침 보이는 사원으로 들어갔다. 태국의 사원들은 크다. 축구장만 하다.

땅이 넓다는 것은 좋은 것이다. 건물이 별로 시원치 않고 재정상태가 별로 좋지 않을 것이란 인상을 주는 사원들도 땅만큼은 축구장 두세 배가 흔했다. 여기도 그런 사원이었다. 사원 안쪽 벽 쪽으로 가게들이 줄지어 서 있다. 식당들인가? 가까이 가니 푸줏간들이다. 사원 안의 가게도 신기하지만 그게 식육점들이다, 스님들 육식을 금하는 것은 우리나라만인가? 소승불교와 대승불교의 차이가 거기부터인가? 사원 본당 뒤쪽으로 들어가니 많은 사람들이 식사 중이었다. 체면 차릴 것 있나. '물 좀 주소' 해서 얼음 둥둥 띄운 물과 병에 든 물 한 병을 받고, 사찰 관계자들에게 나 여기 있소! 하고 슬슬 눈치를 주고 있으니 스님 한 분이 자리를 권한다. '어디서 왔어요? 어디로 가는가요? 점심은?' 하고 묻는다. '아니요, 아직 식전입니다.' 스님이 손가락 한 번 움직이니 처사님들이 밥을 바로 대령했다. 밥 먹은 지 얼마 안 됐다. 그런데 우려와는 달리 밥이 그냥 먹힌다. 국과 밥 한 그릇 맛있게 먹고 야자 잎에 싼 것은 배가 불러서 가방에 챙겨 넣었다. 아주머니 한 분이 물도 한 병 더 챙겨준다. 스님 가시고 난 뒤에 느긋하게 담배 한 대 피우고 사원을 나선다. 고기 먹는데 담배를 가릴까. 그래서 그냥 앉아서 피운 것이다. 태국이 클 태짜 태국이다. 스님들은 고기도 먹고 담배도 피운다. 술은 먹지 않는단다.

쉬면서 수시로 먹는다.
짐에서 쉽게 분리 하기 위해
산 먹거리 가방.

사원을 나서니 햇빛이 달아오른다. 배터리 아낀다고 내비를 켜지 않으니 갈림길이 나올 때마다 물어야 한다. 귀찮지만 그게 만일을 위해서 좋다. 한 시간을 달리니 길가의 사원에 커다란 불상이 있었다. 사원 본당 건물의 몇 배는 됨 직하다. 대체 부처님도 만들지마라한 불상을 사람들은 왜 저렇게 크기 경쟁까지 할까? 사원은 수리 중이어서 그런지 스님들은 보이지 않았다. 물 한 병 먹고 쉬다가 다시 출발. 한 시간쯤 달리다가 다시 물 보충하고 다시 한 시간 쯤 달리다 사원으로 들어갔다. 수코타이는 이제 눈앞에 있다. 하지만 수코타이에 들어가 숙소를 잡으면 여기보다 비쌀 것은 뻔하다. 도시에는 유스호스텔의 도미토리가 있어서 오히려 시골보다 싼 곳을 찾을 수 있지만 도미토리가 있는 도시가 드물다.

잠은 편하게 자야 하지만 잠시 누웠다가 새벽 일찍 나와야 하는 곳에 많은 돈을 주기 싫었다. 500바트씩 600바트씩 주기가 싫은 것이다. 그것보다는 나는 사원에 자 보고 싶어. 자 봐야해. 하지만 이 사원도 수리 중이었다. 사원 벽 쪽에 하늘만 가린 양철 지붕 아래 평상에서 쉬던 처사님들이 내 자전거가 들어가자 어서 오라면서 물을 줬지만 여기 있는 보살 할머니들이 나를 재워줄 수 있는 권한이 없어 보였다. 스님들은 보이지도 않았다. 포기를 하고 인사를 하고 밖으로 나오니 사원 문을 나서기도 전에 또 비가 뿌린다. 얼른 한쪽으로 피해 있다가 비가 그치자 다시 출발 결국 수코타이로 들어왔다. 주위를 살피며 천천히 가다 보니 경찰서가 있다는 표지판이 나온다. 그래, 그 순간 나는 결정했다. 오늘 내가 잘 곳은 경찰서다. 목표를 잡았으니 경찰서로 가야 한다. 근데 경찰서가 어디 있지? 마침 학생들의 하교 시간이다니 학생들에게 물어보자. 학교 정문 기둥에 자전거를 기대놓고 눈빛 똑똑한 놈을 고르는데 소나기가 사정없이 쏟아졌다. 소나기를 피해 처마 밑으로 들어가니 여학생 몇 명이 서 있다.

푸줏간이 있고 점심을 얻어먹은 사원.

"영어 할 줄 아는 사람 있니?"

몇 명은 고개를 돌려버리고 두어 명은 입이 달싹거리기만 한다. 그림 그려가며 이들에게 얻은 정보는 경찰서는 1km만 가면 있단다. 그런데 저기 길 건너에 사원이 있는데 저기서 자도 될까? 학생들이 생각해 보더니 될 것이라고 한다. 라오스에서 비엔티안으로 가다 만난 스페인 라이더 알루는 다니다가 보면 게스트하우스가 없는 곳이 있으니 그때는 경찰서나 학교나 사원으로 들어가서 재워 달라 해보라고 했다. 그러자 그의 애인이 태국어로 그런 내용을 적어주며 그럴 때 이 종이를 내보이라고 했었다. 앗, 이건 마패이다 싶어서 나는 그걸 깊숙한 곳에 넣어 놓고 따로 스마트폰에 찍어서 보관하고 있었다.

사원에서 숙소를 제공받다

사람들이 '사원에 부탁해보세요.' 라는 것을 보면 사원의 마음씨 좋은 스

엄청난 크기의 불상.

님이 그때 기분에 따라 선행을 베푸는 것이 아닌 관습이 아닌가란 생각이
들었다. 그래, 그건 전통일 거야. 사원 측에선 거부할 수 없는 무형의 무엇
이 있을 것이다. 가자, 당당하게 들어가서 잠자리를 요구해보자. 경찰서는
여기서 멀다. 길 건너편 사원으로 가자. 비가 그치자 길을 건너 사원으로
자전거를 밀어넣었다. 도시의 사원인데도 큰 사원이었다. 사무실이 어딘가
묻고 물어 한 학생을 앞장 세워 스님을 만났다.

"호텔이 사원 앞에 있어요."

누가 그걸 몰라서 왔나. 나는 자전거 여행자인데 돈이 충분치 않으니 여
기서 자고 싶다. 재워 줄 수 있느냐면서 알루의 태국인 애인이 써준 종이를
마패처럼 내밀었다. 스님이 그걸 읽더니 돔이 있느냐고 묻는다. 돔은 아마
텐트일 것이다. 있고 말고지요. 아무데나 자도 되느냐고 물었다. 되고 말고
지요. 스님이 화색이 돌더니 강당으로 안내했다. 강당은 어림짐작으로 약
150평 정도. 스님의 명령을 받은 어린 학승들이 물걸레를 가져와 평상을

밀봉된 컵에 가득 담긴 물.
스님이 가져다 준 물이다.

닦고 바닥을 청소하고 평상 네 개를 붙여서 텐트 칠 자리를 마련했다. 텐트를 치고 있자 학승들이 컵에 밀봉된 물 20개를 가져왔다. 이어서 밥도 왔다. 밥 먹고 와이파이 비밀번호를 알아서 치니 사무실과 너무 멀어서 신호가 약해 잡히지를 않는다. 그거야 할 수 없다. 천장에는 선풍기가 뺄뺄 돌아가고 화장실과 샤워실은 바로 앞에 있다. 이 아니 좋을쏘냐. 하느님 감사합니다, 아니 부처님 감사합니다. 샤워부터 하자.

밤이 되자 또 비가 시작되더니 밤새도록 엄청 왔다. 지붕을 뚫을 듯한 비 오는 소리를 나는 즐겼다. 하늘의 물을 다 퍼붓는다 해도 나는 걱정이 없으니까.

09.18. 금요일 선(善) 순환

밤새도록 비가 내리기에 아침에 떠날 수 있으려나 하면서도 짐은 챙겨놓고 보자 해서 챙겼더니 아침이 되니 하늘이 멀쩡하다. 출발하기 전에 학승이 도시락을 가져왔다. 내가 할 수 있는 것은 감사하다는 말 뿐이다. 감사합니다. 말뿐이지만 당신들의 행위가 내게 전해져서 내가 앞으로 어떻게 하여야 되는가를 일깨워 줬으니 더욱 감사합니다. 스님들께 인사하고 사원

문을 나섰다. Sukhothai historical Park로 가기 위해서다. 어린 초등학생의 말을 듣고 달리다가 아무래도 이상해서 사람들에게 물어보니 다시 돌아가란다. 수코타이의 역사공원은 구시가에 있었다. 20㎞를 빈속에 달리고 나니 배가 고팠다. 우선 밥부터 먹어야 한다. 돌담에 앉아 사원에서 싸준 도시락을 꺼냈다. 돼지고기 야채 볶음, 우리의 비지 닮은 음식, 각종 채소, 오이. 향내가 부담스러웠지만 나는 꼭꼭 씹어 넘겼다. 여기 태국인들이 먹는 음식이니 더운 나라의 더위를 이기려고 만든 음식일 것이니까. 더위에 더위 먹는 내게 나쁠 것이 없다는 생각에서다. 마지막 오이까지 다 씹어 먹고 간식으로 가지고 다니는 빵까지 꺼내 먹어두었다.

수코타이 역사유적공원.

수코타이 신시가지에서 구시가지까지는 13㎞인데, 20㎞를 달려 공원에 도착했다. 별 생각 없이 100바트를 주고 표를 끊고 관람객 대부분이 자전거를 빌리기에 넓은가 보다 해서 짐 자전거는 맡겨놓고 자전거를 30바트에 빌려서 공원으로 들어가서 유적 돌무더기 두 군데를 구경하고 나니 끝이다. 엥, 뭐 이래? 자전거를 빌리지 않아도 될 것을. 30분만에 종료다. 수코타이는 13세기에 건국된 태국 최초의 왕국이란다. 지금의 태국 문자가 여기서 만들어졌단다. 수코타이에서 하는 공연이 유명하지만 지금은 공연 철이 아니란다. 슬슬 부아가 치민다. 이걸 보러 치앙마이에서 여기까지 그 개고생을 해가며 왔던가 하는 마음이 앞섰기 때문이다. 여행은 목적지가 목적이 아니란 것을 외치면서도 이럴 때는 그걸 잊는다. 자전거를 가져다주고 주스 한 잔 사 들고 매표소 앞에 쪼그리고 앉아 담배 한 대 피우면서 허무함을 삭인다. 금방 떠나기가 허무해서다. 내 기대가 컸던가? 무엇이 어떻게 있었으면 내가 만족했을까? 부질없다는 생각에 쓴웃음이 났다. 가자. 내비 앞세워 자전거를 밟는다. 나는 라이더, 외로운 라이더. 내 외로운 한 줄기의 기운이 흐르고 흘러 세상 외로운 사람들의 외로운 기운과 만나서 우리가 외롭지 않게 된다면. 그럼 되잖아.

길은 지금까지 다닌 길보다 한적한 길이었다. 가다가 길거리 식당에서 팟타이를 시켰다. 아는 분이 알려준 태국 볶음국수다. 20바트를 주고 한 그릇 맛있게 먹고 출발했다. 시골의 길거리 식당은 싸다. 스쳐가는 태국 농가들을 구경하며 간다. 대지도 넓고 집들은 컸다. 난방시설을 설치할 필요가 없으니 건축비가 많이 들지 않을 것이며 벽이 두꺼울 필요도 없다. 더운 나라이니 지붕을 높게 올린다. 여름옷만 있으면 될 것이니 옷값도 걱정할 필요가 없겠지. 일부 집들은 엄청 컸다. 대체 몇 명이나 사는 거야? 가다가 길

농막 옆을 지나는 탁발승.

사원 안에 열린 시장.

가에 있는 농막 맞춤한 것을 발견하고는 자전거를 세웠다. 하루에 두 가지 일은 아무래도 감정의 변화가 따라가지 못한다. 유적을 구경하고 다시 달린다는 것의 감정 조절이 안 되는 것이다. 오늘은 이곳에서 자자. 아직 두 시간 정도 달릴 수 있는 시간이 있지만 오늘은 여기서 멈추자.

농막 위에 텐트를 치자 지나가는 사람들이 흘끔거린다. 어떤 아주머니는 오토바이를 세우고 어디서 왔느냐고 물었다. 태국말로 물었다. 나는 당연히 그걸 알아듣는다. 말 모른다고 뜻까지 모를까.
"나 까올리(한국인)요."

일주일째
사원에서 자다

**09.19.
토요일**

날이 새기를 기다렸다가 짐을 챙기고 빵 한 개로 일단 빈속을 달랜 뒤 농막을 나섰다. 신선한 아침 공기 속을 아직 잠이 덜 깬 다리를 달래가며 달린다. 한적한 시골길이다. 그렇게 잠시 달리는데 앞쪽이 부산하다. 사람들과 차, 오토바이가 길 양쪽으로 도열해 있다. 뭔가? 무슨 축제가 있는가? 가까이 가니 사원 안에서 아침 시장이 열리고 있었다. 태국의 사원들은 이렇게 사람들의 생활과 밀접한 연관이 있구나. 잘됐어. 여기서 시장을 봐서 가자. 사원 입구에 자전거를 세워놓고 사람들 사이를 걷는다. 과일은 롱쿤도 람부탄도 없어서 사과를 조금 샀다. 방울 사과다. 크기가 계란보다 작은 것이다. 이게 과연 베어 먹을 것이나 있겠나 싶었지만 선택의 여지가 없었다. 사과는 롱쿤보다 두 배는 비쌌다. 돼지고기 볶아 놓은 것과 빵과 오이도 약간 샀다. 화장실 들어가서 아침 볼일 보고 세수도 하고 이도 닦고 나왔다. 이젠 상 차리고 밥 먹을 곳을 찾아야 한다. 달리다 맞춤한 장소를 발견하고 상을 차린다. 근데 돼지고기 맛이 왜 이래? 소스가 역시 중요하군. 맛은 없지만 체력을 생각하며 음식을 삼킨다.

다시 출발. 그때부터 50㎞는 혼자 달렸다. 자동차가 어쩌다 한 번씩 지나갈 뿐 거리는 한적했다. 바람소리와 풀벌레소리 자전거 타이어가 아스팔트를 끌어당기는 소리. 아무도 없는 길이 오히려 외로움을 달래준다. 길은 평지다. 평화롭게 달린 이 길은 수목원 같았다. 우거진 큰 나무들 하며 얼마나 좋았던지 최고의 길이었다. 그렇구나, 평화는 복잡한 것이 아니구나. 평화는 조용하고 나지막한 것이구나.

캄펭푸엣 국립공원을 지나 다시는 사 먹지 않을 것이라 맹세했던 호박 같은 하미과 한 개를 또 사 먹고 캄펭푸엣을 지나 짜오푸라야 강(메콩 강의 태국 이름)을 넘는다. 비가 오면 길거리에 처마 있는 아무 집이나 들어가서 쉬다가 비 그치면 다시 달렸다. 80㎞ 지점을 지나가며 주위의 사원을 물색하기 시작했다. 92㎞ 지점에서 사원을 발견하고 자전거를 들이밀었다. 스님을 찾아 마패를 보여드리고 잠잘 곳을 부탁했다. 사원은 넓어서 축구 골대가 있을 정도였다. 서둘러 텐트를 치고 샤워를 하고 배터리를 충전한다. 무더운 태국 여행에서 사원은 한 줄기 시원한 바람이었다.

09.20.
일요일

개미와
모기

텐트 안은 모기가 들어와 있어도 잡아버리면 그만이지만 한 번씩 볼일을 보기 위해 텐트 밖으로 나가면 모기들의 무차별 공격을 받는다. 주위가 모기들이 서식하기 좋은 환경이기 때문이었다. 망할 놈의 흡혈귀들. 가방 속에는 비닐에 싸서 넣어 놓은 음식에까지 개미들이 몰려들었다. 특히 밥 냄새엔 민감한 것 같았다. 아침에 일어나니 가방 속이 개미 떼로 덮여 있었다. 텐트의 폴에도 개미들이 집을 짓고 있는 중이었다. 얘들을 어찌하나? 죽이긴 싫다.

자고 일어나니 텐트의 폴에
개미가 한창
집을 짓는 중이었다.

특이한 산이었고 사원이
있다는 간판이 있기에
알아보려 해도
물을 사람이 없었다.

사원은 새벽 4시 정각이면 스님의 설법이 확성기를 통해 방송된다. 아침을 알리는 방송이다. 날이 새면 신도들이 모여든다. 물론 그전에 나는 일어나 길 떠날 채비를 서두른다. 다시 페달을 밟는다. 날이 뜨거워지고 햇살이 강해지면 나는 버프(마스크)를 쓴다. 이곳 사람들이 아이에스(IS) 대원들의 눈만 내어놓은 복면 같은 것을 쓰는 것을 보고 저게 더운 나라의 지혜일 것이라는 생각이 들어서 나도 쓰기 시작했는데 확실히 좋았다. 그렇게 해서 달리다가 머리가 과열이다 싶으면 가게로 들어가 찬물을 한 병 사서 먹으면서 머리에다 붓는다. 냉각수다. 가슴에도 부어주면 열을 식히는데 좋았다. 이날은 85㎞ 지점에서 사원을 발견하고 들어갔다. 사원 안으로 들어가려는데 웃통을 훌떡 벗고 아이를 태워서 나오던 오토바이를 탄 남자가 나에게 말을 걸더니 자기가 들어가서 스님을 불러서는 내게 잠자리를 마련해주고 갔다.

09.21. 월요일 사원지기의 자비

방콕으로 가는 국도로 자동차들이 무섭게 달린다. 자전거와 오토바이 길은 길 가장자리다. 중앙 분리대는 대개 나무와 초지가 조성되어 있고 그 너비도 5~15m 정도가 되었다. 유턴하는 곳이 많지 않다 보니 반대쪽 길로 넘어가는 길이 주민들의 필요에 의해 하나씩 만들어져 있었다. 어떤 곳은 자동차도 넘어갈 수 있도록 조성되어 있는 길도 있었다. 가다가 길 건너편에 있는 사원을 발견하게 되면 이 작은 길부터 찾아야 된다. 수십㎞씩 일직선으로 쭉쭉 뻗은 평탄한 길, 이 길을 달리다 보면 세븐 일레븐(일본)이라는 마트 체인점이 나온다. 여기서 유심칩과 유심에 돈을 넣어준다. 유심에 돈을 넣기로 마음먹었다. 그동안은 와이파이존에서만 스마트폰이 되다 보니 며칠째 통신이 불통이다. 몇 천 원 들이면 되는 것을 왜 이렇게 미련을 떨까 싶어서 사기로 결정을 한 것이다. 지난번에 산 것은 어쩐 일인지 단한 번도 쓰지를 못했다. 내가 산 유심칩은 이 집 것(세븐 일레븐)이라 이 집이 아니면 안 된단다.

가다가 세븐 일레븐에 들어가서 150바트를 주고 돈을 넣어주라 하고 확인을 하니 역시 안 된다. 그때부터 마트 직원 둘이서 한 시간 동안 매달려도 안 된다. 소통 불능. 그들이 스마트폰을 만지는 동안 마음은 불편하지만 나는 그저 사람 좋은 웃음만 흘리고 서 있을 수밖에 없었다. 그때 손님인 타이 여자 분이 다가와 도와줄까 하고 묻는다. 그때부터 이 여자 분에 그녀의 미국인 남편까지 합쳐서 40분가량 통신회사 오퍼레이터와 통화를 하며 스마트폰 설정을 바꾸고 유심칩과 메모리 위치를 바꾸며 고군분투 끝에 인터넷으로 접속을 시켰다. 150바트는 돌려받아 다시 일주일간 데이터를 무제한 쓸 수 있는 것으로 바꾸어 80바트를 지불했다. IT강국에서 온 나는 감독질만 했다.

이날은 107㎞를 달려서 Singburi에서 사원으로 들어갔다. 사원의 위치가 길 건너편이어서 사원을 발견하고는 1㎞를 더 가서 유턴을 해서 찾아 들어가 본당으로 들어가니 본당은 공사 중이어서 문이 잠겼고 개들 몇 마리가 따라다니며 무섭게 짖어댄다. 이놈들이 아직 된장 맛을 못 봤군. 개 짖는 소리에 근처에 있던 스님이 무슨 일인가 하고 왔다. 예의 마패를 꺼내 보이곤 자리를 받았다. 텐트를 칠 곳으로 가니 사원지기인 듯한 중년의 남자가 내가 텐트를 펼칠 동안 보고 있더니 얼음을 둥둥 띄운 물 한 동이를 가져다 준다. 물 한 잔 다 먹으니 텐트 밖에 기다리든 그가 텐트 모기장을 통해 잔

자비를 베풀어 준 사원.　　　　　　　　　　사원지기.

을 달라더니 또 한 잔, 모기에 뜯길까 나가지를 못하고 있으니 샤워를 하시
라며 플래시를 가져와 샤워 하는 동안 불빛을 비춰준다. 샤워를 다 하고 들
어와 쉬고 있으니 밥을 비벼서 가져다준다. 그 밥 다 먹고 나니 그릇을 가
져가면서 또 물을 떠다 준다. 그러더니 조금 있다가는 사탕을 한 봉지 가져
와서 먹으라고 준다. 말도 통하지 않는 내게 부지런히 시중을 드는 것이다.
자비란 바로 이런 것이구나. 신고 있는 슬리퍼도 짝짝이었다. 타고 다니는
자전거도 폐차 수준이었다. 하지만 그의 심성은 바로 부처님이었다. 자비
는 인간 최고의 덕목이다.

　샤워를 하고 들어와 자려는데 너무 더워서 가만히 앉아 있어도 땀이 줄
줄 흘렀다. 열대야다. 기온은 33도밖에 안 되는데 머리도 아팠다. 밤 12시
까지 잠을 못 이루고 시달렸다. 컴을 꺼낼 엄두도 내지 못했다. 비라도 왔
으면 하고 기다렸지만 이런 날은 비도 오지 않았다. 이틀간을 열대야에 시
달리고 나니 내일은 어떤 일이 있더라도 에어컨이 있는 천국 같은 방에 들
어가리라 맹세한다. 일주일째 사원에서 텐트를 치고 잤다.

09.22. 화요일 **추억**만 하면 **고개**가 숙여지는 분

새벽에 사원지기가 왔다. 주지 스님은 탁발을 갔다가 돌아오고 나는 짐을 챙겨 길을 나섰다. 나서기 전 나의 아침밥을 걱정하는 그와 사진을 찍고 포옹을 나누고 돌아섰다. 자비가 무엇인지 몸소 가르쳐 준 사람이었다. 목마른 내게 물을, 배고픈 내게 밥을 준 분이다. 방콕까지 남은 거리는 153㎞. 하루 만에 도달하기에는 부담스러운 거리다. 오늘 달리고 나면 내일이면 방콕에 도착할 것이다. 급해지려는 마음을 누른다. 그러면 나의 태국 자전거 여행도 끝이 난다. 비엔티안에서 만난 강섭 군을 방콕에서 만나기로 약속을 했다. 길은 직선도로다. 소실점이 보이는 직선도로다. 나는 다시 달린다. 태국의 정자. 그러니까 처음에 내가 원두막이라고 표현했던 것, 국경에서 우돈타니로 갈 때와 치앙마이에서 방콕으로 내려오는 동안 본 정자는 하나같이 같은 스타일이었다. 마치 우리나라처럼. 이 정자가 세워진 대부분 장소는 풀이 무성했다. 사람의 손길을 받지 못해 풀들이 무성했지만 나같은 여행자에겐 중요한 쉼터였다. 주로 소도시 부근에 많이 있었다. 여기서 나는 땀을 식혔고 밥도 먹었으며 잠도 잤다.

햇살이 아주 뜨거워지는 낮 12시부터 오후 2시 사이는 달리는 것을 가급적이면 피했다. 하지만 조금이라도 햇빛이 줄거나 하면 앉아서 쉬기엔 마음이 급해서 다시 달렸다. 4시가 넘어가면 햇살에 힘이 빠지는 것을 확연히 느낄 수 있었다. 이때는 조금 더 여유롭게 달릴 수가 있는 것이다. 속도계의 거리가 80㎞를 넘어 서고 시간이 5시를 넘기면 그때부터 나는 잠잘 곳을 찾는다.

길의 좌우를 둘러보면서 사원이 있는지를 살피는 것이다. 허나 이날은

100㎞를 넘어섰는데도 사원도 게스트하우스도 보이지 않았다. 날은 점점 어두워지고 있다. 그렇게 가다 보니 아유타야라는 도시에 들어섰는데 갑자기 비가 퍼붓기 시작했다. 버스정류소 처마 밑에 자전거를 들이밀어 놓고 비가 그치기를 기다리면서 주위에 물어볼 만한 사람이 없나 하고 몇 사람에게 호텔이 어디 있느냐고 물어도 소통불능. 비가 그칠 때까지 기다리니 날이 완전히 어두워졌다.

도시는 너무 복잡해서 자전거를 타고 가기엔 위험해 차를 끌고 잘 곳을 찾으며 가다가 몇 사람에게 물으니 길 건너에 있단다. 하지만 길은 중앙 분리대가 콘크리트 벽이었다. 자전거를 끌고 아슬아슬하게 차들 사이를 걷다가 보니 경찰서가 하나 나왔다. 하지만 오늘은 에어컨 있는 호텔에 자고 싶어서 미련을 대며 조금 더 조금 더 하며 끌다가 이러다간 안 되겠다는 생각이 들어서 학생들에게 또 물었다. 의사소통도 되지 않는 말들이 오가자 사람들이 모이기 시작했다. 오토바이 탄 아저씨도 지나가던 아주머니도 영어를 좀 한다는 아가씨도 모두가 모여서 내 자전거를 훑어보며 한마디씩 했다.

누구는 이리 가면 있다, 누구는 저리 가면 있다. 슬슬 피로감이 덮친다. 근데 누구는 거기 가면 하루에 500바트다. 당신 돈 있느냐? 거길 갈 수 있어? 야 이 친구야 그게 말이야 방구야? 돈 없이 다니는 재주가 있는 사람은 없어. 내가 그렇게 거지같이 보이는가? 하하 그래. 어제까지도 사원을 전전하며 갔다. 오늘은 에어컨 빵빵하게 돌아가는 호텔에서 자려고 했다. 하지만 방금 자네의 말 한마디로 마음을 바꿨어. 방콕을 코앞에 두고 나도 돈 쓰기 싫어. 다행히 오늘은 날도 그리 덥지 않다. 오늘 내가 갈 곳은 경찰서뿐이다. 거기 가서 잘래. 내 태국여행 계획에는 경찰서에 자는 것도 포함되어 있거든.

아유타야 고속도로 경찰서.

아유타야 경찰서에서 경찰관과 함께.

경찰서에 들어가 입구에 있는 사무실에 들어가서 사람을 불러도 아무도 없다. 다시 밖으로 나와 옆 건물의 인기척이 있는 사무실로 들어가니 한 경찰관이 식사를 하고 있었다. 그는 내 말을 듣더니 밖으로 나왔다. 그는 젊은 사람이었다. 아직 신참인가?

"건너편 길로 가서 왼쪽 오른쪽. 어디로, 가면 호텔이 있어요."

"호텔 찾다가 지쳐서 여기에 왔어요. 내가 들으니 여기서도 잘 곳을 마련해 줄 수 있다던데요. 지금 나는 너무 지쳤소."

이날도 107㎞를 탔다. 그는 내 말을 듣더니 그 자리에서 시원하게 결론을 내렸다. '현관 바로 옆에서 텐트 치고 주무세요.' 그러더니 다른 늙그수레한 경찰관을 보고 무슨 말을 하니 그 경찰관이 샤워실이며 화장실을 내게 알려준다. 알고 보니 그는 이 경찰서의 서장이었다.

텐트를 치고 샤워를 하고 나오니 그가 사진을 찍잔다. 사진 한 장 찍고 그는 잘 자라면서 들어가고 다른 경찰관이 물 3병을 가져왔다. 식사를 안 했으면 조금만 가면 세븐 일레븐이 있으니 거기서 하란다. 세븐 일레븐 가서 도시락 하나 까먹고 경찰서로 돌아왔다.

현관문 입구에서 휴대폰이며 휴대용 충전기를 충전시키고 있었지만 나는 그대로 두고 나왔다. 설마 하니 경찰서에 와서 도둑질을 하는 간 큰 도둑들이 있겠냐는 생각에서였다. 물 먹고 컴퓨터 끌어안고 잠시 씨름을 하다가 나는 잠이 들었다. 경찰들 보초 세워놓고 나는 안심하고 잤다.

인생은 한 토막 개그인 것을.

 09.23.
수요일

우돈타니~치앙마이~수코타이~방콕
1,000㎞를 달리다

새벽에 일어나 화장실에 가려고 나오니 어젯밤 현관 입구에 세워놓은 자전거에 밤 사이 철제 칸막이를 가져다가 타이어와 물려서 수갑을 채워 놓았다. 정작 나는 경찰서라고 안심하고 잤는데 경찰들은 못 미더워했을까? 경찰관이 갈 때 먹으라고 물 3병을 더 가져다 주었다. 떠날 때는 재빨라야 한다. 가는 손님 뒤꼭지가 예쁘다고 하지 않던가. 경찰들과 사진 몇 장 찍고 그들의 전송을 받으며 페달을 밟았다. 강섭 군을 만나기로 한 장소는 방콕역이다. 앱에 남은 거리는 47㎞ 경찰서를 나오고부터는 계속 복잡한 도시의 거리가 이어진다. 도대체 방콕의 직경은 얼마야? 아유타야도 방콕으로 알고 있는데 도시가 끝없이 이어진다.

방콕 역에 도착할 때까지 나는 한시도 주의를 놓을 수 없었다. 거리는 복잡했고 차들도 많았다. 길도 이상했다 가다가 보면 나는 어느 새 다른 차로로 밀려났다. 내게 허용된 공간은 좁았다. 곡예를 하듯 자전거를 타지 않을 수 없었다. 간발의 차이로 버스와 부딪힐 것을 피하기도 했다. 아침에 나올 때 빵 두 개를 먹은 것이 전부여서 방콕 역을 5㎞ 정도 남겨두고는 허기가 져서 페달을 밟기도 힘들었다. 오면서 편안히 쉴 곳도 없었고 밥 먹을 곳은 더구나 보이지 않았다. 가끔 한 번씩 중앙 분리대에 자전거를 기대어 놓고 잠시 숨을 고른 것뿐이었다. 일단 만나기로 한 강섭이에게 카톡을 보내 놨다.

그는 휴대폰이 없어서 넷북을 확인하는 것 뿐이었기에 계산해서 알아서 오라는 신호였다. 그가 역으로 마중을 나오기로 했기 때문이었다. 방콕 역을 3㎞ 정도 남겨두고 나는 길거리에서 차들 사이로 걸어 다니며 무엇인가를 팔고 있는 아저씨에게 물었다.

"그게 뭐요?"

"어쩌고 저쩌고(태국말)"

봉지를 열어 보이는데 닭다리 같다.

"치킨?"

고개를 끄덕인다. 정류소에 자전거를 기대고 음식을 꺼내어 먹어보니 닭다리가 아니다. 바나나 가공한 것인가? 모르면 모른다고 신호를 보내지 않고 무조건 고개를 끄덕인다. 번번이 속았다. 내가 이렇게 어리석다. 한 번은 식당에서 찬물을 달라했는데 펄펄 끓는 물을 가져와서 무심코 입으로 들이붓다가 화상을 입은 적도 있었다. 왜 뜨거운 물을 가져왔을까? 유추를 해보니 찬물을 가져오라면서 오늘은 너무 덥다고 한 말을 아가씨는 뜨거운 물을 갖고 오라는 말로 알아들은 것이다. 비슷한 경우가 비일비재했다. 그러니 서로가 열심히 말하고 알아듣는 체하지만 사실은 서로가 다른 말을 하며 못 알아듣는 것이다.

방콕 시내로 들어와서 내비를 따라가다가 보니 언덕이 나오고 언덕을 올라가니 고속도로다. 내비가 자동차 길로 안내한 것이다. 도보 길로 변경하고 되돌아와서 내려와 골목길로 접어들었는데 내비가 꺼져버렸다. 도시의 길이라 아침 출발할 때부터 내비를 켜고 안내하는 대로 따라오다 보니 배터리가 아웃된 것이다. 그때부턴 그야말로 코끼리 다리 만지기다. 물이 철벅철벅한 역 뒷골목의 음습한 상점가를 지나 말도 통하지 않는 사람들에게 방콕 역을 묻는다는 것은 그야말로 고역이었다. 할 수 없다. 강섭아 네가 좀 더 기다려라. 내 어떻게 하든 찾아갈 테니까.

  그리고 강섭이를 만났다. 방콕 역에 쭈그리고 앉아서 숨도 고를 겸 담배한 대를 피워 문다. 이제 태국 여행도 끝이 났다. 이제 어디로 어떻게 가야할까? 그래 어떻게든 잘 왔다. 지원해준 모든 분들에게 감사드리는 마음이다. 강섭이가 얻어놓은 호스텔은 역에서 약 1㎞가량 떨어져 있었다. 숙박료는 250바트(8,700원)란다. 에어컨 있는 8인실인데 지금은 두 사람이 쓰

방콕역 마중 나온 강섭 군.

카오산로드.

고 있단다.

"밥부터 먹자."

강섭아 너는 나와 도무지 어떤 인연이야? 호스텔에 짐을 부려놓고 체크인을 한 후 강섭이와 함께 카오산 로드로 갔다. 똠양꿍(해물탕)과 오징어 튀김을 시켜놓고 맥주 한 잔을 곁들인 점심을 먹으며 이야기의 꽃을 피운다. 그래 여기가 여행자의 거리라는 방콕의 카오산 로드로구나. 어쩌다가 내가 오늘 여기까지 와 있는지를 나도 잘 모른다. 앞으로 어디로 흘러갈지도 지금의 나는 모른다. 인생은 그처럼 엉터리 같은 것. 태국 전통주인 샘송도 한 잔 먹고 거나한 기분에 거리로 나오니 소나기가 쏟아졌다. 한 달 만에 먹은 술이다. 툭툭이를 흥정해 타고 숙소로 향해 달린다. 택시보다 비싼 게 툭툭이지만 어째 이런 날은 툭툭이도 한 번 타고 싶더구만.

사람들은 자전거 여행을 한다 하면 자전거만 타라고 한다. 용암이 식어 굳어버린 머리 같다.

"대중교통을 이용하는 것이 무슨 자전거 여행이야? 죽어도 타야지."

산이 높아도 물이 깊어도 자전거로 가란다. 가면서 엎어지면 질수록 관중은 더 재미가 날것은 분명하다. 나도 그렇게 가고 싶다.

일단 태국의 자전거 여행은 끝났다. 더 이상 태국을 돌긴 싫어. 캄보디아와 미얀마를 일정에 넣었지만 미얀마는 육로로 들어가는 길이 없단다. 비행기로 가야 한다. 나올 때도 중국이나 태국 혹은 라오스로 나와야 한다. 캄보디아를 다녀오면 10월 중순이 넘어간다. 그러면 네팔의 여행 적기를 놓치는 것이다. 거기다가 다시 태국으로 나와야 한다. 한 번 갔던 길은 돌아가고 싶지 않아. 더위도 싫어. 똑같은 풍경도 싫어. 물론 태국은 좋았다.

호스텔 옆의
밥집들

강섭이와 내가 이용하는 밥집들은 호스텔 옆의 길거리에 있는 포차들이다. 새벽부터 저녁까지 포차가 있지만 같은 장소에 아침에 여는 포차와 점심때 여는 포차의 주인이 달랐다. 포차마다 맛도 제각각이고 음식의 종류도 달랐다. 일요일은 장사하는 포차의 수가 확 줄어버려 우리는 이리저리 식당을 찾아 헤매기도 했다. 불면 실실 날리는 밥 한 그릇에 반찬 한 가지를 택하면 40바트, 거기에 국 하나를 추가하면 60바트 이런 식이다. 여기에 비하면 카오산 로드는 종류도 많고 맛도 나았으나 비싸고 멀었다. 우리는 아침 저녁으로 혹은 하루 세 끼를 이 포차들을 이용했다. 포차 옆으로는 버스정류소가 있고 그 옆으로는 태국 마사지 전문업소들이 있다. 거길 지나가면 여자들이 말을 건다.

"헬로 코리안!"

누구는 마사지를 꼭 한 번 받아 보라고 했지만 나는 원천적으로 그게 싫었다. 적혀 있는 가격도 만만찮았다. 마사지 받는 침대가 오픈되어 있으니 음란행위를 하는 것은 아닌 모양이다. 아무튼 그 길로 5분쯤 걸어가면 짜오푸라야 강이 있고 선착장이 있었다. 식사를 마치고 무언가 미진하면 세븐 일레븐에 들어가 얼음커피를 한 잔씩 마셨다. 그 차가움을 입안에서 혀 끝으로 돌돌 굴리는 기분은 독특했다. 올드타운 게스트하우스의 고객들은 서양인들이 많았고 중국인과 일본인도 있었다. 동네는 전체적으로 우중충하고 시끄럽고 좁았다. 태국의 평범한 뒷골목이었다. 이날 우리는 밥 먹으러 간 것 외에는 호스텔에서 각자 할 일을 했다.

카트만두행
예약

이젠 태국을 떠나야 한다. 나는 다음에 들를 곳으로 네팔을 낙점했다. 그래 히말라야로 가자. 신들의 정원이라는 히말라야로 가는 거다. 거기 안나푸르나로 올라가는 것이다. 안나푸르나 트레킹!!! 생각만으로도 피가 용솟음 치는 것 같았다. 눈 덮인 히말라야, 거기 고독한 산양. 어때 근사하지 않겠어!!! 가슴이 콩닥이기 시작했다. 중앙아시아의 대 초원도 너무 멋질 것이고 인도의 갠지스강도 멋지겠지만 현실적으로 그 두 곳은 비자를 받아야 한다. 그렇다고 비자 받을 일은 없지만 베트남이나 캄보디아를 가겠어? 왜냐하면 시간이 무한정이 아니잖아. 거긴 여기 라오스와 태국을 본 것으로 갈음을 하면 돼. 중국은 물론 아직 가보고 싶은 곳이 많이 남았다. 그래도 그건 다음으로 미루고 네팔로 가는 것이다. 산은 한국인의 정체성의 일부분이다.

아침밥을 먹고 와서 강섭이에게 에어아시아 카트만두행을 예약하라 했는데 날짜를 결정하고 카드 결제에 들어가면 마지막에 가서 거부를 당하는 것이었다. 횟수가 거듭될수록 진이 빠지고 화가 치밀었다. 돋보기 쓰고 인적 사항과 비밀번호를 박아 넣기가 도대체 몇 번이야? 도대체 왜 안 돼? 왜 거부 이유는 나오지 않는 거야? 거부 이유를 알기 위해 실시간 채팅을 신청해 놓고 기다리다 차례가 가까워 오면 인터넷이 끊겼다. 두 번쯤 그러고 나니 서로가 얼굴 쳐다보기도 민망했다. 몇 시간을 둘이서 끙끙대다가 내가 결론을 내렸다.

"에어아시아 사무실에 가자."

에어아시아 사무실을 검색해서 택시 타고 둘 다 입이 다섯 발이나 튀어

나와서 찾아간 사무실에서도 카드 결제가 안 된다. 내가 없는 사이에 한국에서 무슨 난리가 난 거야? 한국의 해당은행 지점장에게 보이스톡을 해서 어째된 일인가 물으니 아무 이상이 없단다. 하기야 여기서도 돈 찾는데 아무런 문제가 없었다. 그런데 왜 안 돼? 이놈들아, 현금 찾아다 줄까? 넵. 현금 찾으러 가니 돈이 잘만 나온다. 현금으로 결제를 했다. 에어아시아 결제 시스템과 내 카드 사이에 이상이 있다고밖에 생각할 수 없었다. 뭐 아무튼.

에어아시아는 화물은 스포츠용품 20kg까지 소화물 40kg까지 수화물 7kg까지 된단다. 수화물을 뺀 나머지는 돈을 줘야 한다. 화물 값까지 쳐서 편도 14,500바트, 우리 돈 53만 원을 지불했다. 수화물 값이 한 사람 운임이다. 저가 항공 덕을 보나 했더니 그도 아닌가? 다만 이 비행기는 쿠알라룸푸르에서 내려 카트만두로 가는 비행기로 갈아타는 대기시간이 1시간 40분이었다.

다른 날짜와 시간의 비행기 대기시간은 18시간이나 20시간이었다. 값싼 것을 타기 위해 며칠 더 묵으면 그 돈이 그 돈이다. 그나저나 짐 무게를 10kg 이상 줄여야 한다. 중국의 꾸이린에서 쿤밍으로 열차를 이용할 때 내 짐의 무게를 쟀을 때 70kg이었다. 하지만 그때도 배낭과 카메라는 뺀 무게였다. 배낭 10kg에 카메라 3kg 정도다. 무엇을 버려야 하나? 그래도 저 기준을 넘을 수 있다. 피자가게로 내려가 피자 하나 먹고 다시 우리는 카오산로드로 갔다. 왠지 거기는 외국인들이 넘치는 거리라 쓸쓸함을 나눌 수 있을 것 같았다. 추석이 언제지? 내일 모레인가? 아이들은? 부모님 산소에 벌초는 했나? 남극에 있든 카오산에 있든 어디에 있어도 나는 결국 뿌리가 한국에 있다. 거기에서 한 뼘도 벗어나지 못하는 것이다. 고민이든 행복이든 말이다.

에메랄드 사원

"오늘은 왓푸라껫(왕실전용 사원, 에메랄드사원)으로 기필코 가자."

우리는 말만 하고 왓푸라껫을 미루고 있었다. 게으름을 부리고 있었던 것이다.

"왓푸라껫은 혼자서 다녀오세요."

나보다 더 가난한 여행자인 강섭이가 말했다. 이유는 하나다. 입장권 때문이다. 그도 갈 길이 구만리이니 돈을 아끼려고 하는 것이다.

"같이 가자. 티켓은 내가 끊어줄게."

그러나 그보다 더 급한 것이 있었다. 비행기에 자전거를 실으려면 자전거를 분해해서 규격에 맞게 포장을 해야 한다. 포장을 하려면 포장지가 있어야 한다. 옆구리가 터져버린 자전거 신발도 사야 했다. 4년 정도 신은 신발이다. 인터넷 검색해 자전거 가게를 찾아갔더니만 산악용 클릿 슈즈는 없단다. 방콕 근처는 산이 없다. 수코타이에서 방콕까지 500㎞가 평야였다. 산악용 자전거를 탈 곳이 없는 것이다. 그들이 가르쳐 준 다른 가게를 찾아 룸비니 공원을 가로질러 간다. 신발 하나 사고 자전거 박스 포장지를 얻어 택시에 싣고 돌아와 호스텔 창고에 넣어놓고 왓푸라껫으로 갔다. 입장료는 500바트. 비싸기는 하지만 방콕에 와서 처음 내는 것이니까 기꺼이 지불했다.

"밥부터 먹고 가자."

들어가기 전에 똠양꿍에다 밥 한 그릇을 먹었다. 배가 고프면 헛것이 보일 수가 있는 것이니까. 왕궁의 개방시간은 오전 8시 30분부터 오후 3시30분까지였다. 조금만 더 늦게 왔더라면 들어가지도 못할 뻔했다. 반바지는 입장 불가라 강섭이는 디파짓 200바트 맡겨놓고 바지 하나 얻어서 입고 입

에메랄드 사원.

장을 했다. 내 7부 바지는 통과, 바지 렌털 요금은 없었다. 나갈 때 바지 반납하고 맡겨놓은 돈 찾아가면 된다.

　왕실전용 사원이니 아마도 태국에서 가장 화려한 사원일 것이다. 날은 더웠지만 하늘의 구름도 멋있는 날이었다. 사람들이 엄청 많았다. 사람 홍수다.
　"입장료만 연간 수천억 원은 되겠지?"
　속물은 항상 돈을 생각한다.
　"그러게요."
　여기는 우리의 경복궁과 비교하면서 보면 흥미로울 것 같다는 생각이 들었다. 서로 너무나 다르니까. 왕실 본당 불전에 들어가면서 무심코 카메라 셔터를 눌렀더니 경비아저씨가 쫓아 와서 지우란다. 어쩔 수 없이 지우고 나오면서 다시 한 장 찍었다. 뭐 별 것도 없구만, 유난스럽기는 쩝. 열심히 셔터를 눌러대다 보니 들어가자마자 강섭이와 헤어졌다. 서로 제가 찍고 싶은 것을 찍으니까. 사진 찍는 사람 둘이 가면 헤어지는 건 당연지사다. 그렇다고 걱정할 것 있나. 정문에 기다리면 시간 되면 나오겠지. 송아지 해

빠지면 집으로 돌아오듯이 말이다. 근데 강섭이를 정문에서 두 시간이나 기다렸다. 내가 마감시간 30분 일찍 나왔으니 그 시간을 뺀다 하더라도 한 시간 반이다.

"어데 있었노?"

나는 땡볕에 목 빼고 기다렸잖아. 본전은 뽑은 거야?

왕궁을 나와 짜오푸라야 강 선착장을 둘러보고 배를 채우기 위해 근처의 카오산 로드까지 걸어가서 밥 먹고 나니 강섭이가 레게머리(?)를 하겠단다. 그래 그 나이 때는 그런 것을 하고 싶을 것이다. 나이 들면 하라 해도 하지 않지만 말이다. 길거리에서 의자 하나 놓고 하는데 내가 할 일이 있나. 나도 의자 하나 놓고 지나가는 사람들 구경하다가 졸다가 맥주 한 캔 마시다. 그렇게 시간을 보냈다. 강섭이가 700바트를 줬나? 시간에 쫓겨 사진을 찍고 사람들에 밀려다니다 보니 별다른 느낌을 가질 사이도 없이 한 바퀴를 돌았다. 오기 전에 잠깐 왕실에 대한 역사적 사실들은 훑어보고 왔지만 인터넷에 떠도는 수준이었다. 천년의 역사이든 만년의 역사이든 슬쩍 한 번 훔쳐보면 끝난다. 결국 우리가 만드는 역사도 후대에는 그럴 것이 아닌

가. 억만년인들 지나면 찰나다. 역사는 찌꺼기다. 남의 역사보다 사람은 자신의 역사가 더 소중하지. 왕실과는 너무 거리가 먼 나의 역사에 왕실은 들어오지 않았다.

*사진에 대한 나의 소견

그동안 올린 사진에 대해서 많은 분들이 의견을 주셨다. 의견을 주신 사진은 광각으로 찍은 사진과 구름이나 색깔을 더욱 진하게 나타내는 모드를 사용한 사진들이었다. 내가 쓰는 광각렌즈는 니콘 10.3㎜다. 가격도 비싸다. 초광각으로서 가까이서 찍으면 사물이 왜곡되어 나타난다. 이 렌즈는 좁은 공간에서 많은 것을 화각 속으로 집어넣는다. 대각선 화각이 180도다. 그러니 렌즈와 평행선 상에서 조금만 앞으로 나와도 화각 안으로 들어가는 것이다. 대단히 편리한 렌즈다. 이 렌즈는 수중사진가들이 아주 즐겨 쓰는 렌즈다. 왜냐하면 물속에선 빛이 약하기 때문에 조금만 멀면 똑똑한 사진을 얻을 수 없기 때문에 아주 가까이 가도 주제 전체가 들어가는 렌즈가 필수적이기 때문이다. 처음에 이 렌즈를 육상에서 일반적으로 사용했을 때 나도 거부감을 느꼈다. 그러나 쓸수록 매력적인 렌즈가 아닐 수 없었다. 여기서 왜곡되어 나오는 그것이 "사진이야?"라는 말이 나올 수 있다. 그러나 사진은 진실이 아니다. 이미 사진도 온갖 기술이 개발되어 입맛에 맞는 보정방법이 수도 없이

에메랄드 사원.

깔려있다. 사진이 무엇인가? 이젠 색 보정에서부터 빛을 보정하고 합성하고 잘라내고 확대하고, 일부러 왜곡시키고 하는 온갖 방법들이 있다. 오래 전 어느 해 나는 수중사진 전문잡지에 이러한 나의 사진에 대한 견해를 밝힌 적이 있다. 왜냐하면 누군가 나에게 수중필터를 쓰지 말라고 주의를 준 적이 있기 때문이다. 하지만 그도 색을 보정하고 트리밍을 하는 것이다. 기준은 무엇인가? 무엇은 되고 무엇은 안 된다는 것은 없다. 거창하게 예술의 세계를 들먹이지 않더라도 말이다. 고흐가 생전에 자신의 작품 한 가지라도 팔 수 있었던가? 미술사를 보면 한 가지 사조에서 다른 사조로 넘어갈 때를 보면 새로운 것은 언제나 공격 대상이었다 하지만 세월이 흘러 그것도 이미 흘러간 것이 되는 것을 어떻게 설명할 것인가? 초현실주의가 처음부터 환영을 받았던가? 그러나 지금은 어떻게 되었는가. 합성을 하면 누구나 좋은 사진을 얻을 수 있다고 착각하는 분들이 있다. 그러나 해 보라. 그것이 얼마나 어려운 것인지를. 결국은 그것도 본인의 예술적 역량에 의해 만들어지는 것이다. 사진 플러스 그림의 더욱 어려운 작업이 되는 것이다. 예술에는 한계가 없다는 것이 내 생각이다. 내 것이 예술적 가치를 지니는가는 별개의 문제다. 그러니 기둥이 휘었거든 마음으로 바로 세워 보시면 좋겠다고 말씀드리는 것이다. 그것도 눈에 익다 보면 피카소의 그림처럼 그렇게 보일 수 있는 것이다. 다시 한 번 말하지만 사진은 진실을 나타내는 것이 아니다. 사진에 속지 마시기 바란다.

  **위의 사진들은 전부 그 광각렌즈로 찍은 사진들입니다. 의도한 바는 아니고 그날 다른 카메라를 두고 가는 바람에 그것으로 찍을 수밖에 없었습니다. 이 렌즈가 나타내는 사진에도 멋이 있고 다른 편리한 점들이 많이 있습니다. 내가 그 멋을 살렸는가에 대해서는 의문이지만요.

태국에서
추석을 맞다

눈을 뜨니 오늘이 한가위라는 생각이 먼저 떠올랐다. 잊고 싶다고 쉽게 잊어지는 날이 아닌 것이다. 송편, 제사, 친척, 새옷, 동무들, 고향, 보름달…. 부모님은 이제 계시지 않는다. 추억이 사람을 살게 하고 정체성을 갖게 하는 것이구나. 하지만 여기는 방콕이다.

"한국 식당에라도 가보자."

아침밥을 먹고 들어와 뒤척거리다가 강섭 군과 함께 자전거를 타고 태국 한인상가를 찾아갔다. 호스텔에서 8㎞, 한인상가에 도착해서 애초 검색했던 집으로 들어갔다. 젊은 식당주인이 송편 3알을 가져왔다.

"헐, 몇 알 더 주지."

입을 삐죽거리며 뱉은 말이다. 고마워서 해본 말이다. 된장찌개 시키고 냉면도 한 그릇씩 시키고 소주도 한 병 시켰다. 된장은 꿀맛이었다.

"한국 사람은 된장과 김치를 한 번씩 먹어 줘야 된대. 그래야 신진대사가 제대로 돌아간다나!! 텔레비전 대담프로에서 봤어. 나도 공감이야."

늘 하던 말을 다시 한 번 하고. 우리는 먹는 데에 열중했다. 된장을 먹고 나니 냉면 맛이 제대로 나나? 그래도 우리는 그것도 꾸역꾸역 다 먹었다. 오히려 소주 한 병을 다 못 마시고 남겼다. 오늘은 추석, 고향은 잘 있겠지?

추석날 아침의 태국 한인상가.

호스텔에 돌아와 누워서 멀뚱멀뚱 눈만 굴리다가 저녁 먹으러 가기 전에 비행기에 실을 짐을 꾸리기로 했다. 저울 가져다가 가방 하나마다 무게를 재고 그 가방을 두 군데 나눠 넣어 다시 무게를 쟀다. 이제 자전거 해체. 둘 다 처음 해보는 일이라 두서가 없다. 하다가 막히면 강섭이는 신세대답게 옆에 가져다 놓은 노트북에 물으러 갔다. 일단 그렇게 해서 싸놓고 내일 강섭이가 떠나고 나면 나는 버릴 것은 버리고 나머지를 정리해야 할 것이다.

강섭이는 떠나고

09.28.
월요일

아침에 출발한다던 강섭이가 잠만 쿨쿨 잔다. 밖은 비가 내린다. 비오는데야 출발할 수 없지. 그냥 자도록 버려둔다. 그도 누워서 빗소리를 들었을 것이다. 나도 저 나이 때는 자도 자도 또 자고 싶었다. 근데 내가 배가 고파 견딜 수가 없어 깨웠다. 나의 아침 식사시간은 새벽 6시다.

"밥 먹으러 가자."

포차에 가서 함께하는 태국에서의 마지막 식사를 하고 들어와 강섭이가 짐을 챙겨 나선 시간이 12시가 넘어서였다. 나와는 확실히 다른 패턴이다. 하지만 이 시간에 출발해도 그는 나보다 더 먼 거리를 갈 수 있을 것이다. 강섭이가 자전거 뒤에 싣고 다니던 장고를 그간 나는 눈 구경만 했었다.

"장고 한 번 뚜디리고 가라."

강섭이가 호스텔 건물 밖 도로에 전을 펴고 장고를 두드린다.

'간다 간다 나는 간다 너를 두고 나는 간다.'

강섭이는 내가 지나온 길인 수코타이를 피해 치앙마이로 올라간다. 가다가는 사원에 들어가서 자거라. 거절하지 않는다. 저도 그럴 생각입니다. 밥먹는 데는 돈 아끼지 마라. 정말 바보 같은 짓이더라. 넵, 이제 한국에서 뵙겠습니다. 그래 그때 보자. 언제가 될지 모르겠지만 말이다. 그는 다시 방콕으로 돌아와 인도행 비행기에 몸만 싣고 가서 한 달간의 자원봉사를 마치고 방콕으로 또 돌아온 다음, 다음 행선지로 향하기로 계획을 세웠단다. 강섭이가 손을 흔들며 모퉁이를 돌아간다. 강섭이를 보내고 들어와 나는 짐을 다시 챙겼다. 자전거 무게를 22㎏으로 만들었다 안에다가 폴이며 가벼운 것 몇 개를 더 넣은 것이다. 가방은 21㎏과 22㎏ 짜리 짐 두 개를 만들어 놓고 그간 가지고 다니던 감자며 양파, 빵, 잼, 쌀 등 한 번도 먹지 않은 사탕과 그릇들을 스태프 아가씨에게 주었다. 이제 배낭이다. 배낭의 무게를 재니 11㎏ 거기다 카메라 가방 속에는 딴 것을 넣어 손에 들고 카메라는 목에 걸기로 했다. 그래도 10㎏ 정도 오버다. 그러나 더 뺄 것이 없다. 그래도 내가 그 짐까지 합해도 덩치 큰 서양인 1명의 몸무게도 안 된다. 불평하면 그렇게 말할 것이다. 이론무장이다. 그러니 좀 봐줘. 비행기 출발시간은 내일 아침 7시 10분이다. 최소한 2시간 전에는 도착해야 한다. 나는 특별한 짐이 있으니 3시간 전에 도착해야 할 것이다. 호스텔에서 돈무앙 공항까지는 30㎞. 택시를 타고 가도 40~50분은 걸릴 것이다. 그러려면 적어도 2시 30분에는 일어나야 한다. 잠을 조금이라도 자 둬야 한다.

방콕~쿠알라룸푸르~카트만두행
비행기

눈을 뜨니 2시 50분이다. 이크, 늦었다. 재빨리 일어나 어제 저녁 밀어닥친 서양인들이 깨지 않도록 살금살금 짐을 챙겨 방을 나섰다. 야간 근무하는 스태프에게 디파짓 100바트를 받고 가방과 자전거를 밖으로 옮겼다. 근데 이놈의 스태프 둘이서 멀뚱히 보고만 있으면서 택시를 탄다고 하니 택시엔 이 짐이 안 들어간다면서 웃으며 저희들끼리 낄낄거렸다. 뭐라? 시간이 없어서 그냥 간다마는 자기가 해보지 않는 일을 단언하는 것처럼 어리석은 일은 없다 이놈들아. 택시를 세웠다. 짐을 가리키며 외쳤다.

"돈무앙 공항!"

"500바트."

"너무 세다. 400바트!"

"450바트!"

그래 가자. 라오스에서 남은 돈은 쓸 데가 없었다. 바트까지 그럴 필요는 없다. 짐 타박을 하지 않고 가자는 것이 고마워서 오케이다. 택시기사가 차에서 내려와 짐 싣는 것을 돕는다. 자전거 박스는 뒷좌석에 딱 맞게 들어갔다. 나머지야 아무것도 아니지. 이 광경을 로비에서 창문을 통해 보고 있던 스태프들이 입을 벌리고 고개를 흔든다. 너희들은 스태프로서 빵점이다. 이 녀석들아. 택시는 방콕의 새벽을 뚫고 50분 만에 돈무앙 공항에 도착했다. 에어아시아 사무실 앞에 차를 세우고 짐을 내렸다. 나는 500바트를 주었다. 잔돈은 가지슈. 탱큐, 탱큐. 운전기사도 나도 같은 말을 했다.

새벽 돈무앙 공항은 사람들로 북적였다. 여긴 밤도 없구나. 근데 카트에 실어 놓고 보니 자전거 박스의 테이프가 다 풀어져 있었다. 접착제가 시원찮은 탓이리라. X-ray기 앞에 가져가니 직원이 나와서 짐을 다시 싸란다. 어떻게? 테이프가 없어요. 짐을 다시 싸야 돼요. 그러면서 저희들끼리 말하며 크게 웃는다. 테이프를 어디 가서 사? 좀 도와줘. 나는 도와줄 수 없어요. 그러더니 아예 딴청을 부리며 나를 보고는 수군거리며 웃어젖힌다. 이것들이. 여기서 예의 나의 고함이 터졌다. 남은 지금 어찌할 바를 모르는데 뭐라. 왜 웃고 지랄이야. 너거 회사 비행기 타는 고객인데 뭐가 어쩌고 어째?(참고로 내 목소리는 크다) 하하. 녀석들이 민망한 얼굴로 웃음을 거둔다. 남은 팥죽 같은 땀을 흘리며 짐을 챙기고 있다. 이렇게 고함이라도 치지 않으면 해결 방법이 나오지 않는 것이다. 이 광경을 멀리서 보고 있던 에어아시아의 다른 여직원 하나가 테이프를 가지고 와서 준다. 승객들도 내 짐이 카트에서 떨어질 때마다 안타까워서 도와준다. 그렇게 짐을 모두 보냈다. 그다음은? 그다음은 밥을 먹어야지.

　마침 환전소가 있어서 남은 바트를 달러로 바꿨다. 6달러 주고 밥 하나 먹고 아이스 커피도 한 잔 마시고 기다린다. 저가 항공이기 때문에 기내식은 없다. 물도 안 준다. 쿠알라룸푸르까지는 약 2시간 비행이다. 카트만두는 방콕에서 서북쪽인데 쿠알라룸푸르는 남쪽이다. 거꾸로 내려가서 다시 카트만두행 비행기로 갈아타는 것이다. 쿠알라룸푸르 공항 주변은 온통 야자수 밭이었다. 공항에서 대기시간이 1시간 50분이기에 내리자마자 탑승 게이트로 이동을 해서 잠깐 기다리자 탑승이 시작되었다. 승객은 외국인 몇 명 외에는 전부 네팔인들이었다.

　양옆에 네팔인 청년들을 끼고 카트만두로 날아간다. 비행시간은 4시간. 카트만두 현지 도착시간은 오후 2시다. 가다가 나는 또 밥을 시켰다. 6달러란다. 혼자 먹으려니 민망해서 옆자리의 네팔인에게 나는 지금 몹시 배가 고프다고 보고하고 먹는다. 공항에 내려서도 한두 시간을 소비하려면 배가

비행기에서 내려다 본 카트만두.

불러야 한다. 배가 불러야 배짱이 두둑해진다. 드디어 기수가 아래로 향하고 카트만두 시가 눈에 들어왔다. 이상하다. 집들이 드문드문 있었다. 도떼기시장같이 혼잡할 것이라는 생각을 가지고 있었는데 의외였다. 계획된 도시가 아닌 것도 한눈에 알겠다. 길도 좁았다. 저기서 내비로 숙소를 찾아가려면 아주 힘들겠다는 생각이 들었다. 일단 내려서 생각해 보자.

　카트만두 공항에 내려 먼저 한 달짜리 비자부터 샀다. 40달러. 입국신고서를 들이미니 종이를 하나 내밀며 이걸 적어 오란다. 컴퓨터에서 사진을 찍고 인적사항을 컴퓨터로 기재하는 것이다. 마치고 짐을 찾으러 가며 느낀 것은 아하 네팔은 시간이 더디 흐르는구나 하는 생각이었다. 까무룩하게 잠이든 것 같은 나라 네팔. 공항은 시골 역사처럼 천천히 움직이고 있었다.
　이젠 숙소를 잡아야 한다. 나는 아무런 정보도 없었다. 방콕의 호스텔은 인터넷이 이어졌다 끊어졌다 했기 때문이었다.
　"택시 탈 거요?"
　우르르 몰려있던 공항 운전기사들이 물었다.

"그럼 타야지."

"어디로 가세요?"

"나도 몰라."

웃으며 모른다고 말했지만 나는 안다. 나도 이미 그들 눈에 내가 여행 신참으로 보이지는 않을 것이다 라는 것을.

"한국인 게스트하우스를 아는 택시를 잡을 거야."

한 사람이 나서서 자기가 안단다. 그의 차는 경승합차였다. 맞춤하군. 인상을 보니 좋은 사람 같다. 얼마요? 10달러. 아직 나는 이 동네 물가를 모른다. 카트만두 시까지의 거리도 모른다. 나는 돈을 깎자고 하지 않았다. 일단 말이 통하는 이 택시기사로부터 좋은 정보를 얻어야 한다. 카트만두로 들어간다. 길은 꼬불꼬불 울퉁불퉁, 길은 파이고 건물은 낡고 병들어 있었다. 지진의 상처가 이곳저곳에 남아 있었다. 인구 80만 명의 도시에 웬 사람들은 이리 많아. 길엔 오토바이 경차 자전거 손수레, 거기에 개들, 소들. 차선도 없고 있다고 해도 길이 너무 좁아서 지키기도 힘들어 보였다. 차가 달리는 것도 힘들었다.

"여기 돈은 뭐라고 불러요?"

"루피예요."

ATM으로 갑시다. 차 세우고 돈부터 찾았다. 10,000루피, 1달러에 환전상이 주는 것은 104루피다. 우리 돈 약 10만 원을 찾은 것이다. 숙소로 가면서 기사가 차들이 줄지어 서 있는 현장을 가리키며 말했다.

"연료 사정이 정말 안 좋아요. 저게 기름을 타기 위해 줄서 있는 것이랍니다. 일인당 10리터를 줍니다. 밤새워 줄을 서야 해요."

"음, 그렇군요. 히말라야 트레킹을 하려면 어디로 어떻게 가야 돼요?"

"버스로 가면 돼요. 포카라까진 10달러, 거리는 200㎞, 시간은 6~8시간이 걸려요. 비행기는 100달러, 대한항공은 120달러. 비싸요."

거리엔 먼지투성이였다. 마스크를 하고 다니는 사람들이 많았다. ATM에서 돈을 찾아 나오니 한 사람이 다가왔다. 여기 좋은 집이 있다. 바로 저 골목이다. 한국 사람들도 많다. 1인실이다. 베스룸도 방 안에 있다. 하루 10달러다. 어때? 눈빛이 간절하다. 그 집을 들어가서 방을 봤다. 한국인들은 물론 없었다. 나도 그걸 기대할 만큼 눈치가 없지도 않다. 방 크기는 중국에서 묵은 방과 같았지만 조금 더 깨끗한 편이었다. 그래 알았어. 대기하고 있던 운전기사에게 당신이 알고 있는 한국인 게스트하우스로 갔다가 마음에 들지 않으면 여기로 오자.

그러나 거기는 한국인 식당이었다. 주인은 없었다. 다시 되돌아와 처음 집으로 가서 숙소를 잡았다. 10달러 하루에 1,000루피였다.

네팔의 카트만두는 해발 1,300여m에 있는 도시다. 내가 물었다.

"세계문화유산으로 등재된 카트만두밸리는 어디 있어요?"

게스트하우스 주인이 대답했다.

"여기요. 카트만두 시가 바로 카트만두밸리예요."

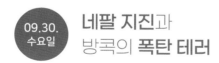

09.30. 수요일 네팔 지진과 방콕의 **폭탄 테러**

네팔은 내가 꼭 보고 싶었던 나라 중 하나였다. 내가 중국을 여행하고 있던 그 4월(네팔 지진 2015년 4월25일)에 네팔로 가보고 싶다고 했을 때 사람들의 반응은 하나였다.

"지진으로 엉망이 된 나라를 왜? 너무 위험하지 않을까?"

조국은 세월호 사고(2014년4월16일) 후유증으로 전국이 뒤숭숭하던 때였다. 세월호가 전 국민을 슬픔과 분노로 뒤범벅이 된 정신적 공황 상태를 만들었다. 어른으로 살아 있다는 것이 입술이 타는 느낌이었다. 도대체 리더는 누구였나? 이 나라 대한민국은 그때 어떤 상황이었나? 죽어가는 아이들을 멍청하게 지켜본 멍청한 놈들은 어디 갔나? 치욕의 날이다. 자연재해로 죽었다면 덜 억울하기나 하지. 방콕에 폭탄테러가 일어난 2015년 8월17일 그때도 친구들은 하나같이 말했다.

"방콕은 위험해."

나의 다음 행선지는 태국이었기 때문이다. 물론 나는 그때 방콕과는 천리만리 떨어진 라오스의 반나펑에 있을 때였다. 세월은 잔인하다 싶지만 그래도 조국이 멈춰 선 것은 아니었다. 어떤 상황이 와도 주부는 밥을 지어야 하고 대장장이는 쇠를 두드려야 하는 것이다.

'우에무라 나오미'의 〈안나여 저게 코츠부유의 불빛이다〉는 내게 많은 감명을 준 책이다. 북극점을 탐험하는 나오미의 탐험일기다. 그는 일본인이다. 여기의 '안나'는 안나푸르나의 '안나' 가 아니라 썰매 끄는 개의 이름이다. 나의 네팔을 향한 동경도 히말라야와 에베레스트를 오른 박영석 대장과 엄홍길 대장의 책으로부터 시작되었다. 내게 말할 수 없는 감동을 줬다. 삶과 죽음의 경계선상에서 벌이는 그들의 사투는 인간이란 대체 무엇이며 무엇 때문에 행동하는가에 대한 것을 생각하게 했다. 네팔은 꼭 한 번 가봤으면 좋겠다는 생각을 그때부터 했다. 그런 네팔에 어쩌다 보니 자전거를 끌고 온 것이다.

아침에 자전거를 세팅하고 나서 게스트하우스 근처에 있는 다운타운에 들렀다. 카트만두의 번화가다. 번화가도 곳곳이 상처다. 포장은 벗겨지고 지진에 무너진 빌딩들은 아직 콘크리트 무더기로 남아 있었다. 그 순간의 공포를 보는 느낌이었다. 무너진 빌딩들을 보노라면 번화가가 아니라 빈민촌 뒷골목에 들어 온 기분이었다. 도로는 너무 좁아서 차가 교행을 못할 정도였다. 전봇대의 전선은 수세미처럼 얽혀 있었다. 나도 이 당혹스러운 모습에 머리가 복잡해졌다. 도대체 이 가난은 어디에서 오는가? 지진이 가난의 상처를 더욱 깊게 했겠지만 지진만이 아니다. 이 척박한 땅덩어리에서 누군들 자유롭게 발전할 수가 있겠는가. 좁은 골목골목에 가게들이 줄지어 늘어서 있었다. 그 길에도 사람들은 끊임없이 흘러가고 있었다. 그리고 상인들은 부지런히 가게 앞을 쓸고 있었다.

심부사원에서
내려다 본 카트만두.

심부사원.

첫 번째 방문지로 나는 Swayambu Temple로 정했다. 내비를 켜고 숙소에서 3㎞ 떨어진 사원으로 흙먼지 마셔가며 언덕 위에 있는 사원 문으로 들어가려 할 때 제일 먼저 눈에 들어온 것은 사원문 계단에 앉아서 구걸을 하는 걸인들이었다. 통과하기가 쉽지 않겠군, 나는 다른 입구를 찾았지만 사원으로 들어가는 다른 문은 없었다. 할 수 없이 자전거 들고 걸인들과 눈을 마주치지 않고 통과했다. 사진 몇 장 찍고 사원을 나와 사원 옆에 있는 좌판 아주머니에게서 오이 한 개를 샀다. 포카라로 가는 중에 먹을 음식이다. 아주머니가 오이 가격을 숫자로 적었는데 아라비아 숫자가 아니다. 이게 뭐야? 네팔문자였다. 손가락을 펴서야 50바트인 줄 알았다. 네팔은 아라비아 숫자를 쓰지 않았다. 자동차 번호판도 아라비아 숫자가 아니었다. 네팔문자는 부탄과 일부 인도 지방에서도 쓰고 있는 문자란다.

먼지, 네팔의 카트만두를 떠올리면 먼지가 먼저 생각이 날 정도로 먼지가 사방에서 날렸다. 근데 이 기억 속에는 한국의 그 옛날도 있다. 그 먼지 속을 뚫고 내려오다 길이 헷갈려서 주위를 돌아보다 보니 같은 산 위에 아까 본 사원과는 다른 사원이 정상에 있는 것이 보였다. 산은 이어져 있었다. 뭐 생각할 것도 없이 올라가야지. 거기에 올라가면 카트만두 시내가 한눈에 들어올 것이니까. 올라가다 보니 정상까지는 가파른 계단이다. 자전

거를 들고 올라 갈 수 없는 계단이었다. 어떡하나? 주위를 둘러보다가 맞춤한 좌판 상인을 발견하고 일단 가서 물 한 병과 오렌지 주스를 하나 사고 10루피를 주고 자전거를 부탁했다.

근데 바로 그때 3~4살 먹은 아이 둘이 나타나서 손을 벌린다. 내가 가장 무서워하는 고사리손이다. 고 귀여운 손, 거절할 수 없는 손, 아이들과 눈이 마주쳐 깜짝 놀라서 막 입으로 가져가려던 주스를 아이들에게 주고 나니 그 엄마가 와서 또 손을 벌린다. 그때 좌판 할머니가 그 엄마를 나무랐다.

"아이들에게 주스를 줬으면 됐지 자네까지 손을 벌리는가." 이런 말일 것이다.

계단 곳곳에 걸인들이 있었다. 젊은 여자들이 아이들을 안고 앉아 있는 것이다. 도대체 자비는 무엇인가? 이럴 때 그냥 가는 것이 자비는 아닐 것이다. 그렇지만 나는 그 많은 자비를 받았으면서도 외면하고 눈 감고 올라갔다. 머리가 복잡해졌다. 얼굴도 화끈거렸다.

입장료 200루피를 주고 산 위에 올라서니 카트만두 시내가 한눈에 들어왔다. 심부 사원은 촛불의 그을음으로 인해 불탑도 건물도 새까맣다. 사원인지 대장간인지. 거기다가 지진으로 무너진 건물들은 아직 복구가 되지 않았다. 다만 사람들의 신심만은 예전과 다름이 없을 것이다. 그 거룩한 신심이 고통에 대한 보상이 될 것인가?

자전거로도 지구는 좁다

2015년
10월

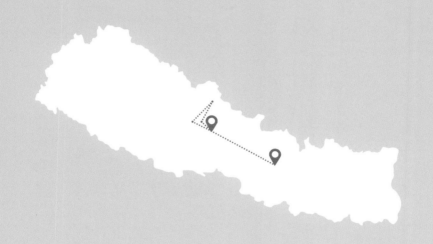

			1,940m	2,170m	2,510m	3,230m
포카라	스투파 불사리탑	나야풀	간드록	촘롱	뱀부	다우랄리

4,310m					
ABC 안나푸르나 베이스캠프	시누와	지누단다	오스트레일리안캠프	포카라	카트만두

10.01.
목요일

카트만두의
중국집

어제 사원을 보고 돌아오면서 못 찾은 왕궁을 보기 위해 나섰지만 어제와 마찬가지로 골목골목을 뺑뺑이만 돌다가 포기했다. 호스텔에서 거리도 얼마 떨어지지 않는 곳인데 워낙 카트만두의 골목은 거미줄처럼 얽혀 있는 미로라 찾다가 내 멍청한 머리에 화가 나서 포기했다. 2001년 6월 비렌드라 국왕의 장남 디펜드라 왕세자가 왕궁 파티 석상에 들이닥쳐 총기를 난사해 국왕과 왕비, 누이 등 왕족 9명을 살해하고 본인도 자살한 사건이 있었다. 이 사건으로 인해 우여곡절 끝에 239년간 이어오던 왕정이 폐지되었다. 왕궁은 박물관으로 변신했다. 왕비는 인도의 라나가문쪽 사람으로서 카스트제도까지 도입해 나라를 어지럽게 했단다. 한 줌도 안 되는 지배계층의 욕심 때문에 전국민의 삶이 피곤해지는 것이다. 하지만 왕궁에서 쫓겨났어도 지금도 왕실 사람들은 호화로운 삶을 영위하고 있단다.

다운타운으로 향했다. 남의 나라에 오면 어느 정도 적응하기 전까지는 사람이 멍청해진다. 게스트하우스 입구에는 식당이 하나 있었다. 조그마한 식당인데 손님들이 제법 있었다. 주 이용고객은 서민들이었다. 주인은 용모가 Nepali와는 다른 이국풍의 중년 남자였다. 네팔인들의 생김새도 서로 확연히 다른 몇 가지의 모습이 있었다. 어떤 모습이 네팔인 본래의 모습인지를 나는 모른다. 식당 주인의 아내도 나와서 일을 거들었다. 담배도 팔고 술도 팔고 음식도 파는데 다만 한 가지, 밥은 안 팔았다. 가격도 쌌다. 나는 한 번씩 들러 이름도 모르는 음식을 시켜서 먹곤 했다. 감자 삶은 것에 콩 삶은 것과 함께 두유를 먹기도 하고 비빔국수를 시켜 먹기도 했지만 음식이 뻔해서 여길 자주 다니다간 내 몸을 지탱하지 못하겠다 싶었는데 다운타운에서 중국집을 하나 발견하고 맘에 들어 그집으로 가기 시작했다.

중국집으로 간 첫날 치킨 프라이드 라이스에 바이차이(배추)를 시켜 먹었다. 중국에서 구군과 자주 먹던 음식이었다. 간만에 맛있게 먹고 다음 날부터는 하루에 한두 번은 꼭 들르는 집이 되었다. 여기 한국 식당은 정보에 의하면 네팔인이 하는 것이라 네맛도 내맛도 아니란다. 이날 나는 지도를 검색하다가 깜짝 놀랐다. 오는 데에 급급해서 다음 행선지를 정하지 않았기 때문이었다. 어디로 가야 하지? 여기서 나가려면 육로는 없나? 또 비행기야? 비자는? 네팔 근처의 나라는 모조리 비자를 요구했다. 그것도 초청장이 있어야 하고 들어가는 구멍과 나오는 구멍을 정해야 하는 좀 복잡한 나라가 내가 가고 싶은 나라였기 때문이었다. 대체 나는 무슨 생각으로 아무런 걱정도 없이 네팔에 온 거야?

카트만두 다운타운, 지진의 흔적

10.02.
금요일

밤에 짐을 싸놓고 아침에 일어나니 콧물이 줄줄 흐른다. 이건 또 뭐야? 방콕보다는 10도 이상 기온이 낮다. 덥지도 않아서 에어컨은 필요도 없었다. 간밤에 선풍기를 틀어 놓고 자서 그런가? 나는 출발을 미루고 몸이 어떻게 반응하는가를 살피기로 했다. 그렇다고 객실에만 있지는 못한다. 카메라를 세팅해서 다시 다운타운을 찾았다. 내겐 시장만큼 흥미로운 곳은 없다. 시장 가장 번화한 곳에 자리를 잡고 앉아서 카메라를 들이댄다. 한국 같았으면 초상권이 어떻고 하면서 시비를 당할 수도 있지만 관광지는 그런 면에서 너그럽다. 지진으로 무너진 빌딩의 벽돌과 콘크리트 더미 위에서 청년들 3명이 그걸 치우고 있었다. 그냥 지나갈 수 있나. 카메라 들이대고

다운타운 내 지진 피해 현장.　　　　　청년들.

찍는다. 그들이 돌아보며 웃는다. 나는 엄지를 치켜들었다. 그래 청년이 미래다. 험한 일을 하면서도 웃을 수 있는 젊음이 보배가 아니고 무엇인가.

길거리에는 실업자들이 여기저기 모여서 우울한 얼굴로 수군거리고 있었다. 그런 곳을 카메라를 메고 지나가려면 미안해진다. 누군가가 말했다지, 세계 최빈국인 방글라데시의 행복도가 세계 최고라고. 도무지 그딴 것을 누가 무슨 기준으로 평가를 했는가? 방글라데시의 사람들이 그 말을 듣고 말했단다.

"체념도 1위이겠지."

나는 그 골목을 빠져나와 늦은 점심을 먹으러 중국집을 갔다. 토마토와 계란으로 만든 요리와 마파두부를 시켜 먹는다. 꿀맛이지. 가격은 비싸다. 500루피(6,000원) 가까이다. 이는 이 나라 노동자들의 하루 일당보다 많은 돈이다. 보통 노동자들이 먹는 밥은 100루피 정도다. 근데 이 집은 양이 많고 맛도 있었다. 혼자 먹으면 배부르게 먹어도 반은 남았다. 중국에서 하던 식으로 남은 반찬을 싸서 밥 한 그릇 추가해 가져오면 두 끼를 먹을 수 있는 것이다.

돌아오는 길엔 소 네 마리가 대로변에 서서 오줌을 싸면서 여유롭게 되새김질을 하고 있었다. 관광객들은 카메라를 들이대기에 바쁘다. 힌두교와 불교의 가장 다른 점은 힌두교는 사람은 날 때부터 귀하고 천한 것이 정해져 있다는 것이고, 불교는 그 차이를 인정하지 않는 것이다. 그래서 조선조는 숭유억불 정책을 썼을까? 환경과 지배계급의 필요에 따라 만들어 낸 이런 것들을 국민들은 조건 없이 믿을 수밖에 없다.

남경욱 군과의 만남

10.03. 토요일

아침에 일어나니 목까지 아프다. 어제 저녁부터 중국에 있을 때 부탁해서 받은 한국 감기약 남은 것을 먹기 시작했는데 그때는 직방이었는데 이놈은 종류가 다른가? 게스트하우스의 이 방 저 방에서도 밤새 기침 소리가 심하게 들렸다. 콜록콜록콜록. 중국집 아주머니도 콜록콜록, 하우스 사장도 콜록콜록. 유행성 독감인가? 휴지 한 통을 콧물 닦는 데에 다 썼다. 다시 출발 연기. 하지만 그냥 있는 것은 못 참아 다시 다운타운으로 갔다.

저녁 무렵 배낭 여행객인 남경욱 군을 만났다. 낮에 한 차례 게스트하우스에서 만났는데 서양인들과 같이 계단을 내려오는 그를 보고 한국인인 것 같은 생각이 들었지만 그때 나는 2층 로비에서 컴퓨터를 만지고 있었다. 내 가슴에 태극기를 보고도 그냥 지나가기에 중국인인가 했었는데 저녁에 하우스 사장과 말하는 것을 들으니 한국인이다. 쳇, 그럼 낮엔 왜 그랬지? 말을 걸지, 한국인이 부담스러웠나? 나는 불문곡직하고 게스트하우스와 붙어 있는 레스토랑으로 그를 데려갔다.

"맥주 한잔 합시다."

콧물이고 뭐고 정보가 더 급하다.

그는 시진핑이 졸업한 칭화대를 5년 수학하고 졸업해서 다시 영어 필요성을 느껴 캐나다에서 공부를 했단다. 천방지축 날뛰는 나와는 달리 행동거지가 조심스럽고 말도 조용조용한 사람이었는데 어디에 숨어 있던 야성이 나와서 길 위에 사는 걸 좋아하게 되었을까? 직장 사표 쓰고 배낭을 메었단다. 그는 안나푸르나 베이스캠프를 다녀오는 길이었다. 여행 중에 만난 이스라엘 청년들과 같이.

"안나푸르나 롯지에서 휴대폰을 도둑 맞아서 지금 저는 공황상태에 빠져 있어요. 휴대폰은 다시 샀지만 거기 들어있는 사진들 하며 메모, 연락처…"

그 마음 내가 잘 알지. 그 황당한 경험을 한 달 사이에 두 번이나 했으니까.

나는 그에게 귀중한 정보를 들을 수 있었다. 여기 네팔리들이 여행객을 보고 알려주는 정보는 잘못된 것이란다. 그러니까 안나푸르나 트레킹을 하려면 가이드 한 명과 포터 한 명이 필요하다던가, 그 사람들의 일당은 한 사람당 US달러 20달러이라던가, 포카라까지 버스비는 10달러라던가 하는 것 등. 나를 게스트하우스로 태워줬던 운전기사와 게스트하우스 사장도 그렇게 일러줬었다. 버스비는 흥정하면 5달러나 6달러하면 되고 가이드나 운전수는 필요 없다는 것이다. 그리고 그는 안나푸르나 롯지의 밥값이나 숙박료, 포카라 현지의 숙박료를 알려주고 내가 지금 머물고 있는 게스트하우스에조차 많은 숙박료를 내고 있다고 고자질했다. 그래요~~~~ 네 이놈들을, 당장.

나는 아시다시피 숙박료를 1,000루피를 주고 있다. 그는 지금 우리가 자는 게스트하우스에 셋이서 트리플 베드에 자면서 350루피를 주는데 이도 비싸다는 것이었다. 자전거에다 짐을 가지고 혼자 다니면 이런 데서 불리한 것이다. 물론 나는 기사가 알려준 대로 믿지는 않았다. 왜냐하면 그는 네팔리이기 때문이다. 네팔인은 거짓말을 한다고 하는 것이 아니라 그는 동포의 이익의 극대화를 생각하기 때문인 것이다. 우리는 자리를 중국집으로 옮겨서 바이주를 곁들인 저녁을 먹고 헤어졌다. 동포가 이럴 때에 좋고 경험이 이럴 때에 빛을 발하는 것이다. 거기다가 그는 "입산허가증을 받았어요?" 하고 물었다.

그건 뭐야? 나는 깡통이었다.

"팀 퍼밋과 ACAP 퍼밋을 받아야 합니다. 둘 다 2,000루피씩 들어가야 합니다."

미화 40달러다. 당장 내일의 계획을 변경해야 했다.

입산허가증을 받다

10.04. 일요일

아침에 만난 남경욱 군에게 다시 한 번 주의사항을 듣고 Nepal Tourism Board 사무실로 향했다. 사무실 건물은 그간에 보아 온 건물과는 달리 번듯했다. 자전거를 세워놓고 들어가 신청서를 쓰고 돈 주고 서류를 받았다. 아마도 환경보호기금을 받는 것 같았는데 남경욱 군이 말한 두 가지가 아니라 한 가지를 받은 것이다.

"이게 전부입니까?"

"네 끝났어요."

아무래도 이상해서 서류를 받아 나오다가 로비에 있던 다른 직원을 보고 다시 물었다.

"끝났어요?"

그는 내 서류를 가지고 사무실로 가서 물어보더니 같은 말을 했다. 사무실에 사람이 있는 곳은 한 군데밖에 없었다. 일요일이었다. 나는 미진한 마음을 안고 나왔는데 저녁에 '밥 한 그릇 사겠습니다.' 하고 찾아 온 남경욱 군이 '한 가지를 더 받으셔야 됩니다.' 하고 알려줬다. 그렇군. 그래 오늘은 이미 늦었고 내일은 출발을 해야 하니 포카라에 가서 받자.

우리는 중국 식당을 다시 찾았다. 근데 주인이 요리가 안 된단다. 가스 공급을 못 받아서 요리를 할 수가 없단다. 남경욱 군의 말에 의하면 최근 인도와의 사이가 벌어져서 인도가 기름과 가스의 공급을 중단해서 네팔이 큰 어려움을 겪고 있단다. 이유는 네팔 정부가 중국에 기대는 것을 못마땅하게 생각해서 그렇단다. 우리는 중국집 주인의 소개로 근처에 있는 다른 중국집을 찾았다. 네팔에서 인도의 영향은 매우 크다. 석유 공급이 중단되자 시내 곳곳에 '인도놈 꺼져라.' 라고 써놓은 것을 볼 수 있었다. 네팔의 룸비니는 부처님의 탄생지이다. 그래서 네팔인들은 부처님을 네팔인이라고 한다. 물론 인도인들은 펄쩍 뛴다. 인도인들과 부처님 국적 논쟁을 벌이는 것이다. 하지만 정작 네팔은 힌두교인이 89%다. 불교도가 8% 고 나머진 이슬람이다. 힌두교는 다신교이다. 모시는 신들이 많은 것이다. 부처님과 예수님도 그 중 한 명이다.

네팔은 다른 물가에 비해 술값이 몹시 비쌌다. 맥주 650ml에 280루피에서 350루피를 받았다. 300루피면 우리 돈 3,300원 정도다. 하루 저녁 숙박료가 500루피이니까. 이것으론 맥주 2병을 못 먹는다. 이날 저녁 먹던 네팔 맥주가 새콤한 맛이 나기에 네팔 맥주 맛은 독특하다고 했더니 남경욱 군이 맛을 보고는 '이건 상했습니다.' 하고 종업원을 불렀다. 병맥주가 상한 것은 처음 먹어봤다. 독특한 체험이군. 손님이 먹다 남은 것을 넣어놓은 것인가? 저녁을 먹고 나와 나는 남경욱 군이 묵고 있는 호텔로 갔다. 포카라 이후를 생각해서 묵을 다른 숙소가

남경욱 군.

필요했다. 비자를 받는 것이 시일을 끌면 어차피 내 비자 기간보다 더 머물러야 할 것이다. 내가 묵고 있는 게스트하우스보다 가격만 싼 곳이었다. 시설은 차이가 없었다. 남 군이 소개한 주인은 600루피에 묵을 수 있도록 하겠다고 했다. 그래 포카라에 다녀와서 내가 묵고 있는 곳의 사장 놈에게 이런 이야기를 하면 어떤 반응을 보일지도 궁금하군.

　낯선 나라 낯선 도시에 들어가면 별 수 없이 웃돈을 얹어줘야 한다. 하지만 일회성이지 장기 여행객들에게 바가지를 씌우는 것은 결국엔 자기한테 마이너스로 돌아오기에 이렇게 빤하게 탄로가 날 것을 시도하는 곳은 없었다. 남경욱 군이 이 집으로 오게 된 것도 자신이 가고자 했던 호텔과 이 집이 이름이 같았기 때문이었단다. Red planet guest house 와 Red planet hotel 이라는 이름이 같았기 때문이었다. 어쨌든 나는 내일 포카라로 간다. 네팔의 북부는 산악이고 포카라를 가는 길의 정보를 알고 있지만 나는 자전거를 가져가지 않을 수 없다. 왜냐하면 그것이 바로 내가 원하는 것이기 때문이다. 네팔은 인구 3,000만 명가량에 국토는 한반도의 1.5배다.

10.05. 월요일 **포카라** 가는 길

1.

안나푸르나 베이스캠프(안나푸르나 남봉 베이스캠프 4,130m)에 가려면 일단 Pokhara라는 곳까지 가야 한다. 포카라까지는 카트만두에서 202㎞다. 정보에 의하면 포카라까지는 버스를 이용하는데 요금이 정해진 것이 아니라 운전기사와 협상을 해야 한단다. 물론 나는 자전거로 갈 것이니까. 큰 관심은 없다. 카트만두에서 포카라까지는 버스로 6~8시간이 걸린단다. 그렇다면 이건 산길이다. 202㎞가 그런 시간이 걸린다면 도로 형편은 불문가지다. 저 공포의 라오스 북부 산악지역이 떠오르는 것이었다. 나는 생각을 거듭했다. 버스를 타고 가기는 싫다. 그 답답한 공간에서 내가 내쉴 한숨이 생각나는 것이었다. 그렇다고 짐을 다 싣고 그 산길을 오른다는 것은 두려운 일이었다. 그래도 이번엔 기필코 자전거를 타고 가고 싶다. 네팔이라는 산악국가에서 산을 피한다면 갈 수 있는 곳이 없지 않은가? 그렇다면 가는 방법은 하나다. 짐을 줄이는 것이다. 도로 설계의 기본은 경사도 17.6도다. 그 이상의 경사도로는 설계부터 하지 않는 것이다. 네팔인들 다를 리는 없을 것이다. 수목 한계선 같은 것이니까. 짐을 줄이자. 뒷 타이어 위에 달고 다니는 큰 패니어 2개와 방수가방도 빼고 큰 가방에 넣어 다니는 무게가 나가는 것들도 빼면 자전거 무게는 20㎏. 텐트와 카메라를 앞에 달고, 앞에 달고 다니던 패니어를 뒤로 옮기면 총 무게 45㎏ 정도로 맞출 수가 있었다. 그렇다면 해 볼 만하지 않을까? 지금까지의 경험으로 봐서 버스가 한 시간 정도 달려야 하는 거리라면 자전거로는 하루를 달리면 된다. 그렇다면 버스가 8시간이 걸린다고 해도 8일간 달리면 되는 것이다. 하지만 버스가 8시간 동안 쉬지 않고 달리지는 않을 것이다. 휴식시간을 감안하면 나는 그 전에 포카라에 도착할 수 있을 것이다. 결정을 하고 나니 가슴이 뛰었다. 결정을 하고 나니 빨리 가고 싶었다. 가자, 자전거로. 가면서 보일 네팔의 속살이 내 가슴을 황홀하게 만들었다. 그래 나는 그대의 품속으로 뛰어들 것이다. 히말라야!!!

2.

새벽 일찍 일어나 짐을 챙겨 로비에서 아직 자고 있던 종업원을 깨웠다.

"계산해 줘."

종업원이 가져온 계산서는 터무니없는 것이었다. 사흘간 숙박료와 물 7병의 값이 남았는데 계산서는 7,700루피다. 내가 줄 돈은 사흘간 3,000루피에 물 값뿐이다.

"이건 뭐야?"

"봉사료에다가 어쩌고저쩌고…."

"봉사? 무슨 봉사? 도대체 너희들이 무슨 서비스를 했냐? 네팔에 무슨 서비스가 있어? 변기는 고장 나서 물을 부어야 하고 뚜껑마저 수리를 하지 않아 내가 앉다가 변기에 빠졌잖아. 샤워기는 웜 샤워는커녕 아예 되지도 않고. 내가 들어오고 나서 시트를 한 번 갈았나? 화장지를 가져다 줬냐? 청소를 했냐? 당연하게 해야 할 것도 하지 않고 무슨 개소리야, 도대체 무슨 서비스를 했냐? 이 썩을 놈아. 그러면서도 하루 숙박료를 내게 얼마 받았어, 내가 이놈아 이 근처 호텔료를 다 알고 있다."

나는 거품을 물고 방방 뛰었다. 근데 이 친구는 내가 방방 뛰자 평화스러운 얼굴로 빤히 보고 있다가 알았다면서 다시 내가 말한 것만 계산해 가져왔다. 3,140루피다. 그냥 말 한 번 해 본 거야? 장난했어? 내가 어리둥절해졌다. 나는 이 집에 나머지 짐을 맡겨놓고 간다. 다음 행선지가 어디든 카트만두로 돌아와야 하는 것이다. 그래, 그때 또 우리는 만나야 한다.

3.

숙박비를 계산하고 계산서 끊은 종업원을 불러 사진 한 컷 부탁했다. 종업원을 부른 것은 화해의 마무리를 위해서다. 그리곤 날이 밝아오는 카트만두시를 달린다. 16㎞를 달리는 동안 길은 자꾸만 하늘로 올라간다. 거리는 사람들로 넘쳤다. 주유소 앞에는 기름을 넣으려는 차들이 장사진을 이루고 있었다. 네팔은 인도의 영향력이 아주 세단다. 30분도 달리지 않아 온몸은 흠뻑 젖었다. 두 시간쯤 달리고 나니 여기저기 무리가 왔다. 쉬다가 가야 한다. 밥도 먹어야 한다. 그때 길 건너 어떤 가게 앞에서 소년 소녀가 손을 흔들며 인사를 했다. 활짝 웃는다. 나는 자전거를 멈췄다. 아이들이 인사를 하고 말을 걸어주면 그보다 더 반가울 수가 없다. 길 건너에서 내가 밥 먹는 시늉을 하며 물었다. 밥이 되느냐? 하고 소년이 자기 엄마에게 묻더니 안 된단다. 하지만 나는 길을 건넜다. 어차피 쉬어야 하고 물이라도 한 병 사 먹기 위해서다. 물을 한 병 사고 커피가 된다기에 커피도 한 잔 시켰다. 엄마와 나의 대화는 오누이가 통역을 했다. 오누이는 내게 여러 가지를 물었다. 생글생글 웃으면서…. 땟국이 확 빠진 오누이다.

"너희들 오늘 학교 안 가?"

늦은 시간이었다.

"오늘은 시험 치는 날이에요."

네팔은 시험 치는 날은 등교시간이 늦은가? 그렇게 아이들과 사진을 찍으며 놀고 있으니 그 엄마가 아이들 밥을 차려 준다. 나는 아이들에게 줄게 없나 생각하다가 내가 먹으려고 산 초콜릿을 찾아서 아이들에게 줬다. 아이들이 좋아한다. 초콜릿은 여기 물가를 보면 아이들이 사먹을 수 없는 가격이다. 한 개가 100루피 정도 한다. 그리고 아이들이 먹고 있는 모습을 지켜보다가 말했다.

카트만두 오누이의 집 식당.

오누이.
다정다감한 아이들이었다.
애들이 먹는 밥과 같은 것을
달라고 하자 엄마가 밥을 더
내어왔다.

"나도 이런 밥 좀 주세요?"

셋이 앉아서 밥을 먹는다. 동네 사람들은 공연히 들어와서 우리가 밥을 먹는 모습을 지켜본다. 밥을 다 먹고 나서 '얼마요?' 하고 묻자 소년은 90루피라 하고 엄마는 100루피라고 한다. 소년은 내게 뭔가 보탬을 주고 싶은 것이다. 엄마가 그러라고 하자 소년이 거스럼돈 10루피를 들고 온다. 내가 '잔돈은 너 가져 하자.' 소년은 고맙다고 인사를 하고는 엄마 돈 통에 집어넣는다. 헛 요놈 봐. 하는 짓마다 예쁘다. 오누이가 교복으로 차려입고 스쿨버스를 기다린다. 잠시였지만 아이들과 즐거웠다.

아이들과 작별하고 나는 다시 페달을 밟았다. 1㎞쯤 가자 오르막이 끝나고 내리막이 시작되었다. 산 아래 길을 보니 까마득하다. 사진 몇 장 찍고 다운힐을 시작했다. 그때부터 내리막이 22㎞나 이어졌다. 편안하게 내려가는 것은 좋은데 슬슬 불안해진다. 얼마나 높은 산을 준비했기에 이리도 너그럽다는 말인가. 내리막이 끝나고 오르막 내리막이 계속되었다. 첩첩산중, 끝없는 협곡이다. 강물은 산을 따라 달리고 길은 강을 따라 달린다. 포카라까지 길이 이럴 것인가? 60㎞가 넘어서고 오후 3시가 되자 내일을 위해 달리기를 멈췄다.

4. 56 Cafe

56coffee라는 게스트하우스를 찾아 들었다. 커피도 팔고 객실 2개를 두고 숙박객도 받는 작은 집이었다. 사람들은 길을 따라 곳곳에 작은 부락을 이루어 살고 있었다. 집은 길가에 있는 집들과 산 중턱에 있는 집들로 나뉘었다. 길가의 집들은 대부분 가게였다. 진열된 물건 다 합쳐봐야 값이 얼마나 될까 싶을 정도로 모두가 똑같은 진열에 똑같은 상품을 파는 코딱지보다도 작은 가게들이었다. 앞집 옆집 건넛집 모두가 한두 평 남짓한 공간의 가게다. 손님은 도대체 누구야? 산 위에 집을 지은 것은 전망을 위해서가 아닐 것이다. 그 집들 아래에 있는 농토는 계단식이었는데 두 계단을 횡으로 만들지 못할 만큼 경사도가 가파른 곳이 대부분이었다. 이 척박한 환경 어디에서 돈이 나올 것인가. 집들도 산이 깊어질수록 작은 헛간이나 창고 같은 수준이었다. 가다가 학교를 몇 개 만났는데 건물을 보고 깜짝 놀랐다. 우리도 그 옛날 저 정도는 아니었을 것 같은데? 지금은 기억도 많이 없지만 하지만 여기 아이들도 건물이야 어떻든 그딴 건 신경도 쓰지 않고 마냥 즐겁기만 해서 까르르까르르 웃음소리가 끊이질 않는다. 나 역시 어린 시절은 생각만 해도 마음이 푸근해진다.

게스트하우스는 창고 같은 방에다 사제 침대를 들여놓고 장사를 하고 있는 곳이었다. 500루피(5,500원) 부르는 것을 350루피에 낙찰을 봤다. 잔돈이 없다기에 돈 1,000루피를 맡겼는데 속짐작으로 저 돈을 모두 털리겠구나 했더니 다음 날 아침 내가 먹은 다른 것들과 함께 값을 1,000루피를 불렀다. 우선 아이스커피 한 잔을 먹었다. 일일이 얼마냐고 물어 보는 것도 못할 짓이라는 생각이 들어 주는 대로 마시고 저녁을 부탁해서 먹고 아침도 빵 한 조각과 커피 한 잔을 먹었더니 1,000루피란다. 내 그럴 줄 알았다. 잔소리 좀 하니 50루피를 내어준다. 기껏해야 우리 돈 만 원인데. 나 참 내가 치사하다는 생각이 들었다.

화장실도 멀리 떨어져 있고 샤워실이라는 곳은 함석 슬레이트로 지붕을 덮고 문을 만들어 자물쇠를 아주 굳건하게 채워놓았다. 왜? 자물쇠를? 나는 이날 샤워도 빨래도 하지 않았다. 빨래를 하면 오히려 더러워 질 것 같아서 안 한 것이다. 네팔은 태국처럼 길가에 정자가 없었다.

 인디언 라이더들을
만나다.

10.06.
화요일

산을 따라 Trishuli 강이 흘러간다. 게스트하우스의 뒷마당은 낭떠러지이고 그 아래 Trishuli 강이 흘러가는 것이다. Adamghat Bazar라는 동네였다. 강물은 회색이었다. 석회석 때문에 저런 색이 나는가? 강물은 끝없이 이어지는 협곡 사이를 달려간다. 히말라야 여행객들을 실어 나르는 승합차는 대부분 일제 도요타였다. 좁은 길을 엄청난 속도로 달렸다. 각종 트럭, 버스 지붕 위에까지 사람들을 잔뜩 실은 노후화된 버스가 달린다. 남자들은 지붕 위로 올라가고 여자와 노약자들은 버스 안에 타고 있었다. 주유

소마다 기름을 넣으려는 차량들이 장사진을 이루고 있었다. 인도가 밉다고 가스 공급을 끊었기 때문이다.(인도 정부는 부정하고 있다) 곳곳에 네팔인들이 써놓은 구호는 'Back off India'였다. 네팔리들의 분노의 표현이다. 언덕을 올라가는 것이 하도 힘겹게 보여 밀어주고 싶은 마음을 들게 하는 짐을 가득 실은 트럭, 오토바이, 그리고 걷는 사람들. 네팔은 그렇게 부산하면서도 느리게 흘러가고 있었다. 산을 사이에 둔 강의 이쪽과 저쪽은 출렁다리로 연결해 놓았다. 사람과 오토바이 정도가 다닐 수 있는 길이었다. 그걸 또 그냥 지나갈 수가 없다. 자전거가 이럴 때 좋은 것이다. 자전거를 세워놓고 출렁다리도 타보고 사진도 찍었다. 마침 출렁다리를 건너오던 네팔 여자들이 부끄럼을 탄다. 볼이 발갛게 홍조가 든다. 얼마 만에 보는 부끄럼을 타는 사람의 모습이냐. 이 뻔뻔한 세상에서 말이다. 그것만으로도 나는 신선해서 감격했다. 아직도 부끄럼을 타는 여자들이 있는 나라다. 그리고 가다가 Cjaraundi라는 마을에서 밥을 먹었다. 라이스라는 말이 음식을 가리키는 말인가? 하나같이 똑같은 음식(탈밧)을 가져왔다. 하지만 이 집은 밥이 떨어지니 밥을 더 주고 반찬이 떨어지니까 반찬을 더 가져왔다. 식당 주인 여자의 딸이 아이를 어르며 말했다.

"우리 언니가 한국으로 시집갔어요."

오호 그래요!! 이렇게 세상은 이어지고 있구나. 콜라 한 병에 밥, 300루피를 지불했다.

오후엔 고개를 넘다가 인도에서 넘어 온 인디안들을 만났다. 4명의 라이더들이었다. 봄베이에서 왔단다. 포카라에서 카트만두까지 가는 길이라고 했다. 악수 한 번 하고 몇 마디 떠들어 대다가 헤어졌지만 반갑다. 하지만 가다가 네팔리들에게 욕을 보지는 않을까? 지금 네팔은 인도에 대한 감정이 좋지 않다. 어쩌다 이웃은 하나같이 사이가 좋지 않은 것인지. 40㎞를 넘어가자 다리가 뻣뻣해졌다. 샤워를 하고 싶었다. 온몸은 땀으로 범벅이 되었다. 게스트하우스를 찾아갔다. 방으로 올라가서 값을 물으니 500루피란다. 방 꼴을 보니 들어갈 마음이 천리만리 달아난다.

"좀 깎아주지?"

그는 일언지하에 거절하고 옆 가게로 가버렸다. 소금을 확 뿌린다. 헐. 그렇게 더럽게 해놓고 손님을 받을 염치가 있나? 처음 중국에 도착했을 때는 여기와 비슷한 삔관에 들어가서 많이 잤었다. 내가 생각해도 그때는 무슨 마음이었을까? 이젠 너무 더러운 방은 온몸에 벌레가 기어 다니는 것처럼 싫다. 도대체 마음이 어떠하기에 저 꼴을 해놓고 장사를 한단 말인가? 건물을 낮게 지으라는 것이 아니고 청소를 좀 하라는 말이다. 더러운 놈.

인디안 라이더들.

내가 들어간
게스트하우스.

다시 8㎞쯤 더 가니 리조트가 나왔다. 물어나 보자. 대나무로 얼기설기 지어 놓은 곳인데 리조트라고 1,800루피를 달란다. 아무리 좋아도 그건 더 싫어, 바로 앞집으로 들어가니 800루피를 달란다. 500루피로 하자 하다가 600루피로 타협을 봤다. 방도 그나마 깨끗하고 와이파이도 된다. 저녁을 부탁하니 250루피라고 했다. 하이퀄리티란다. 그러나 가져 온 저녁은 지금까지 먹은 것과 똑같은 것이었다. 탈밧이었다. 이것밖에 없는가 하는 슬픈 마음도 들었다. 빨래를 해서 탈수를 좀 하자 했더니 세탁기가 없단다. 손으로 짤아서 2층 베란다에 널어놓고 컴 켜서 사진을 올리려고 하니 인터넷 신호가 약해서 잡히지 않았다. 그래도 다른 집에 비교하면 크게 지어놓은 집인데 주인 남자는 내가 방비엥에서 산 20만 원짜리 휴대폰을 몹시 부러워했다.

"삼쏭 정말 좋아."

용량이 적어서 앱이 작용하지 못할 수도 있다고 수시로 협박을 해대는 휴대폰을 부러워하는 사람도 있구나. 세상의 기준은 모두 다르다. 100만금에도 만족하지 못하는 사람이 있고 10금이라도 행복해 하는 사람들이 있다.

설산 그리고 끝없는 협곡

10.07. 수요일

협곡은 끝이 없다. 가도 가도 산이다. 오르막 내리막 롤러코스터 같은 길은 사람을 금방 지치게 만든다. 한 시간쯤 끌다가 달리다가 나는 위기감을 느꼈다. 아침을 먹어야 한다. 길거리 경찰초소에서 식당을 물어서 바로 근처에 있는 식당으로 들어갔다. 주인집 아가씨가 나의 행색을 살피더니 강한 호기심을 보였다. 아가씨의 아버지가 나와서 치킨도 있다면서 냉장고에 넣어 뒀던 닭고기 몇 조각을 자랑스럽게 보여주었다. 한심하지만 그것이라도 먹어야 한다.

"얼마요?"

"250루피(2,700원)."

그가 공책에 250이라고 숫자를 썼다. 내가 그 옆에 200이라고 숫자를 적으며 물었다.

"오케이?"

"오케이!"

이러고 밥을 먹었다. 밥은 카트만두에서부터 먹었던 밥과 똑같은 것이다. 네팔에는 이것 하나밖에 음식이 없나? 정말 지겨웠다. 밥을 다 먹고 500루피짜리를 줬더니 150루피를 들고 왔다. 하이고, 이 사람아, 생긴 것은 후덕하게 생겼는데 돈 앞에 욕심을 그렇게 부리냐? 내가 7개월째 길 위에 살고 있다. 당장 돈 가져와 이 XX야.

그의 주장은 라이스 라이스 하는 걸 보니 밥도 줬다는 말일까? 그럼 밥 먹으러 왔지 이 친구야, 물 마시러 왔나? 따불따불 하는 걸로 봐서 치킨 몇 조각 가져왔기에 금방 먹고 반찬이 없어서 갓난아기 새끼손가락 같은 닭뼈다귀 세 조각 더 받은 것을 말하는 것 같았다. 너 까불지 마라. 여기 아까 네가 적어놓은 숫자를 봐라. 이놈아, 나 경찰에게 갈 거야. 초소는 얼마 떨어지지 않는 곳에 있었다.

그 말에 이 친구 겁을 먹었는지 500원짜리를 가져와 던지며 가져가란다. 아마 네팔 말로 이 '치사한 놈아'라고 했을 것이다. 엥, 이건 또 무슨 행패야. 이럴 때 내가 가장 곤란한 것은 옆에 딸이 있다는 것이다. 자식 앞에서 그 아버지를 면박을 주는 짓은 정말 하고 싶지 않다. 그러나 어쩌노? 돈 앞에 보이는 인간의 치사한 욕심이 정말 싫은 것이다. 딸이 종지부를 찍었다. 딜을 했으면 300루피를 내어 주세욧. 내가 500루피짜리를 다시 주자 그가 얼른 300루피를 가져왔다. 쳇, 아침부터 이게 무슨 꼴이야?

✎후기 지금도 이때를 생각하면 얼굴이 화끈거린다. 치사하게 밥값을 깎다니…. 무슨 큰 바가지를 쓴다고…. 생각 날 때마다 반성한다. 미안해요. 아저씨, 내가 치사 했어요. 뭐라고 변명할 꺼리도 없다.

식당을 나와 10㎞쯤 끌다가 고개를 드니 멀리 히말라야의 설산이 보였다. 설산은 마치 신기루처럼 그 뿌리는 보이지 않고 윗부분만이 공중에 떠 있는 듯 보였다. 나는 차를 세우고 한참 동안 이 광경을 지긋이 바라봤다. 그래 뭐든지 처음이 마음에 큰 울림을 남긴다. 첫사랑, 첫 경험과 같이 말이야. 가슴이 뛰고 한 줄기 청량한 기운이 온몸을 휘감는 것 같았다. 내가 길거리에서 카메라를 들고 뷰 포인트를 찾기 위해 바삐 움직이자 지나가던 관광객들의 차들이 뭔가 하고 서고 사람들이 내려 같이 카메라를 들이댄다. 그렇게 돌아다니며 사진을 찍는데 고약한 냄새가 났다. 계곡에 마구잡이로 버려놓은 쓰레기를 태우고 있는 중이었다. 설산이 쓰레기 냄새에 빛

지붕엔 사람이 가득.

설산.

을 잃었다. 가다가 보면 동네마다 젊은이들이 모여서 포켓볼과 같은 놀이를 플라스틱 조각으로 원반을 만들어 손가락으로 튕기며 놀고 있었다. 일거리가 없는 것이다. 젊은이 몇몇은 내가 말을 붙이면 한국말로 인사를 했다. 한국어 시험을 보기 위해서 한국어를 공부하는 것이다. 내가 봐도 답답한 현실이었다. 네팔은 히말라야라는 세계 어디에도 없는 명소를 지니고 있다.

"여기도 빈부 격차가 심하고 권력 있는 사람들의 부패가 만연해 있으니 될 일이 없습니다. 세계 각국에서 들어 온 기부금과 구호물자도 다 떼어 쳐 먹으니…."

코이카 봉사단원의 블론티어로 네팔 대학교에서 자동차정비를 가르쳤던 분이 하신 말씀이다. 네팔만 그런가? 세계 어느 나라도 다 그럴걸요. 시민이 깨어있지 않으면.

이날 나는 조리를 어디선가 잃었다. 고무줄에 묶어서 자전거 짐 위에 달고 다녔는데 누가 빼간 것이다. 남이 신는 조리도 빼 가야 하는 가난이다. 이날 종일 탄 거리가 32㎞였다.

끝없는 오르막

가도 가도 오르막이다. 남은 거리는 66㎞이다. 산이 있으면 터널을 뚫으면 길이 좋아진다. 하지만 돈이 있어야 터널을 뚫지. 돈이 없으면 길은 산허리를 척척 휘감으면서 넘어야 한다. 아침을 사먹을 곳이 없어서 카트만두에서 120루피를 주고 산 커다란 식빵 한 개를 두 조각 정도 썰어서 잼을 발라 먹고 출발했다. 근데 이 식빵은 맛이 없다. 마트에 가도 다른 빵이 없었다. 아침에 눈 비비고 일어나 그 맛없는 빵을 목 넘김을 하자면 물을 몇 번이나 마셔야 했다. 끌며 타며 달리다 보니 설산이 환하게 보이는 휴게소가 나왔다. 아침을 먹어 두어야 했다. 모모라는 만두 3개와 삶은 달걀 2개, 콜라 한 병과 물 한 병을 먹고 180루피를 지불하고 자전거에 올라탔다. 내리막이다. 하지만 모퉁이를 돌아서니 또 오르막. 어차피 각오한 것이지만 몸은 많이 지쳤다.

남은 거리를 30㎞ 이하로 줄이면 내일은 여유 있게 포카라에 입성할 수 있을 것이다. 거리를 줄이고 싶어서 미련을 대고 끌바를 했다. 다시 나타나는 마을, 게스트하우스 한 곳을 찾아가니 주인이 내 말을 듣고도 뻔히 쳐다보더니 제 할 일만 한다. 그런 집은 가기 싫어, 대단한 환영을 바라는 것이 아니다. 주인이 애정을 가지고 하는 집이라야 깨끗하다. 손님이 오면 발딱 일어나서 눈치를 살피고 뭘 원하는지를 알아보는 그런 마음이 있는 사람이어야 한다는 말이다. 다음 집을 찾았다. 처음 여행을 시작할 때만 해도 여러 사람이 모여 있는 장소는 피했었다. 하지만 이제는 가리지도 않는다. 이익이 서로 부딪히지 않으면 사람은 악한 마음을 가지지 않는다. 다시 찾아들어간 집은 방을 보여주는 데도 한참을 기다려야 했다. 아마도 방을 청소하는 모양이었다. 오늘도 빨래는 못하겠군. 방은 400루피를 달라했다.

와이파이도 안 되고 들어가자마자 정전이다. 그동안 보니 네팔의 전기는 하루에 한 번 이상은 꼭 정전이 되었다. 카트만두도 마찬가지였다. 그렇다고 촛불을 켜는 것은 아니고 제네레터를 돌려 전등은 켠다. 하나 충전도 안 되고 선풍기 등은 돌아가지 않았다. 길게는 3~4시간 보통 1~2시간은 정전이 되었다. 이 나라의 형편이다. 저녁으로 다시 탈밧을 먹고 나니 질린다. 같이 먹던 숙박객인 네팔리 부부가 내게 '맥주를 한잔 합시다.' 하고 요청을 했다. 헉, 다른 날이었으면 나는 즉시 감격의 환호성을 질렀을 것이다. 고마웠지만 거절을 했다. 그 술 한 잔 먹으면 다시는 못 일어날 것 같은 마음이 들어서였다. 3층으로 계단을 올라가는데도 몇 번 쉬었다. 38km를 탔다. 38km 중에 28km가량을 끌바를 했다. 이제 남은 거리는 27km다. 지쳤다. 긴장을 풀어버리면 그 순간 나는 무너질 것이다.

포카라 입성, 프랑스와 독일 라이더들을 만나다

10.09. 금요일

식빵 한 조각 먹고 숙소를 나서 방향을 잡았다. 오늘 일찍 포카라에 들어갈 수 있을 것이다. 날씨도 쾌청이다. 천천히, 천천히. 될 수 있는 대로 속도를 늦추면서 주위의 풍경을 감상한다. 다시는 오지 못할 길이 될 수 있기 때문이다. DSLR 카메라가 든 가방을 아예 열어 놓고 수시로 꺼내어 찍을 수 있게 해놓았다. 좋은 사진은 끝없이 발품을 팔지 않으면 얻을 수 없다. 자전거를 세워놓고 여기저기서 좋은 장소를 찾는데 몰두를 했다. 설산의 배색을 화면 속에 같이 집어넣으면 설산이 더 빛을 낸다. 지나가던 네팔리들이 내가 이리저리 옮겨 다니며 하는 짓거리가 이상한지 가까이 와서 기웃거린다. 그렇거나 말거나 나는 내 일에 몰두한다. 사진을 찍다가 궁금한 게 있으면 지나가는 학생들에게 물었다.

"저 산, 피라미드처럼 생긴 저 산 이름이 뭐야?"

"마차푸차레예요."

'마차푸차레'는 물고기 꼬리란 뜻이란다.

길거리 가게들을 살피며 그중 밥 먹을 곳이 없는가를 살펴본다. 하지만 탈밧은 싫어. 한가게에 들어가니 도넛츠 같은 빵이 있다. 몇 개를 집으니

청년이 와서 잠시 기다리란다. 그 빵은 오래 되었으니 신선한 빵을 가져오
겠단다. 고마워요. 콜라 한 병 들고 가져온 빵을 의자에 앉아 먹었다.

설산은 적당한 거리를 두고 봐야 아름다웠다. 앞산 너머 뒷산, 뒷산 너
머 또 뒷산, 그 너머 또 산, 그리고 그 너머 압도적인 크기의 히말라야 설산
이 있었다. 포카라가 가까워질수록 카메라를 들이대니 이미 설산은 카메라
화면에 들어오기를 거부하고 있었다. 너무 커버린 것이다. 에베레스트가
8,850m이지 아마. 포카라가 5㎞ 남았다고 내비가 알려주고 있었다.

그때 서양인 두 녀석이 언덕에서 자전거를 타고 내려오다가 나를 보자
쏜살같이 길을 건너와서 손을 내밀었다. 그래 반갑다. 이 친구들아. 우리는
햇빛을 피해 언덕 아래 있는 가게로 들어갔다. 사이다 한 병씩 돌리고 이야
기를 나누었다. 반가운 마음에 서로의 말이 속사포처럼 튀어나왔다.

"너 어디서 왔어?"

"얼마나 됐어? 어디로 가는 길이야?"

연두색 윗도리 티셔츠를 입은 프랑스인 크레멘테는 이제 24살, 그는 지
금 1년 2개월째 여행을 하고 있는 중이란다. 다리에 노란 털이 망측하게 밀
생한 독일인 힐러는 2개월 반째 여행 중인데 둘은 열흘 전에 만나서 같이

카트만두로 가는 중이었다. 그렇게 이야기를 나누고 사진도 찍고 할 때 힐러가 갑자기 울상을 짓더니 숙소에다 배터리와 카메라를 두고 왔다면서 가야 한단다. 우리 보고 기다리라고 하면서. 힐러가 자전거 짐을 모조리 내려놓고 쫄바지로 갈아입더니 쏜살같이 왔던 길을 되돌아갔다. 우리는 그런 그를 보며 킬킬거리면서 맥주를 시켜 마셨다. 동네 사람들이 하나둘 모였다. 맥주 3병을 비웠을 때 땀을 뻘뻘 흘리며 힐러가 왔다. 맥주의 본 고장에서 온 녀석에게 맥주 한 잔을 주니 좋다를 연발하여 마신다. 안주는 크레멘테가 산 스낵과 내가 즐기는 소금이다.

"우리 다른 곳에 가서 맥주 한 잔 더 하자."

내가 제안했다.

"좋아요. 여기서 10㎞쯤 가면 두 개의 호수가 있어요. 우리는 거기서 오늘 텐트를 치고 자려고 해요. 거기로 갈까요?"

크레멘테가 제안했다. 그 호수는 작고 볼품도 없었다.

"포카라로 돌아가는 것이 여러 가지로 좋지 않을까?"

합의를 보고 히히덕거리면서 포카라로 돌아가려는데 가게 주인 여자가 맥주 한 병 값을 덜 냈단다. 중간에서 통역하던 놈도 한 병 값을 덜 냈단다. 물론 어거지다. 좋던 맥주 맛이 싹 달아난다. 그렇다고 이 사람들아, 우리가 낸 그 돈을 또 내지 싶은가? 그러고 있는데 무슨 일인지 저희들끼리 싸운다. 싸우든 말든 우리는 간다. 정말로 돈을 내지 않았다면 그들이 가만있을 리 없는 것이다. 맥주 한 병은 260루피였다. 돈을 받지 않았다면 우리를 그냥 보낼 일이 없다. 하루 일당을 그냥 보낼 수는 없으니까.

　

처음 보는 자전거 여행자라도 만나면 십년지기 같은 마음이 든다. 동질감 때문일 것이다. 전혀 남 같지가 않은 것이다. 그날 저녁 우리는 몇 차례 술을 먹었다. 네팔 전통주를 사서 맥주에 섞어서 마시고. 남경욱 군에게서 소개받은 한국 식당으로 가서 밥도 먹었다. 그리고 또 호프집으로 가서 맥주에 전통주를 섞어서 다시 마셨다.

"여기 현지인 집에 공짜로 잘 수 있는 집이 있어요. 거기 갑시다. 장."

그들의 현지인 친구의 집으로 가서 또 술을 먹었다. 네팔리 셋과 코에 피어싱을 한 일본 여자도 와서 같이 술을 마셨다. 나는 술에 취해서 먼저 누웠는데 누워서 흐릿한 눈으로 이들을 살피니 그중 몇 명은 아마도 마약을 하는 것 같았다. 하든지 말든지. 그러다 거기에서 셋이서 잤다.

네팔의 개비 담배

네팔에도 가는 곳마다 금연 표시가 있었다. 한 번은 카트만두의 번화가에서 가게에 들어가서 담배를 달라 했더니 담배 한 개비를 가져오는 것이었다. 아직 네팔은 개비 담배를 파는 곳이 있는 것이다. 잊은 지가 언젠지도 모를 만큼 오래 된 기억들이 아련하게 밀려왔다. 나도 저 개비 담배를 이용했었다.

"얼마예요?"

그 옛날이 그리워서 물어 봤다.

"10루피(11원)."

한 갑을 달랬더니 당황하면서 없단다. 네팔은 식당도 금연식당이 많았다. 거리나 집 앞도 깨끗하게 쓸어놓아 중국에서의 버릇대로 아무데나 담배꽁초를 버릴 수는 없었다.

나야풀
도착

새벽에 일어나 방을 살피다 깜짝 놀랐다. 시멘트 바닥에 침대 두 개, 수도 하나가 모두였다. 벽지도 장판지도 없다. 아직 완성이 덜 된 방이었다. 크레멘테와 힐러가 포카라에 머물며 사귄 현지인 친구들의 방이었다. 어제 밤 늦게까지 그 방에서 우리들은 술을 먹었고 나는 중간에 먼저 잤다. 아침에 일어나 보니 우리 세 사람만 자고 있었다. 이 친구들을 깨우기도 뭣해서 컴을 켜놓고 만지작거리다가 밖으로 나가 자전거를 살펴보고 들어오니 힐러가 먼저 깨어 일어나 있었다.

"산책이나 하자."

"넵."

우리는 크레멘테를 자도록 버려두고 안개 자욱한 Pewa호숫가로 나왔다. 포카라는 히말라야의 트레킹을 위해선 반드시 거쳐야 하는 도시다. 도시엔 많은 외국인들이 히말라야로 가기 위해 카트만두에서 이곳에 일단 들르는 것이다. 호숫가를 돌아가는데 한국어 간판이 보였다. 뭔가 싶어 살피고 있는데 안에서 부르는 소리가 들렸다.

"들어와서 커피 한 잔 하고 가셔요."

우리가 잔 방.

이곳에 정착해서 뿌리를 내리고 있는 한국인 여자분이었다. 이곳 포카라에도 많은 한국 교민이 있는 것 같았다. 내가 그냥 지나치면서 본 식당만 해도 여섯 개였다. 우리는 자는 크레멘테를 깨워 아침을 먹으러 한국 식당으로 가서 백숙을 시켰다.

"요즘 손님이 어때요?"

코이카 봉사단원으로 블론티어로 대학교에서 자동차정비를 가르치신 민속촌 사장님께서 대답했다.

"없어요. 이제 유로피안들은 살살 들어오는데 한국인들은 지진 나고 딱 끊겼어요. 더구나 요즘은 연료가 공급이 안 되니 거리에 차가 아예 없잖아요."

수송이 안 되면 모든 재화가 막힌다. 이윽고 닭이 나왔다. 닭을 먹으려면 내가 뜯어줘야 하는데 우짜노? 가장 맛있는 다리는 둘뿐이잖아. 주인인 내가 참아야지. 그 통통한 다리 하나씩을 애들한테 주고 나니 마음이 허전해진다. 저것 먹으려고 왔는뎅, 그래 이 녀석들아 잘 먹어라. 너희들이 내 손님이니 할 수 없다. 한데 크레멘테는 속이 아프다면서 단 한 조각도 못 먹었다. 그러면서 너 먹으라면서 남은 닭다리를 힐러한테 주는 것이다. 나 하마터면 닭다리를 뺏을 뻔했다. 제길. 힐러 녀석 닭다리 두 개를 자기가 다 먹었다. 힐러야 닭 한 마리 네가 다 먹었다. 힐러는 그것 다 먹고도 또 가슴살을 뜯었다. 물론 계산은 내가 했다. 4,000루피였다. 50루피 100루피로 덜덜 떨다가 몇 푼 절약하면 뭘 해? 이렇게 한 방이면 다 간다. 그래도 나는 즐거웠다. 하하. 그날 저녁 때까지 크레멘테는 음식을 한 숟가락도 먹지 못했다. 종일 인사불성이었다. 그래, 술도 경력이 말해주는 것이다. 한 가지도 쉬운 것 없는 것이 인생이다. 너도 어쩌다가 길을 떠났는가는 모르겠다마는 아마도 길 떠나야 하는 유전인자가 있는 것 같아.

"짐이 너무 많아요."

만나는 라이더마다 내게 충고하는 말이다.

생각해 보면 짐의 3/4 정도는 그냥 들고 다니는 것이다. 방콕에서 비행기를 타기 위해서 7개월째 들고만 다닌 버너용 휘발유를 버렸다. 물론 버너도 7개월째 들고만 다녔다. 그 외에 겨울옷들도 지금까지 들고만 다닌 것이다. 이젠 그걸 버리지도 못한다. 왜냐하면 곧 겨울이 닥쳐오기 때문이다. 만일 장기 자전거 여행을 계획하고 계신 분이 있다면 이 말을 참고하시기 바라는 마음에서다. 여름에 떠난다면 당장 입을 옷만 챙겨서 떠나고 겨울옷은 현지에서 조달하라는 말이다. 이젠 버너도 필요 없다는 생각이 들었다. 전기가 없는 곳으로만 다닌다면 모르겠으나 아마 자전거로 다닐 수 있는 지구상의 길가에 있는 동네에는 전기가 없는 곳은 없지 않을까?

✏️ 후기 무식한 발언입니다. 전기 유무를 떠나서 버너는 반드시 있어야 합니다.

우리는 저녁에는 레몬트리라고 하는 포카라에서 유명한 레스토랑으로 갔다. 돈은 중요한 것이지만 사람보다 중요할 것도 없고 여행보다 중요하지도 않다. 어쨌든 자전거 여행은 체력 소모가 많다는 것, 고로 많이 잘 먹어야 계획을 완수할 수 있다는 것을 잊지 말라고 말하고 싶다.

힐러는
카트만두로
10.11. 일요일

어젠 트윈베드룸을 얻어 셋이서 한 방에 잤다. 힐러와 클레멘테가 같은 침대에서 잤다. 내가 일찍 일어나 부스럭거리고 있으니 힐러와 크레멘트가 일어나 짐을 싸서 나가려기에 같이 밥이나 한 그릇 먹고 가라 했더니 가다가 길거리에서 싼 음식을 사 먹겠단다. 아니야 먹고 가. 밥이나 한 그릇 잘 먹여서 보내고 싶었다. 그래서 또 둘을 데리고 이집 저집 기웃거리다가

독일청년 힐러.
그는 인정이 많은 청년이었다.

이 친구들이 내 눈치를 살피더니 '한국 민속촌 식당으로 갑시다.' 하는 것이다. 어제 먹은 것이 맘에 들었던 모양이었다. 민속촌으로 갔다. 제육볶음을 시켜 먹었다. 밥도 한 그릇씩 더 먹고 모든 반찬은 3번의 리필을 했다. 사장님이 가져다 준 누룽지까지 싹 비웠다. 제육볶음이 적었던지 국물까지 혀로 싹싹 핥아 먹더니 잘 먹었다면서 백 배 머리를 조아리고 길을 나섰다. '독일이나 프랑스에 들르거든 문자 만 주세요. 이미 가족들에게 당신 이야기를 혀가 닳도록 해 놓았으니 내가 없어도 많은 도움을 받을 것입니다.' 힐러가 한 말이다. 그래 알았어.

사진 한 방 박고 포옹 한 번 진하게 하고 그들은 갔다. 숙소로 돌아와 노트북을 꺼내어 작업을 시작했다. 인터넷이 다음으로 넘어가지 않는다. 숙소 종업원에게 팀 퍼밋 티켓을 부탁해놓고 노트북을 들고 민속촌 식당으로 가서 근근이 글 하나를 올렸다. 티켓도 내가 가서 신청하면 심부름 값이 없을 것인데 얼떨결에 숙소 종업원이 권하기에 덜컥 신청을 하고 나니 다시 물리기도 뭐 해서 그냥 둬 버렸다. 너도 돈 벌어먹어야지. 500루피를 더 주었다. 이럴 때는 마음도 좋다.

불사리탑

된장찌개 하나 먹고 다시 컴 작업을 시작한다. 요즘은 식당에 거의 손님이 없단다. 그래도 영감님은 부지런히 고기를 다듬고 하루 종일 움직였다.

"20여 년째 외국 생활을 하다 보니 한국에 돌아가도 친구도 없어요. 이제 내 나이 칠십셋. 뭘 더 바라겠어요."

나는 컴퓨터 앞에 앉아 작업에 몰두했다. 직원들은 모두 이 집 사장님이 코이카 블론티어로 일을 할 때 알았던 사람들이란다. 모두가 한국말로 '아버지' 하면서 사장님을 따랐다. 그들은 내게 여러 가지를 물었다. 관심사는 한국에 일하러 갈 수 없냐는 것이었다. 글쎄, 나는 그 방면에서는 깡통이야.

오후엔 잠시 작업을 멈추고 컴퓨터를 맡겨놓고 포카라 뒷산에 있는 Stupa(불사리탑, 원래는 부처님 사리를 모신 탑)를 다녀오기로 했다. 내일이면 포카라를 떠나야 한다. 호수를 배로 건너서 산길로 한 시간 정도 올라가면 중국 절이 있단다. 호수를 건너지 않고 자전거로 가는 길도 있다고 했다. 나는 물론 자전거로 가는 길을 택했다. 앱을 치니 1.7㎞가 나온다. 하지만 경로를 치면 8.9㎞가 나오는 것이다. 바로 눈앞에 빤히 보이는 산이다. 앗, 그렇다면, 이것은 그동안 내가 이해를 못해 개발자에게 좀 고치라고 큰소리를 쳤는데 이는 직선거리와 경로를 나타내는 것이 틀림없군. 그러면 그렇다고 말을 해야 할 것 아냐. 쩝. 내 감각을 탓할 일이었군.

왕복 20km. 8km를 시외로 나갔다가 1km쯤 산을 오르는 코스였다. 올라가니 포카라 시내가 보였지만 그저 그런 스투파였다. 중국 절이 아니라 일본

일본절 스투파(불사리탑).

절이었다. 여기도 국도는 계속 오르막이었다. 길가는 사람들에게 물었다. 이게 룸비니 가는 길이요? 예감이 맞았다. 누구는 포카라까지 왔으면 룸비니야 쉽게 갈 수 있지 하는 분도 있었지만 그건 아닐 것 같았다.

　포카라에서 안나푸르나로 올라가는 출발점인 나야풀까지는 택시를 타야 한다고 들어서 나는 으레 그렇게 해야 하는 모양이구나 하고 생각하고 있었다. 이는 안나푸르나를 먼저 갔다 온 남경욱 군도 그렇게 말했기 때문이었다. 그는 배낭 여행자다. 경험자의 말은 의심 없이 믿는 것이 나의 습관이다. 나는 그의 말을 아무런 의문부호를 달지 않고 그대로 받아들인 것이다. 나야풀까지는 택시비 1,500~1,700루피 정도 들어간다고 했다. 출발하기 전 남경욱 군에게 카톡을 했더니 하지만 요즘 연료가 없으니 아마도 부르는 것이 값이 아닐까 한다는 생각까지 덧붙였다. 그럴 수도 있겠다. 택시를 알아보고 같이 갈 일행을 알아보다가 내가 왜 이런 바보짓을 하지? 라는 생각이 들었다. 나는 자전거 여행자다. 자전거로 가자. 차가 간다면 자전거가 못 갈 리가 없는 것이 아닌가. 그럼 짐은? 짐도 가져가기로 했다. 내가 필요한 것을 배낭에는 다 넣을 수 없기 때문이었다. 나야풀까지는 45㎞이지만 안나푸르나로 올라가는 길이라면 계속 오르막일 것이 아닌가. 그러니 중간에 노숙을 할 수도 있으니 가져가자. 음식이나 준비해서, 가자. 자전거로 가기로 한 순간 마음이 편해졌다. 숙소로 돌아와 세탁비와 팀 퍼밋 대금을 지불하고 나는 짐을 쌌다. 가는 데까진 자전거를 가져 갈 것이다. 힘은 들더라도 만사가 편해질 것이니까.

힌두교와 소

힌두교에서는 왜 소를 신성시했을까? 인도는 한발과 장마가 번갈아 찾아오는 기후를 가지고 있단다. 처음 힌두교도들도 소고기를 먹었다. 하지만 소를 잡아먹고 나니 다음 농사를 지을 수 없는 것이다. 사람이 소를 대신할 수도 없고 낙타나 말이 소가 하는 일을 대신할 수도 없었다. 소에게서는 똥은 연료로 사용할 수 있었고 우유로는 치즈를 만들 수도 있었다. 소를 잡아 소고기를 먹는 것보다 소를 먹지 않는 것이 사람이 살아가는 데에 낫다는 것을 알고 나서 힌두교의 교리에 소가 신성한 동물이라는 것을 집어넣어 소가 온전히 살아갈 수 있도록 한 것이다. 소에게도 계급이 있어서 밭갈이 시킬 수 있는 소와 그렇지 않은 소가 있단다. 카트만두나 포카라 시내를 가다가 보면 비쩍 마른 소들이 절룩거리면서 다니는 것을 볼 수가 있다. 아무도 이들에게 눈길을 주지 않는다. 주인 없는 소는 왼종일 길거리를 왔다 갔다 하면서 먹이를 구하는 것이다. 도시에 소먹이가 어디 있나? 어쩌다가 신성한 소들의 팔자가 사실은 개만도 못한 팔자가 된 것이다.

안나푸르나로 가는 길목,
나야풀로

짐을 챙겨 내려와 뒷 브레이크 패드를 가는 작업을 시작했다. 포카라에
올 때부터 브레이크가 이상한 소리를 내기 시작한 것이다. 10분만 하면 갈
아 넣을 수 있겠지 했던 것이 한 시간이 걸렸다. 숙소를 나와 샌드위치 가
게로 가서 햄치즈 샌드위치 하나와 빵 두 개를 사서 가방에 넣고 출발했다.
어느새 9시였다. 그러나 45㎞밖에 안 된다. 길이 조금만 협조해 준다면 일
찍 Nayapool에 도착할 수 있을 것이다. 네팔의 도로는 당연히 산악도로다.
대부분의 농가들이 산중턱이나 정상 부근에 띄엄띄엄 부락을 이루어 살고
있다. 도로는 그 농가들이 있는 곳을 찾아서 롤러코스트를 타는 것이다. 포
카라 출발부터 서서히 고도가 높아지기 시작했다. 31㎞를 거의 끝바를 하
고 14㎞를 내리막을 달렸다.

산의 정상을 넘으며 이제는 오르막이 끝났겠지 했는데 산의 뒤편으로 길
이 돌아가더니 다시 10㎞의 오르막이 계속될 때는 홀린 기분이었다. 이를
부득부득 갈며 이 길을 넘었다.

Give me a 초콜릿

지금 대한민국의 중년이라면 이 말이 갖는 의미를 알 수 있을 것이다. 전
쟁이 끝나고 미군이 이 땅에 진주했을 때 우리의 형님 세대들이 미군을 따
라다니며 한 말이다. 가난과 한숨의 대명사다. 이 말을 네팔에 와서 너무 많
이 들었다. 자전거를 타고 동네를 지나가면 어디선가 아이들의 목소리가 들
리는 것이다.

"헬로."

"나마스테."

그리고는 고사리손을 내미는 것이다. 잊고 있었던 그 옛날이 저 말을 통해 회상이 되면서 묘한 마음이 드는 것이다. 그리고 자전거를 보면 달려오는 애들이 있다. 자전거를 타고 가면 도망이나 갈 수 있지만 끌바를 하는 형편이라 금방 잡히고 만다.

"초콜릿 없다. 미안해."

"기브 미 마니."

내가 초콜릿 장사도 아니고 남 줄 만큼 돈이 있는 사람도 아니다. 어찌어찌 해서 피해 가지만 그렇다고 마냥 피할 수 있는 것도 아니다.

정상을 넘어 마냥 걷다가 지쳐서 자전거를 세우고 길바닥에 주저앉아 빵을 먹고 있을 때였다. 그때 한 소년이 등장했다. 이 녀석은 어디 가느냐고 묻

여기가 정상이었는데
다시 산의 뒤로 돌아가 오르막 시작
10km를 더 끌었다.

사과를 받아선 먹지 않고
주머니에 넣는다.

고 나서 점잖게 저 말을 한 것이다. 아이는 아주 진지했다. 빵이 목구멍에 막혀서 넘어가나. 가방을 뒤져서 사과를 하나 꺼내어 녀석에게 주면서 닦아서 먹으라고 했더니 옷에다가 문지르더니 먹지를 않고 주머니에 넣는 것이다. 그걸 보고 우짜노? 먹던 빵이나마 조금 남은 것을 줬더니 아, 이 녀석이 그걸 또 비닐봉지 입구를 매더니 주머니에 집어넣는 것이다. 빵도 얼마 남지 않는 것이었다. 참, 나, 더러워서. 그래서 또 가방을 뒤져서 설탕이 녹아서 흘러내린 끈적끈적한 사탕을 한 주먹 주었다.

녀석은 그걸 아주 귀중한 보물인 양 빵이 든 비닐봉지에 넣더니 뒷주머니에 아주 소중히 넣고는 다른 아이들이 오는 것이 보이자 윗옷을 내려 감추는 것이었다. 아이들이 지나가고 나자 그때서야 사탕 한 개를 입에 넣더니 굴리기 시작하는 것이다. 그리고는 가지 않고 쉬고 있는 내 옆에서 알아들을 수 없는 네팔어를 한참 동안 지껄이더니 이윽고 고맙다면서 가는 것이다.

아이의 궁량이 그만하고 가족을 사랑하는 마음이 사무치니 가족들 굶길 일이야 없겠다. 내 가슴도 뭉클해졌다. 포카라를 나와 나야풀에 가까워질수록 물건 값이 뛰기 시작했다. 한 상점에 들어가 물 두 병을 샀다. 그리고 앉아서 사과를 하나 꺼내어 먹었다. 근데 앞에 아이가 있는데 혼자 먹을 수 있나. 아이에게 그중 큰 것 하나를 주었다. 사과가 귀했던지 그걸 아이가 다 먹도록 내버려 두지 않고 반을 쪼개서 어른들도 한 입 맛을 보는 것이었다. 나는 일어서며 물값을 물었다.

"얼마예요?"

"100루피(1,100원)."

물 한 병의 마트 가격은 20루피다. 일반적으로 식당에서도 25루피를 넘지 않았다. 근데 왜 한 병에 50루피야? 여기가 그렇게 먼가? 결국 두 병에 60

루피를 주었다. 나야풀에 들어와서 숙소를 구하고 저녁을 먹기 위해 메뉴를 보고는 또 놀랐다. 치킨누들, 치킨 프라이드 라이스가 460루피다. 내가 카트만두의 매일 갔던 중국집의 질 좋은 똑같은 음식이 260 루피였다. 헐, 경제 공부를 제대로 한다. 밥이 우선 급했다. 게스트하우스에 저녁을 시켰다. 이제 산으로 올라갈수록 음식은 귀해지고 값은 올라갈 것이다. 나는 토마토가 보이고 사과가 보이면 망설이지 않고 사서 가지고 다니면서 먹었다. 언제나 배가 고팠다. 네팔에서 밥을 시키면 어디서나 탈밧을 내어놓는데 아주 질릴 지경이었다. 사과도 어린애 주먹만한 크기였고 상점의 사과는 가져다 놓은 지 오래 되어서 쪼글쪼글 말랐다. 네팔 비스킷을 하나 집으면 150루피다. 맛도 없다. 그러니 아이들은 과자를 먹을 엄두를 못 내는 것이다. 나야풀에 도착해서 처음 본 숙소는 400루피를 불렀는데 돈을 줄테니 자라 해도 자고 싶은 마음이 안 드는 집이었다. 나는 거기서 나와 비포장 4㎞를 달려서 안나푸르나 올라가는 길목에서 잤다. 500루피, 화장실이 방 안에 있는 곳이었다. 하지만 따뜻한 물 샤워도 안 되고 변기도 고장, 전등은 엘이디다. 네팔에는 전력을 아끼기 위해서 엘이디 조명을 많이 쓰는데 너무 어두워서 가방 속에 든 물건이 안 보일 정도였다. 변기도 제대로 작동되는 집을 못 봤다. 하지만 이것은 그야말로 팔자 좋은 투정임을 나는 알았다.

계란 파는 아이

10.14.
수요일

어젯밤에는 아랫도리가 추워서 자전거용 쫄바지를 입고 그 위에 자전거 7부 바지를 입고 두꺼운 이불을 덮고 잤다. 7개월 동안이나 가지고 다닌 겨울용 바지는 카트만두에 있다. 이런 짱구 같은 짓을 나는 잘한다. 조금만 더 생각을 전진시키면 될 것을 순간적으로 판단을 내리고 나면 그때부터 생각을 멈추고 행동으로 들어가는 것이다.

오늘 하루는 트레킹 준비를 해야 한다. 먹을 것을 준비하는 것이다. 롯지에서 자전거를 타고 3㎞쯤 나가면 가게들이 길 양옆으로 있었다. 시장이라 할 것도 없었지만 나야풀에서는 거기라야 무언가를 살 수 있는 곳이다. 토마토 1㎏을 100루피를 주고 샀다. 포카라의 두 배다. 비스킷과 초콜릿도 조금 샀다. 350루피. 삶은 달걀도 3개를 샀다.

"생달걀이 얼마야?"

옆에 있던 중년의 사나이가 대답했다.

"25루피예요."

주인인가? 아닌 것 같았다. 아이의 아버지도 아니다. 내가 조금 망설이자 아이가 말했다.

"20루피만 주세요."

그러자 옆에 있던 사내가 25루피라고 다시 한 번 말했다. 내가 달걀을 놓자 열 살 남짓한 아이가 다급하게 말했다.

"아니에요. 20루피만 주세요."

"25루피!"

사내가 다시 한 번 외쳤다.

"아니에요. 20루피예요."

아이가 더 다급하게 부르짖었다. 그나마 다섯 개를 원했더니 3개밖에 없단다. 나는 아이를 쓰다듬어 주고 나왔다. 머리통만 큰 것이 어른이 아니다. 시근 없는 놈.

롯지로 돌아와 나는 동네길 정찰에 나섰다. 나는 노 가이드에 노 포터다.

당연히 혼자서 간다. 길도 알아둬야 하고 입산 신고도 해야 한다. 어디서 하는지를 알아 놓으려는 것이다. 동네 한 바퀴 돌면서 다른 입산객들이 하는 짓을 보면 된다. 롯지 앞에서 승합지프에 등산객들이 짐을 싣는다. 서양인들이다. 장작도 싣는다. 캠프파이어를 하는가? 왜 장작을 싣지? 삐까번쩍한 장비와 옷차림으로 차를 탄다. 가이드와 포터들과 함께 가는 모양이다. 놈들은 범털인 모양이군. 저렇게 해야 갈 수 있는가? 의심이 번쩍 든다. 동네 뒷산도 길을 잃으면 난감해지는데 과연 히말라야를 별다른 정보도 없이 뒷산 오르듯이 오를 수 있을까? 바람에 풀풀 날리는 개털 같은 신세인 내가 조금 쓸쓸해졌다.

트레킹 안내서를 사진 찍어 온 것을 어두운 불빛 아래서 보느라고 눈이 아팠다. 안나푸르나 베이스캠프까지는 5일간을 걸어 올라가야 한다. 다시 내려오는 데에 3일이 걸린다. 물론 일정은 수십 가지로 조합해서 기간도 코스도 조절할 수 있었다. 그러나 나는 혼자서 가야 한다. 길 따라가면 되겠지. 나는 안나푸르나로 간다. 길은 길 자신과 그 길을 가는 사람들이 알려줄 것이다. 그것보다 더 확실한 것이 어디 있는가? 바람에 개털을 휘날리며 나는 그 길을 따라 갈 것이다.

**10.15.
목요일**
[1일차] 안나푸르나 베이스캠프 4,130m를 향하여
나야풀 출발

출발하기 전에 롯지의 주인을 보고 사진 한 컷을 부탁하곤 길을 나섰다. 외길이겠지? 나야풀은 해발 1,070m이다. 이제 시작점이고 서서히 고도가 높아져 갈 것이다. 아직 산세는 누그러져 있고 모다콜라 강을 따라 평행으

에베레스트
롯지 앞에서 출발직전.
뒤의 빨간 백은 식품.

나마스테.

로 올라가는 길이다. 차들도 가끔 올라가고 지나 다니는 사람들이 없어서 혼자서 올라가는 한가로운 길이다. 그러다가 양떼를 몰고 오는 목동들을 만났다. 양들은 100여 마리쯤. 목동은 넷이었다. 궁금했던 것들을 물었다.

"어디로 가세요?"

"포카라요."

양들이 중국으로 팔려 간단다. 양들은 열심히 걷고 있다. 그들의 목적지에는 죽음이 기다리고 있다. 그렇다고 이들이 죽음을 향해 가는 것은 아니다. 사람인들 다를 것이 없다. 자전거 없이 맨몸으로 걷는 것이 얼마만인가? 따사로운 햇살을 받으며 올라가는 길, 시냇물 소리가 정겹고 산새들 노래 소리가 귀에 익은 것 같다. 기분이 좋아서 콧노래가 절로 나왔다.

'산에는 마음이 있소 산사나이의 보금자리…. 너 없이 못 사는 사람들은

싼 싸나이 들이라오…. 아가씨 마음은요 산의 날씨와 같다오.'

이 노래는 황씨 성을 쓰는 스타 강사였던 내 친구와 같이 고1때 가야산
(해인사)을 오르며 배운 노래다. 그날 우린 이 노래를 수도 없이 불렀다. 황
은 지금도 친구다. 나는 산 싸나이도 아니고 그날 이후엔 자주 부른 노래도
아닌데 왜 이 노래는 잊어버리지 않았을까?

동네를 지나다 보면 어디선가 아이들의 인사말이 들린다.

"나마스테(나의 신이 당신의 신에게 인사를 합니다 라는 뜻이란다)"
엄청 아름다운 인사말이다.
"헬로."
그리고는 아이들이 나타나서 '기부 미 어 초콜릿'이라는 묘한 기억을 떠
올리게 하는 별로 듣고 싶지 않은 말을 하는 것이다. 도대체 누가 그 말을
가르쳤는가? 그대의 아름다운 신이 가르치지는 않았을 것이다. 올라가다
배가 고파 나무 아래 앉아 식사를 했다. 나야풀의 롯지에서 산 식빵이다.
아침에도 먹었던 식빵이다. 땅콩 잼과 포도잼을 두껍게 발라 4쪽을 먹었
다. 방울토마토 5개를 먹고 사과도 한 개 먹어줬다. 그리고 물을 마시고 나
면 그런대로 훌륭한 점심식사가 끝나는 것이다. 맛은 없었다. 탈밧이라는
네팔의 음식은 오는 날부터 하도 먹어서 질려서 멀리 하고 싶지만 그게 또
안 된다. 네팔의 가장 대중적인 대표적 음식이기 때문이다.

나야풀에서 Kimche(1,640m)까지는 차들이 통행을 하고 있었다. 비포장
꼬불꼬불 이 높은 곳까지 차가 다녔다. 차 지붕에도 사람들이 가득이다. 산
으로 오르는 느낌이 들지를 않는다. 끌바를 할 때의 힘든 것을 생각해 보면
아무것도 아닌 듯한 느낌이 들었다. 킴체를 지나자 본격적인 산길이 시작

되었다. 계단이 나오고 차들이 올라갈 수 없는 길이 시작 되는 것이다. 그 래도 내 발걸음은 가볍다. 트레킹 안내서에는 1일차에는 Ghandruk까지 간다고 나와 있지만 나는 그런 것에 별 신경을 쓰지 않았다. 가다가 다리 아프면 일찍 자고 가다가 좋은 곳이 나오면 하루 더 묵고 가다가 좋은 친 구 만나면 이야기도 하고 술도 한 잔 하면 되지. 걱정도 팔자다. 그러나 트 레킹 안내서도 책상에 앉아서 할 일이 없어 끄적거린 것이 아니다. 가다가 길이 갈라지는 곳을 만났다. 나는 눈을 부릅뜨고 살폈다. 그때 마침 동양인 남녀가 나타났다. 대만인이라는데 혀를 굴리는 것이 아메리칸급이다.

"이 길이 ABC(안나푸르나 베이스캠프) 가는 길이야?"

"그런 것 같아요."

그러면서 그는 지도를 한 장 꺼내서 내게 주었다. 푼힐 전망대와 (고레파 니) 안나푸르나로 가는 길로 나뉘는 길이었다.

"응 핸섬보이, 고마워!"

그는 잘생긴 청년이었다. 우리는 크게 웃었다.

킴체에서 간드록을 간다는 한 청년을 만났다. 선글라스 끼고 청바지를 입고 머리에 무스를 바른 잔뜩 멋을 낸 청년이었다. 큰 가방을 어깨에 메고 힘들어 하기에 지고 가라고 알려 줬더니 좋은 아이디어라면서 가방을 뒤로 지고 동행을 하기 시작했다. 인도 뉴델리에서 일을 하다가 고향에 온 것이 란다. 이런저런 이야기를 하며 가다가 보니 뒤에 자신의 어머니가 따라온 단다. 네팔의 이 지방은 전부 산이다. 산의 중턱이나 정상 부근에 집이 있 는 것이다. 산의 초입은 하천이고 하천에서 산세가 급격하게 높아지는 지 형이기 때문에 마을을 이룰 수가 없는 것이다.

내가 하천이라고 표현했지만 이는 사실 모다콜라 강이었다. 이윽고 간

간드룩에서.

드룩에 도착했다. 근데 그는 계속 가는 것이다. 나도 숙박업소를 예약한 것이 아니기 때문에 어디에서 자도 상관이 없다. 나는 가능하면 그의 집에 자고 싶은 음흉한 속마음을 숨기고 있었기에 별 말없이 올랐다. 네팔의 민가에 잘 기회가 있기를 바라면서 올라가는 것이다. 이윽고 청년이 자기 집이 저기라면서 알려주며 집과 가까이 있는 게스트하우스를 소개해줬다. 그래, 좋아 나는 여기 잔다. 그런데 너는 빨리 네 짐을 여기 놓고 내려가서 뒤처져서 무거운 짐을 지고 올라오는 너의 어머니 짐을 받아서 올라오너라 라고 몇 번을 이야기해도 게스트하우스 소녀와 이야기를 한다고 정신이 없다. 그는 어머니 짐을 받으러 가기가 싫은 것이다. 에라, 이 녀석아 좋아지려던 마음이 싸악 없어진다.

치킨 프라이드 라이스 한 그릇 먹고 록시라는 네팔 전통주 한 잔(90루피 1,000원)을 시켰다. 안나푸르나를 마주 보면서 그 감흥을 이길 수가 없었기 때문이다. 술은 소주처럼 무색인데 소주보다는 약했다. 인터넷이 된다

안나푸르나 남봉.

고 했지만 신호가 약해서 사진은 올릴 수가 없었다. 방값은 300루피지만
밥값, 기타 모든 물건 값이 올라가기 시작했다. 밥값은 460루피, 담배 165
루피, 커피 150루피였다. 이제 올라갈수록 물건 값은 더욱 뛰기 시작할 것
이다.

  간드록의 밤이 왔다. 동네 청년들과 처녀들이 게스트하우스 다이닝룸에
모여서 미팅을 즐긴다. 말소리와 웃음소리를 뒤로 하고 나는 잠자리에 들
었다. 오늘 저녁 어둠 속에 봐 둔 것들을 나는 내일 아침 카메라에 담을 것
이다.

간드록(1,940m)에서의 아침은 특별한 것이었다. 이불 속에서 꼼지락거리며 대기하고 있던 나는 날이 밝아오자 카메라를 메고 밖으로 나왔다. 안나푸르나와 마차푸차레가 본격적으로 그 모습을 나타내기 시작한 시점이었다. 태양이 저 멀리서 산의 꼭대기부터 서서히 비추면서 산 아래로 내려왔다. 마치 안나푸르나의 옷을 벗기는 것처럼 보였다. 나에겐 행복한 시간이었다.

안나푸르나 1봉은 8,091m이고 내가 가는 곳은 안나푸르나 남봉(7,219m)의 베이스캠프(ABC)다. 안나푸르나 남봉이 엎어질 듯이 마당 한가운데로 들어서 있었고 마차푸차레 봉(베이스캠프 3,700m, 마차푸차레 6,993m)이 그런 안나푸르나를 바라보고 있었다. 짐을 실으러 갈 말들이 채비를 하고 있는 곳을 지나 나는 동네를 돌았다. 집집마다 꽃들이 가득했고 처마 밑에는 옥수수를 말리려 걸어놓았다. 그림만 본다면 세상에 가장 아름다운 동네이다. 집을 지은 벽돌에도 하얀 칠을 해놓았는데 그게 집의 형태와 어우러져 눈 높은 인테리어 업자가 시공한 것처럼 설산과 아름답게 어울렸다. 거기다가 집집마다 가득한 꽃들이 설산과 묘한 대조를 이루었다. 이 아름다운 곳을 내가 왔구나. 보는 사람들마다 '나마스테'라고 인사를 했다. 물론 아이들은 '기브 미 어 초콜릿'을 그 말 뒤에 단다. 하지만 그들이 정말로 그 말뜻을 알고 하는지는 모르겠다. 그냥 고사리손을 만지작거리며 고 귀여운 입술로 말을 하는 것이다. 마음 같아서는 초콜릿 한 보따리를 지고 가면서 만나는 아이마다 하나씩 주고 싶었다.

구릉빵 한 개 먹고 간드록을 출발했다. Chomrong을 올라가면서 많은 사람들을 만났다. 앞서거니 뒤서거니 나는 마음에 드는 곳마다 멈춰서 사진을 찍었다. 마음에 들지 않아도 그냥 지나가면 안 될 것 같아서 또 찍었다. 그러다 쉬는 곳에 가면 서로 떨어져서 묵묵히 걸어가던 사람들을 만나게 되는 것이다. 그런 사람들 중엔 얄미운 사람들도 있고 금방 친해지는 사람들도 있다. 브라질에서 온 백발의 서양인은 나와 몇 번을 마주쳤지만 먼저 인사를 건네는 법이 없었다. 그는 두 번이나 야외의 같은 테이블에 앉았지만 과자 봉지를 꺼내 먹으면서도 권할 줄 모른다. 그래 이 사람아 너희들의 문화가 그렇다는 것은 알고 있지만 너희들도 여행을 한다면 남의 문화도 좀 알고 다녀라. 인정머리 없는 놈. 저놈하고 저 미국놈은 정말 밥맛이군. 이탈리안 커플과 러시아 청년들은 자주 만났는데 그들은 아무 경계심 없이 나와 친해졌다. 특히나 쉬면서 아침에 찍은 내 사진을 사람들에게 보여 주었을 때는 진심으로 놀라며 엄지를 쳐들며 추켜세웠다. 그리고는 많은 사람들이 내 사진을 좀 얻을 수 없느냐고 물었다. 왜 안 돼, 주지. 내가 찍은 사진을 남들이 보며 즐긴다면 그 또한 나의 기쁨이다. 나는 그들의 페북 아이디를 적으라며 핸펀을 건네주었다. 러시아의 젊은 청년들이었다. 이탈리안은 DSLR 카메라를 들고 다니며 열심히 사진을 찍는 사람이었다. 우리는 금방 친해져서 밥을 먹을 때와 쉴 때는 같은 좌석에 자연히 함께했다.

가이드와 포터

Sugar Ria는 35세의 네팔인이다. 그는 아내와 아이 둘과 함께 포카라에서 살고 있다. 그의 직업은 포터다. 그의 꿈은 한국에 가는 것이다. 한국에 가서 돈 벌어 오는 것이다. 조그마한 키에 한국어도 제법 능숙하고 영어도 한다. 특히나 산을 오를 때 보면 저 몸집에 저 짐을 지고 어떡할까 싶지만 그는 서두르지 않고 그 산길을 묵묵히 올랐다. 일당은 얼마요? 하고 물으니 1,200루피에서 1,300루피를 받는단다. 우리 돈 14,000원 15,000원 정도

다. 일의 특성상 성수기라도 꼬박 일을 못한다. 한 달에 며칠을 일해요?

"예, 한 열흘 정도 일해요."

그는 이탈리안 커플에게 고용된 포터였다. 그러면서도 같이 있으면 나의 잔심부름을 다 했다. 계산도 해 주고 물도 떠다 주고 주문도 받고 밥 먹은 그릇까지 치우는 것이다. 물론 이는 내가 부탁한 일이 아니었다. 스스로 내게 그렇게 해주는 것이었다. 우리와 같이 식사는 하지 않았다. 자기들끼리 먹었다. 이들도 롯지에 식대를 조금은 낸단다. 자신들이 받는 일당은 롯지에서 우리들이 먹는 두 끼 식비도 안 된다. 나도 내가 고용한 포터가 아니지만 같이 모일 때면 차를 한 잔씩 사거나 간식을 샀다. 가이드도 이탈리안 커플에게 고용된 사람이다. 가이드도 짐을 날랐다. 일당에 조금 차이가 있단다. 가이드는 62세의 네팔인이었다.

포터들은 20대의 젊은이들이 대부분이었다. 여행객들이 가져온 배낭 두 개와 자신들의 배낭 한 개를 같이 묶어서 지고 오르는 것이다. 무게는 대략 17~20kg 정도다. 짐을 내려놓고 쉴 때 그들은 이마에 흘러내리는 땀을 훔치며 여행객들이 하는 모양을 살폈다. 그 복잡한 마음이 내 눈에 읽힐 때에

포터들은
등산객 두 사람의 배낭과
자신의 배낭을 끈으로 묶어서
지고 다닌다.
무게는 17kg-20kg정도.

는 죄지은 듯한 마음이 들었다. 그나마 이 일이라도 하는 사람들은 건강한 사람들이다. 그들은 스물하나에서 서른 안쪽의 젊은이들이다. 영어라도 하고 몸이 건강하니 이 일을 할 수 있는 것이다. 나는 쉴 때는 포터 누구를 막론하고 무엇이든 나누어 먹었다.

대부분의 포터들이 한국말을 조금씩 할 줄 알았다. 한국어를 배운 것이다. 물론 일하러 가기 위해서다. 500명을 뽑는데 2만 명이 모였다던가. 한국에서 한 달을 벌면 여기 일 년 일한 만큼 돈을 받을 수 있다는 말이 들렸다. 네팔에서 가장 인기 좋은 나라는 한국이란다. 15일 관광비자로 한국에 가서 10년간 일하고 돈을 좀 벌어 택시사업을 하는 운전기사가 일러준 말이었다. 그가 한국말로 또 꿈꾸듯 말했다.

"한국 최고예요. 음식 맛있지, 사람들 좋지…."

이날 오후 촘롱(2,170m)에 들어갔을 때에 나는 이탈리안 커플이 묵는 롯지에 짐을 풀었다. 올라온 길은 롤러코스트를 타듯이 언덕 위에서 계곡까지 내려왔다가 다시 내려온 것보다 더 해발을 끌어올렸지만 나는 자전거를 끌지 않는 것만 해도 행복했다. 쳇, 아무것도 아니잖아. 나는 사진을 찍는다고 처졌다가 추월했다가 그야말로 종횡무진 누볐다.

물론 롯지의 선택은 여행객들의 특별한 요청이 없을 때는 포터들이 선호하는 곳으로 간다. 나야 아무데나 묵으면 되지만 아는 사람이 있는 곳이 아무래도 좋으니까 이들이 묵는 롯지에 묵었다. 록시라는 네팔 전통주를 맛을 볼까 싶어 롯지의 스태프에게 물으니 한 잔에 150루피란다. 포터 사그리아가 슬며시 나의 손을 끌었다. 저기로 갑시다. 우리는 롯지에서 조금 떨어진 민가로 내려갔다. 록시 한 잔에 50루피였다. 어스름한 불빛 밑에서 록시 석 잔씩에 마침 잡아 해체하는 물소 고기를 한 접시에 100루피를 주고 두 접시나 먹었다. 한 끼 식대보다 작은 금액이었다. 우리는 기분이 좋아져

서 킬킬킬 웃었다. 그런 우리를 안나푸르나가 내려다보고 있었다. 물소 고
기 덕분에 저녁은 먹지도 않았고 다음 날 아침도 빵에다 잼을 발라먹는 것
으로 끝냈다.

10.17.
토요일

[3일차] 안나푸르나를 향하여
촘롱 출발 **뱀부**로

어제 먹다 남은 토스트를 아침으로 때우고 Chomrong을 출발했다. 롯지
의 숙박비는 일인당 200루피(2,200원)다. 화장실 외에는 아무것도 제공되
는 것이 없었다. 물 한 병에 130루피, 담배 10개비들이 한 갑에 200루피다.
더 이상 올라가면 샤워 한 번에 150루피, 빌빌거리며 넘어가지도 않는 인
터넷이 200루피, 탈밧 한 그릇에 560루피, 블랙티 한 잔에 150루피 등이었
다. 최정상인 안나푸르나 롯지에선 휴대폰 충전 외엔 안 된다. 그나마 촘롱
을 넘어가면 노트북 전원도 연결하지 못한다. 전력이 약해서 다른 기기를
사용하지 못하기 때문이다. 저녁마다 나는 그날의 사진을 노트북에 저장하
고 메모를 한다. 롯지에선 방에서 휴대폰을 충전시킬 수 있는 콘센트가 없
었다. 다이닝룸에 모여서 일괄적으로 충전을 시키는 것이다. 그러니 나도
노트북을 들고 다이닝룸으로 가서 작업을 했다. 그런 나를 지켜보던 이탈
리안인 Greco가 내 곁으로 와선 글자를 보더니 이것저것 물었다.

"한국 글자는 몇 자요?"

"모음 10자에 자음 14자야. 24자입니다."

세종대왕님 덕에 어깨가 으쓱해진다.

"세계에서 누가 언제 만들었는지를 아는 유일한 문자야."

그는 내가 찍은 사진을 보고 난 뒤부터는 더욱 호의적이었다. 말도 별로

촘롱 롯지에서 본 안나푸르나.

없는 친구였지만 저녁마다 그도 수첩을 꺼내어 아주 빠른 솜씨로 글을 적어 나갔다. 아마도 그는 내가 자기와 같은 종류의 인간이라는 결론을 내린 모양이었다.

하지만 그는 술을 못했다. 그의 애인인 Francesca는 닥터였다. 내외국인을 막론하고 닥터나 교수, 변호사 등 이런 종류의 사람들은 스스럼없이 어울리기가 힘든 사람들이다. 괜히 거리를 두려고 하고 대접을 받으려고 하며 은근히 남을 깔보는 것이 눈에 보이는 사람들이 많다. 하하, 그래서 그게 아니꼬와서 나도 별로 어울리고 싶지 않은 사람들의 집단이다. 근데 프란체스카는 그렇지 않았다. 그녀는 대단한 애연가였다. 그레코는 담배를 하지 않았다. 그녀는 애인의 몫까지 피우려는 것처럼 감기가 걸려 콜록콜록 하면서도 끊임없이 연기를 뿜어냈다. 나도 카트만두에 도착하자마자 걸린 감기가 낫지 않았으면서도 그녀 옆에서 콜록콜록 하면서 같이 뿜어댔다. 그녀는 술은 못했다. 그녀는 애인에게 아주 헌신적이었다. 그레코를 바라보는 눈은 꿀이 뚝뚝 떨어지고 있는 것처럼 보였다. 덩치도 프란체스카가 약간 컸다. 이탈리안들은 포도주를 양껏 마시고 코를 빨갛게 해서 다니는 사람들이 아니었어? '코사노스트라' 어쩌고 하는 마피아도 있고 말이야.

올라가다 만나는 게스트하우스에서 차 한 잔을 나눈다.

촘롱에서 Bamboo까지 가는 길은 롤러코스트를 타듯이 급경사를 타고 강변으로 내려갔다가 강을 건너 다시 가파른 비탈길을 3시간쯤 올라가야 한다. 이 촘롱에는 구릉족이라는 몽골계들이 살고 있었다. 안나푸르나 이 좁은 산간 지역이 히말라야 어느 지역보다 작물 재배가 활발하단다. 그래서 안나푸르나는 풍요의 여신으로 불린단다. 얼마나 험악했으면 이 좁은 산악지역의 밭을 보고 그런 얼토당토 않는 이름을 지었을까? 계단은 전부 돌계단으로 만들어져 있었다. 촘롱 위의 롯지에서부터는 병에 든 물을 팔지 않았다. 헉 그럼 나는 죽음이게? 물병이 있어야 한다. 물은 그냥 히말라야 산에서 내려온 물이다. 정수제를 사용하든지 해야 하는데 나는 물병도 정수제도 없었다. 그냥 받아먹었다. 뭐 그 까짓것 어떨라구? 먹고 남은 플라스틱 물병으로 150루피씩 주고 물 한 병씩을 받아먹곤 했는데 별 탈은 없었다. 계곡에서 내려오는 설산의 빙수로 세수도 하고 목도 축였다.

나는 맨몸이어서 그런지 아주 날아갈 것 같았다. 사진을 찍다가 뒤에 처져도 다시 올라가면 어느 새 따라붙어 앞서가곤 했으니까. 나중에는 아예 내가 뒤에 올라오는 것이 보이면 그레코 커플을 비롯해 인정머리 없는 브라질놈과 미국놈도 길을 비켜주었다. 거참, 신기하군. 내가 그렇게 근력이 좋은 사람이 아닌데, 이 사람들이 너무 늦남? 뱀부에 도착한 시간이 오후 1시가 조금 지났지만 우리는 전진을 멈췄다. 서두를 것이 없다. 6시간 정도 올라왔으니 그만 하면 됐다. 다른 할 일도 많으니 내일 다시 오를 것이다. 안나푸르나 지역은 오전에 잠깐 햇빛이 비치면서 안나푸르나와 마차푸차레가 잠깐 얼굴을 선보이고 나면 바로 구름이 끼기 시작해서 오후가 되면 구름에 가려서 산들이 보이지 않는 날씨의 패턴을 가지고 있었다.

가도 가도 산밖에 보이지 않는 그 길을 꿈속을 걷는 듯이 걸었다. 산은 한국인에게 가장 친밀한 곳이다.

[4일차]
뱀부에서 다우랄리로

뱀부에서 올라가면 다음 동네는 Doban(2,600m), 히말라야호텔(2,920m), Hinko(2,960m)를 지나야 Deurali가 있다. 해발을 720m 끌어올리는데 하루가 걸리는 것이다. 올라가다 그냥 지나가야 하는 롯지가 있으면 잠시 쉬면서 블랙티를 한 잔 하거나 사과 1개에 60루피씩 주고 사먹거나 콜라를 한 잔씩 마시기도 했다. 가다가 보면 힌코 케이브라는 거대한 바위가 동굴처럼 생긴 곳도 있었다. 여기선 모두 한숨을 돌리며 사진을 찍었다. 히말라야는 그 옛날 바다 밑이 융기가 된 것이라는 믿지 못할 이야기를 들었다. 산 위에서 바다 생물의 화석이 발견되었으니 시간의 흔적은 또 얼마나 신비한가.

사그리아라는 포터는 한국말도 곧잘 했다. 그는 한국에 갈 길을 뚫을 욕심이었는지 그를 고용한 사람들보다 나에게 더 신경을 쓰는 것 같아서 눈치가 보여 나는 일부러 빠른 걸음으로 그들을 지나치고 했지만 롯지에 들러서 쉴 때는 같이 있을 수밖에 없었다. 나는 그가 좋았다. 왜냐하면 저녁이면 사그리아와 록시도 한 잔씩 할 수 있었으니까.

포터들이 짐을 지고 올라가다가 짐을 올려놓고 쉴 수 있는 쉼터로 가면 그야말로 세계 각국에서 온 사람들이 포터들과 같이 다리쉼을 하는 것이다. 그들은 팀에다 포터들까지 대동하고 올라가지만 나는 혼자다. 오후 2시쯤 혼자서 올라가다가 보니 길 옆에 포터용 바구니가 있고 건너편에 사

나야풀 롯지에서
산 중고 스틱이 부러졌지만
그걸로 트레킹을 마쳤다.
스틱은 균형 잡는데 아주 좋다.

롯지에서 일행들과 함께.

람이 쓰러져 있었다. 내가 다가가 물었다.

"왜 그래요? 괜찮아요?"

말이 통하지 않았다. 그냥 놔두고 갈 수는 없고 내려오는 사람들에게 도움을 요청해 봐도 별 수가 없었다. 뜨거운 물을 주었으나 먹지를 못했다. 왜 이래? 한참을 기다리니 프란체스카 커플이 올라왔다. 프란체스카는 여러 가지를 물었고 사그리아가 이를 통역했다. 이윽고 가이드가 한 말은 올라가는 길인데 록시를 두 잔 해서 가슴이 답답하고 머리가 어지럽단다. 모두 웃음이 터졌다. 프란체스카가 가방을 열어서 각종 약과 주사제까지 내어 먹이는 것을 보고 나는 그들을 뒤로 하고 다시 산을 올랐다.

저녁에는 방으로 들어와 자리를 보고 있으니 한 친구가 네팔인들과 같이 들어오는데 아무래도 한국인 냄새가 난다.

"한국인이야?"

"넵."

재일교포 3세 백승대 군이었다. 그는 지금 6개월째 배낭 여행을 하고 있단다. 11월까진 일본으로 돌아가서 아버지 환갑잔치를 해야 한다나. 그는 동대문에서 2년간 일을 했고 미국에서 공부를 했단다.

[5일차] 다우랄리에서 안나푸르나 베이스캠프로

10.19.
월요일

박영석 대장 추모비 앞에서 오열하다

짐을 꾸리고 아침을 먹기 위해 다이닝룸으로 갔더니 그레코가 식탁 건너편에 앉은 나를 보고 말했다.

"사람이 안 보여요. 희미한 모습밖엔 안 보여요."

헉, 이건 또 무슨 일이야? 여긴 3,230m고지다. 고산증인가? 나는 아무말 못하고 눈치를 살피고 있으니 포터 사그리아가 "먼저 올라가 계세요. 나아지면 뒤따라 갈게요." 한다.

별수 없이 백승대 군과 둘이서 먼저 산행에 나섰다. 과연 마차푸차레 베이스캠프(4,000m)가 나오고 그간 가볍게 올라가던 나도 다리가 조금씩 무거워지는 느낌이었다. 그렇다면 천천히 자주 쉬어가면서 오르자. 8시에 나선 산행이 12시 30분에 ABC(안나푸르나 베이스캠프)에 도착했다. 해발 300m를 끌어올리는데 4시간이 걸렸다.

산을 오르며 얼굴이 쪼글쪼글한 백발의 서양인 영감님들과 할머니들을

강기석, 신동민, 박영석 대장의 추모비.

만났다. 스틱 두 개를 짚고 웃음을 띤 얼굴로 거침없이 산을 오르는 것이
다. 나이를 물어보면 60대 후반에서 70대 중반까지 있었다. 산을 오르는
사람들 대부분은 20대들이었다. 그다음은 많은 분들이 60~70대들이었다.
그 사이 나이대의 사람들이 많지않은 것이다. 이는 나이대에 따른 인생의
역할과 관계가 있을 것이다. 의족을 하고 내려오는 한 젊은이도 만났다. 아
이를 바구니에 담아 등에 지고 오르는 한 커플도 만났다. 마음만 먹으면 누
구나 오를 수 있는 곳이 ABC다. 한국인들도 많이 만났다. 대안학교 학생들
인 16~17살의 젊은 고등학생들부터 50대의 아주머니들도 보였다. 하지만
서양인들처럼 나이가 들어 보이는 사람들은 없었다.

  방을 잡고 차를 한 잔 마시고 나자 그레코와 그 일행들이 올라왔다. 나는
가슴을 쓸어내렸다. 그는 다행히 시력이 나아져서 올라올 수가 있었다고
했다.
  처음 간드록에 올 때만 하더라도 물건 값이 뛰기 시작하는 데에 불만이

없지 않았으나 촘롱을 지나면서부터는 입이 쏙 들어가 버렸다. 생각해 보자. 달걀 하나를 여기까지 운반하려면 우리와 똑같이 5일간을 걸어야 한다. 그것도 깨어지지 않게 조심하면서, 벽돌 한 장도, 시멘트 한 포대도 마찬가지고 그 외의 모든 것들이 마찬가지다. 유리 한 장, 슬레이트 한 장, 올라오는 돌계단만 해도 그렇다. 그걸 다듬고 운반하고 시공하려면 도대체 얼마나 시간이 걸렸을까? 롯지 하나를 완성하려면 각고의 시간이 필요했을 것이다. 거기에다 대고 무슨 불평을 할 수 있다는 말인가. 그저 여기 있는 그대로를 감사히 받을 뿐이다. 관광객들이 주는 돈 서푼을 받고 네팔의 젊은이들이 짐을 옮겨주고 자기들 나라를 구경시켜 주는 것이다. 고맙다. 거듭 머리 숙여 감사할 따름이다.

　롯지 앞에서 백승대 군과 얘기를 하고 있을 때 포터 사그리아가 와서 말했다.
　"여기 박영석 대장 명패가 있고 저 위에 박영석 대장 추모비가 있습니다."
　MBC(마차푸차레 베이스캠프)의 롯지 사장님도 우리를 만나자 바로 박

ABC의
수많은 추모비.

영석 대장의 얘기를 꺼냈었다. 그는 누구도 범접 못할 산악인의 전설이다. 그는 1997년 6개월 만에 히말라야 8,000m급 이상 고봉 6개를 올랐고 14좌를 8년2개월 만에 완등했다. 남극, 북극점과 7대륙의 최고봉을 올라 세계 최초로 산악 그랜드슬램을 완성한 사람이다. 2011. 10. 18. 그러니까 바로 어제 안나푸르나의 코리안 루트를 개발하다가 산에 묻혔다. 강기석, 신동민 대원과 함께 묻혔다.

그는 1963년생이다. 나보다 딱 10년 아래다. 나는 오래전 그가 죽기 전에 그와 엄홍길 대장의 책을 한꺼번에 사서 읽은 적이 있다. 책을 읽으면서 감동 이전에 그저 멍할 뿐이었다. 누가 그대처럼 죽음을 가까이서 본 사람이 있겠는가? 이를 어리석다고 생각하는 사람들도 있을 것이다. 함부로 할 이야기는 아니다. 어리석지 않은 인생이 어디 있나? 나는 포터 사그리아와 백승대 군을 앞세워 박 대장의 추모비로 향했다. 추모비로 올라가는 길은 안나푸르나 전체가 구름에 휩싸여 있을 때였다. 수많은 추모비 중에 저것이군 하고 나는 그들의 추모비를 직감적으로 알아맞혔다. 그 순간 나는 더 이상 울음을 참기 힘들었다. 내가 왜 이러지? 나는 그와 일면식도 없는 사람이다. 산악인도 아니다. 하지만 어떡하나? 한 발 한 발 참으며 올라가다가 추모비 앞에 서는 순간 참을 수가 없었다. 터져 나오는 울음을 어쩌란 말인가. 나는 그의 추모비 앞에 두 번 절하고 한참을 오열했다. 쪽 팔리지만 어쩔 수가 없었다. 백승대 군도 사그리아도 추모비에 올라갔다가 내려오던 한국인 한 분도 굳은 얼굴로 그런 나를 보고 있었다. 내 인생의 어떤 슬픔이 떠올라서 울었다고? 아니다. 그런 어떤 마음도 없었다. 이유를 대라면, '나는 모른다.' 수없는 죽음 앞에 맞섰던 한 인간에 대한 경의였을까? 그런 것도 아니다. 그냥 울었다. 참을 수 없었다.

다시 남자를 위하여
문정희

요새는 왜 사나이를 만나기가 힘든지
싱싱하게 몸부림치는 가물치처럼
온몸을 던져오는 거대한 파도를….

몰래 숨어 해치우는
누우렇고 나약한 잡것들 뿐
눈에 띌까 어슬렁거리는 초라한 잡종들 뿐
눈부신 야생마는 만나기가 어렵지

여권 운동가들이 저지른 일 중에
가장 큰 실수는 바로 세상에서
멋진 잡놈들을 추방해 버린 것이 아닐까?
핑계대기 쉬운말로 산업사회 탓인가
그들의 빛나는 이빨을 뽑아내고
그들의 거친 머리칼을 솎아내고
그들의 말에 제지의 쇠고리를 채운 것은 누구일까.

그건 너무 슬픈 일이야
여자들은 누구나 마음속 깊이
야성의 사나이를 만나고 싶어 하는 걸
갈증처럼 바람둥이에 휘말려
한평생을 던져버리고 싶은 걸

안토니우스 시저 그리고 안록산에게 무너진 현종을 봐

그 뿐인가 나폴레옹 너는 뭐며 심지어 돈주앙 변학도

그 끝없는 식욕을 여자들이 얼마나 사랑하고 있다는 걸 알고 있어?

그런데 어찌된 일이야, 요새는

비겁하게 치마 속으로 손을 들이미는

때 묻고 약아빠진 졸개들이 많은데

불꽃을 찾아 온 사막을 헤매이며

검은 눈썹을 태우는

진짜 멋있고 당당한 잡놈은 멸종 위기네.

 [6일차] 안나푸르나 위로 내리는 햇살, 그리고 시누와로

10.20. 화요일

오전 5시 30분, ABC의 객실은 야전용 침대 2개가 들어 갈 수 있는 넓이의 시멘트방이다. 물론 난방은 전혀 되지 않는다. 자고 있는 백승대 군을 깨워 롯지 위에 있는 전망대로 향했다. 전망대가 따로 만들어져 있는 것이 아니라 안나푸르나를 보기에 가장 적합한 장소로 사람들이 모이는 곳이다. 이미 많은 사람들이 전망대에 터를 잡고 안나푸르나 위로 햇살이 내리기를 기다리고 있었다. 맑고 푸른 쾌청한 날씨였다. 이윽고 6시가 넘어가자 서서히 안나푸르나의 남봉 위로 햇살이 들기 시작했다. 여기저기 탄성과 함께 셔터 소리가 요란하다.

카메라가 사람의 눈과 같은 분위기를 잡아낼 수 있는가? 없다. 사람의

안나푸르나의 햇살.

눈은 감정에 따라 다른 모습으로 비치게 될 것이니까. 카메라는 그냥 시키는 대로 제게 프로그래밍 되어 있는 방식으로 찍을 뿐이다. 명암의 대비도 너무 심해서 햇살이 비치는 부분을 잡으면 주위의 산은 어두워지고 산을 넣으려면 안나푸르나의 남봉은 너무 밝아지는 것이다. 수많은 사람들이 자신의 눈에 비친 남봉의 일출을 찍었을 것이다. 그대는 그대의 눈에 보이던 안나푸르나를 찍은 사진을 얻었던가? 사람들이 하산을 시작할 때 나는 살짝 혼자 빠져나와 박 대장의 추모비와 산악인들의 추모비에 들러 다시 몇 장의 사진을 찍고 내려왔다. 탈밧 한 그릇 먹고 하산을 시작했다.

"시누와에서 만나요."

포터 사그리아가 내게 언약을 했다. 오늘은 거기서 자자는 말이다. 나는 백승대 군과 함께 하산을 시작했다. 마차푸차레 베이스캠프에 내려와 차 한 잔을 마신 뒤 도반으로 내려와 점심을 먹은 후 다시 하산을 시작했다.

"저는 먼저 내려가겠습니다. 시누와에서 기다릴게요."

백승대 군이 한 말이다. 걸음 빠른 그를 먼저 보냈다. 하지만 그는 나를 기다리지 않을 것이라고 생각했다. 왜냐하면 그는 촘롱까지 오늘 들어가서 어제 저녁에 만난 젊은이들과 합류해서 내일은 포카라까지 나가는 것이 목표였기 때문이다. 포카라로 나갈 때 택시 합승을 해서 돈을 아끼기 위해서였다.

내려오다가 나는 계단에 미끄러져 엉덩방아를 찧었다. 나는 얼른 카메라부터 살폈다. 카메라는 다행히 괜찮다. 그러나 렌즈후드가 깨졌다. 나야풀 에베레스트 롯지에서 등산화를 빌리려 했으나 포카라에서밖에 등산화를 빌려주는 곳이 없단다. 클릿이 박힌 자전거용 신발을 신었는데 발바닥에 쇠가 달려있어 이게 조금 미끄러웠다. 다리도 제대로 말을 듣지 않았다. 다리전체에 진한 피로가 나타나기 시작했다. 어기적거리며 내려오다 미끄러진 것이다. 출발할 때는 여러 사람이 같이 출발하지만 가다가 보면 사람들이 다 흩어진다. 각기 속도가 다르기 때문이다. 어느 새 혼자가 되는 것이다. 인생도 그렇게 혼자 가는 것이다. 만나고 헤어지고 하다 결국 모두와 헤어진다. 인간에게 죽음은 없단다. 왜냐하면 인간은 죽음을 인식하지 못

백승대 군과
다우랠리 롯지에서.

하기 때문이란다.

　그러므로 가장 끔찍한 불행인 죽음은 사실 우리에게 아무것도 아니다. 우리 자신이 존재하고 있는 한 죽음은 우리와 아무 상관이 없다. 하지만 죽음이 우리를 찾아 왔을 때 우리는 이미 사라지고 없다. 따라서 우리가 살아있든 이미 죽었든 간에 죽음은 우리와 무관하다. 살아 있을 때는 죽음이 없고 죽었을 때는 우리가 없기 때문이다.

-고대 그리스의 철학자 에피쿠로스의 논증-

　시누와 롯지에 들어섰는데도 백승대 군이 보이지 않았다. 저기 밑에 있는 롯지도 시누와인가? 거기로 갔나? 나는 별 생각없이 시누와를 지나쳐 다음 롯지로 향했다. 하나 거기에도 백 군은 없었다. 갔군. 하기야 나를 만난다고 시간을 허비할 필요는 없다. 어차피 오늘 촘롱으로 가려 했으면 서둘러 가는 것이 맞다. 시누와에서도 촘롱까지는 한 시간 반이 걸리는 거리다. 해는 빠져간다. 아무래도 사그리아와 약속한 롯지는 내가 지나온 것이 틀림없는 것 같았다.
　하지만 이 시간에 아픈 다리를 끌고 다시 올라간다는 것은 엄두도 못 낼 일이었다. 여기서 자고 내일 아침에 기다리자. 마침 롯지에는 한국 음식을 한다는 간판이 걸려 있었다. 테이블에서 인사를 나눈 중국인 청년이 신라면 2개를 한꺼번에 삶아서 먹고는 내게 말했다.
　"신라면 정말 맛있어요. 최고예요."
　나는 백숙 닭다리 하나를 시켰다. 가격은 800루피. 좀 비싸지만 유혹을 이기기 힘들었다.

　저녁에는 ABC로 올라가는 김현준 군과 김성수 군을 만났다.

안나푸르나.

"저는 네팔에 사는 것이 목표입니다. 저의 우상은 박영석 대장입니다."

김성수 군의 말이다. 그는 암벽 등반을 즐기는 산악인이었다. 네팔에 온 목적은 오직 박 대장의 추모비를 보기 위해서란다. 1년간 그는 유럽 무전 여행을 했단다.

"돈 없이 무슨 여행이 되나?"

"식당에서 벌어가면서 한 거죠."

그는 유명 산악인들의 근황을 쭈욱 꿰고 있었다. 우리는 록시 한 병을 앞에 놓고 그들의 삶의 궤적을 안주 삼아 술잔을 기울였다.

 [7일차]
10.21.
수요일
시누와에서 촘롱을 버리고 지누단다로

아침에 두 김 군이 올라가고 난 다음 그레코 일행이 내려왔다. 나는 아침부터 이들을 기다리느라 롯지의 문 앞을 서성거렸다.

"어제 어디서 잤어요?"

"뱀부에서 잤어요."

그러니까 시누와까지 내려오지도 못한 것이다. 어젯밤 시누와에서 기다리고 있었더라도 만나지 못했을 것이다. 만난다고 굳이 할일이 있었느냐면 그건 아니다. 그냥 약속이었으니까. 우리는 차를 한 잔씩 하고 출발했다. 사람들이 전부 다리를 절룩거리면서 걸었다. 절룩거리는 다리를 우리는 순순히 받아들였다. 기쁨이 있으려면 아픔은 참아야 하는 것이니까. 특히 내리막을 걸을 때는 로봇처럼 다리가 부자연스럽게 돌아가는 것이다. 저녁은 지누단다에 도착해서 온천을 한 후 닭을 두 마리 삶기로 약속을 했다. 지누

단다 롯지에 짐을 풀어놓고 우리는 온천으로 향했다. 롯지에서 온천을 찾아가는 30분이 너무 길게 느껴졌다. 온천은 계곡의 아래에 사각의 수조를 만들어 온천물을 담아놓은 것이었다. 팬티만 입은 채로 여자들은 티셔츠를 입은 채로 온천물에 몸을 담갔다. 10일간 샤워를 하지 못했다. 본인들은 몰라 그렇지 매일 땀범벅이 되었으니 그 냄새가 오죽할까? 온천물에 빨래를 해야지 하고 마음 먹었지만 롯지에 도착해 짐은 팽개쳐두고 야외 온천으로 뛰다시피해서 30분 정도 내려가서 상황을 살피니 빨래를 할 분위기가 아니었다. 섭씨 39도라고 했지만 예상보다도 더 미지근한 물이었다. 다리 근육이 좀 풀리기를 기대했던 나는 온천에 몸을 담그고 30분쯤 있다가 허전한 마음으로 돌아오지 않을 수 없었다. 몸을 담근 것만으로 만족하는 수밖에 없었다. 이제 닭을 먹으러 간다. 닭만 먹으면 다리 아픈 것도 금방 나을 것처럼 닭고기를 먹을 생각만 해도 우리는 기뻤다. 산행을 시작하면서 먹은 것이라고는 차와 탈밧, 구릉빵이 전부였다. 나는 라면도 한 개 먹었다.

이탈리안 부부도 코리안 누들이라면서 신라면을 맛있게 먹었다. 여기선 신라면이 고급음식이다. 라면 한 그릇에다 공기밥 한 그릇 해서 560루피(6,000원)다.

저녁에 드디어 닭이 나왔다. 백숙이다. 내게 '어떻게 할까요?' 라고 묻기에 나는 '마늘 몇 개 넣고 그냥 삶아요.' 했다. 얼마 만에 먹어보는 고기인가. 근데 닭다리는 왜 3 개야? 하하 배달사고가 난 모양이었다. 하지만 나는 모른 체했다. 제일 큰놈 하나 떼서 프란체스카를 주고 나니 나머지는 살이 흩어진 뼈다귀뿐인 닭다리다. 그렇거나 말거나 우리는 즐겁게 즐겁게 닭을 뜯었다. 사그리아도 가이드도 연신 웃음을 터트리면서 열심히 고기를 먹는다. 보는 사람이 즐거울 정도였다. 그래 아마도 당신들도 닭고기 냄새를 맡은 지가 오래 되었을 것이다. 세상에 거친 음식을 찾는다면 나는 네팔로 가보라고 말하고 싶다.

우리들의 대화는 언제나 일정 수준을 넘지 못한다. 그들도 우리도 아무도 영어가 모국어가 아니기 때문이다. 같은 단어를 두고도 서로 발음이 달라서 알아듣지 못하는 경우도 많았다.

"우리 시절에는 영어가 그리 중요한 것이 아니었어요."

내가 나의 콩글리시를 자백하면서 말했다.

"우리나라도 그렇고 우리 집 부모님도 마찬가지예요. 오케이 탱큐밖에 말하지 못 합니다. 최근에 와서야 유럽인들도 영어를 배웁니다."

프란체스카의 내 말에 대한 답이다. 술을 먹지 못한다는 프란체스카와 그레코도 나와 사그리아가 록시를 비우고 옆 좌석에 있던 네팔리도 우리 좌석으로 건너와서 노래를 부르고 춤을 추자 흥에 겨웠든지 맥주를 시켜 먹는다. 가이드와 합창하는 네팔 민요가 흥겨우면서도 애잔하다. 노래가 히말라야 속으로 퍼져나간다.

"근데 왜 담푸스로 가지요?"

내가 궁금하던 것을 물었다. 내 말인즉 오스트레일리안 캠프의 전망이 더욱 훌륭하다던데 왜 그리로 가느냐는 물음이었다. 프란체스카가 대답했다.

"우리는 몰라요. 가이드가 하자는 대로 하는 겁니다."

그러니까 일정은 가이드가 짰다는 말이다. 이 말을 듣고 있던 가이드가 말했다.

"오케이. 오스트레일리안 캠프로 갑시다."

"와와~~ 그럼 오늘 저녁이 마지막 밤이 아니네."

우리는 모두가 같은 말을 하며 하루 더 남은 내일에 안도를 했다. 이별은 사람들에게 원천적으로 불안한 것인가. 불과 며칠간의 만남이었지만 헤어지는 것이 섭섭했다. 우리는 히말라야와 헤어지는 것이 섭섭했던 것이다. 하지만 나와 그들의 만남은 이날이 마지막이었다.

[8일차] 지누단다에서 뉴브릿지 란드록을 지나 오스트레일리안 캠프로

지룽빵 한 조각 먹고 다시 길을 나섰다. 포터 사그리아를 제외한 다른 사람들은 다리에 부목 하나를 대어 놓은 것처럼 걸음이 자연스럽지 못했다. 나도 그랬다. 다리에 본격적으로 통증이 오기 시작했다. 우리는 로봇처럼 걸으면서 하산을 시작했다.

뉴브릿지를 건너 간드록 건너편에 있는 란드록에 도착했을 때는 모두가 웃음기를 거두었다. 근데 란드록에서 나는 꽃에 홀려서 다른 사람들이 가거나 말거나 카메라 들이대고 사진 찍기에 몰두했다. 그 시간이 꽤 흘렀던 모양이었다. 아이쿠 늦었어 하고 출발을 했는데 이제 만나서 점심을 먹을 때가 되었는데도 도무지 앞서간 사람들이 나타나지 않는 것이다. 아무리 생각해봐도 길이 어긋난 것이다. 길을 잃어버릴 리는 없고 이 사람들이 코스를 달리한 것이 틀림없었다. 아마도 이는 프란체스카 커플의 다리 상태와 관련이 있을 것이다. 왜냐하면 오스트레일리안 캠프는 아직도 여섯 시간 정도를 더 걸어야 하는 곳에 있었기 때문이었다. 그렇다고 나는 돌아갈 수도 없었고 그럴 마음도 없었다. 그래 여기서 헤어지는 것이군. 나는 오스트레일리안 캠프로 간다. 누가 기다리는 사람이 있어서가 아니라 담푸스보다 더 좋은 전망을 가지고 있다는 환경과 내가 안나푸르나를 오르면서부터 마음먹었던 곳이기 때문이었다. 같이 걷다가 뜻하지 않게 찢어져 혼자서 걷는 길은 조금 답답했다. 그러나 그것이 또 여행이다. 이때까지는 가이드 뒤를 따라 아무 생각 없이 걷기만 하면 되던 것이 이정표를 살펴가며 사람들이 나타나면 확인해가며 가야 하는 길이 되었다. 톨카를 지나 터덜터덜 걷는다. 포카라로 빠지는 지름길이 있는가? 연락할 방법이 없다. 가이드와 포터는 스마트폰도, 메시지를 받을 수 있는 메일도 없다. 프란체스카 커플과 페북 이름은 주고 받았지만 인터넷이 안 되는 곳이라 확인할 길도 없다. 도대체 오스트레일리안 캠프는 어느 곳에 처박혀 있기에 이렇게 멀어?

가다가 보니 소들이 나타나고 아이들과 함께 집으로 가는 젊은 여자들이 해발 2,000m가 넘는 산등성이에서 옆집 나들이를 하는 것처럼 가벼운 차림으로 길을 나선 것을 볼 수가 있었다. 산등성이에서 열 살 남짓한 아이들이 평지를 걷는 것처럼 가볍게 뛰어다니며 나를 앞서는 것이다. 나는 다리를 질질 끄는 것이 부끄러워 이들이 지나가기를 기다렸다가 걷고는 했다.
톨카에서 산등성이를 올라섰을 때는 더 이상 배고픔을 참지 못하고 달걀 4개와 물을 시켜 점심 대용으로 먹었다. 끝없는 계단, 굽이굽이 돌아가는 자갈길, 한 치의 곁눈질을 허락하지 않는 오르막, 오르막. 그렇게 온종일 10시간을 걸어서 오스트레일리안 캠프에 도착했을 때는 저녁 무렵이었다. 나는 아이들이 공놀이 하고 있는 해발 1,950m의 오스트레일리안 캠프의 운동장 옆에 있는 캠프에서 가장 오래된 듯한 롯지에 들어가 물었다.

"여기 코리안 롯지나 코리안 사찰이 있어요?"

"그런 것은 없고 저 위에 코리안 스님 한 분이 있어요."

그러면서 그는 동네 제일 위쪽에 있는 작은 집을 가리켰다. 그렇게 해서 만난 분이 범린 스님이었다.

"나는 본디 여기 중놈이 아니요. 나를 아시던가?"

"아니요. 처음 뵙습니다."

우리는 롯지에서 운영하는 식당에 들어가 반주를 곁들인 저녁을 먹었다. 이름하여 된장국. 어쨌거나 국이어서 나는 밥을 말아 배불리 먹었다. 스님은 몹시 소탈하면서 씩씩한 분이었다. 어쩌면 나는 이 먼 길을 스님을 만나

오스트레일리안 캠프.

려고 온 것이 아닌가 하는 생각이 들었다.

10.23.
금요일

[9일차]
오스트레일리안 캠프에서 만난 스님

롯지의 숙박료는 500루피였다. 어젠 샤워기를 트니 말과는 달리 뜨거운 물이 아예 나오지 않았다. 직원을 부르기도 귀찮아 그대로 엎어져 잠이 들었다. 아침에 일어나니 다리가 더 말을 듣지 않았다. 그렇지만 여기까지 왔으니 그대로 있을 수는 없다. 해 뜨는 안나푸르나를 보러 카메라를 들고 나가 비로소 오스트레일리안 캠프를 구석구석 카메라에 담았다. 해발 2,000m의 동네는 이제 신기한 것도 아니다. 산밖에 없는 곳에선 산 위에서 살아갈 수밖에 없는 곳이고 그 산이 백두산보다도 높을 뿐이다. 멀리 포카라에 있는 Fewa 호수가 보이는 곳이었다. 오후에는 스님과 함께 산 정상에 있는 스투파를 찾아 나섰다가 길을 잃어버려 한참이나 헤맨 끝에 겨우 찾을 수가 있었다. 산 정상인데도 수목이 울창했다. 여긴 해발 1,950m(한라산 정상 높이이다)이다. 수목 한계선이 있는데 히말라야는 어디쯤이야? 저녁

해발2,000미터에서 카드판이 벌어졌다.

오스트레일리안 캠프에서 본 안나푸르나.

어스름이 지자 스님이 내게 말씀하셨다.

"처사님 곡차나 한 잔 받지요."

스님과 함께 동네 롯지에 가서 럼주에 뜨거운 물을 타서 한 병을 마셨다. 스님은 이 암자의 주인이 아니었다.

"나는 한 달 전에 네팔로 와서 여기 온 지는 한 열흘 되었나? 내일 모레는 포카라로 나가서 카트만두로 갔다가 한국으로 나가야 합니다. 포카라로 같이 나가시지요."

스님은 어느새 동네 모든 사람과 스스럼없는 친구가 되어 있었다.

"분별하는 마음이 없으면 누구나 다 같은 사람이지요."

스님과 나는 이야기를 나누다가 취한 몸 추슬러 숙소에 들었다.

10.24.
토요일

[10일차]
산상 **카드놀이**

여기 오스트레일리안 캠프도 오전에 잠깐 해가 비치다가 오후도 되기 전에 산은 구름으로 휩싸였다. 스님이 나에게 맞추어 하루 일찍 나가신다기에 내가 스님에게 맞춰 다음 날 나가기로 했다. 다리도 아직 계단을 내려가면 제멋대로 춤을 추는 지경이었다. 오후에는 캠프 절벽에서 가게를 하면서 등산객들에게 텐트를 빌려주고 자리를 제공해주는 장사를 하는 네팔리를 만났다. 그는 한국에서 7년간을 있어서 한국말을 아주 잘했다. 과묵하지만 심성이 좋은 사람인 것 같았다. 거기 가게의 야외 테이블에서 카드 판이 벌어졌다. 나는 두 시간쯤 구경하다가 거기에 참여했다.

네팔리들이 나의 참여를 바라고 있다가 내가 들어온다고 와아 하면서 탄

성을 질렀다. 크, 이 사람들아 좋아하지 마시라. 나는 아마추어이지만 고수다. 저녁 무렵까지 놀며 많은 돈을 땄다. 그리곤 판을 접었다. 딴 돈 일원 한 푼 남김없이 다 돌려주고 술자리에 앉았으나 너무 피곤해서 넘어가지를 않는다. 맥주 한 잔으로 미치고는 사양하고 롯지로 돌아왔다. 내일 포카라로 가야 하니까. 저녁이 되면 오스레일리안 캠프는 물론 다른 어떤 곳의 캠프도 일찍 불이 꺼졌다.

10.25.
일요일

[11일차]
전생은 방탕한 중놈?

범린 스님과 곡차를 한 잔 하다가 박영석 대장 추모비 앞에서 오열을 참지 못했다는 이야기와 불교 신도도 아닌데 절에만 가서 엎드리면 희한하게도 눈물이 쏟아진다는 말을 했더니 스님이 웃지도 않으면서 말했다.

"처사님은 아마도 전생에 방탕한 중놈이 아니었나 싶군요."

헐, 그래서 부처님 앞에만 가면 운다는 것이다. 그렇군, 전생이나 현생이나 그놈의 방탕짜는 벗어나지 못하는군. 동네 사람들에게 인사를 하고 스님의 뒤를 따라 산을 내려간다. 스님은 전생에 산악인이었는지 잘도 내려간다. 한 시간 정도 다리를 질질 끌며 스님 뒤를 졸졸 따라 내려와 카레에 도착했다. 포카라까지 가지 않고도 ABC에 올라갈 수 있는 길이었다. 담푸스 쪽에서도 올라가는 길이 있었다. 길옆에 손님을 기다리고 있던 택시 운전기사들이 손님을 끈다.

"나야풀까지 얼마요?"

스님은 포카라로 바로 나가시지 않고 나를 따라 나야풀까지 후진했다가 포카라로 같이 나가자고 하며 요즘 보기 드문 의리를 보여주셨다.

"1,000루피입니다."

휘발유 구하기가 쉽지 않은 줄은 알지만 이젠 네팔 사람들 입에 1,000루피는 별것도 아닌 대접을 받는 것 같았다. 나야풀은 엎어지면 코닿을 곳이다. 그래서 망설이고 있는데 버스가 오자 스님이 재빨리 올라타며 "빨리 타세욧." 했다.

스님은 뒷자리로 가고 카메라에, 스틱에, 배낭에 짐이 많은 나는 보닛 위에 간신히 앉아서 나야풀로 간다. 버스 요금은 일인당 200루피란다. 나야풀 에베레스트 롯지에 도착해 점심으로 모모(네팔 만두) 한 그릇씩 먹고 맡겨놓은 자전거와 짐을 찾아서 싣고 스님과 함께 걸어서 나야풀 버스정류

나야풀 킴체로
가는 버스.

나야풀
에베레스트 롯지.

장까지 와서 택시 흥정을 했다. 5,000루피(5,5000원)를 달란다. 포카라까지는 45㎞다. 평소에는 1,500~1,700루피를 받던 곳이다. 마침 기사가 한국에 오래 있었던 분이라 한국말을 했다. 3,000루피에 합의를 보고 자전거를 경차 지붕에 싣고 짐은 트렁크와 뒷좌석에 싣고 포카라로 달린다. 이렇게 험한 길이었구나. 자전거를 타면 바로 앞 얼마까지밖에 보이지 않으니 속이 편하다. 근데 자동차를 타니 다르다. 100m쯤 가는데 오르막 내리막에다 길이 열두 번도 더 꼬부라진다. 포카라에 도착해서 스님에게 이전에 내가 독일인 힐러와 잔 방을 보여드렸더니 창문 옆에서 공사를 한다며 퇴짜를 놓고 스님이 아는 곳으로 가잔다.

"전망 좋은 곳으로 갑시다."

스님의 선호도 1위는 전망 좋은 곳이었다. 나의 1위는 짐을 멀리 옮기지 않는 곳이다. 그래도 아무렴 마음에 드시는 대로 하십시오. 부처님과 가까운 분이시니까.

빌라봉 호텔에 짐을 풀어놓고 스님과 같이 민속촌 식당으로 갔다. 음식을 잡숴 본 스님의 말씀.

"야, 이 동네 식당들 잔뜩 긴장을 해야겠는데요. 맛이 훌륭합니다."

이 집 그러니까 민속촌 식당 사장님은 장로님이시다. 스님과 개신교 장로님의 만남이라 조금 신경이 쓰였는데 두 분 다 별 말씀이 없다. 두 분 모두 꼴보수에 대한 욕을 바가지로 하는 분이라 통하는 면이 있어서 별걱정을 하진 않았다. 밥을 다 먹고 스님이 오스트레일리안 암자의 주인이신 석두 스님을 만나러 가는 데 같이 가잔다. 석두 스님은 네팔에 오신 지 7년이 넘었다. 석두 스님이 범린 스님을 드리려고 가져 온 선물보따리를 풀었다.

"이건 백련화. 5,400m 고지 설산에서만 피는 꽃입니다. 사람들을 시켜 말 타고 가서 채취했어요. 이건 네팔 사과. 2,400m 고지에서 유기농으로 재배한 것입니다. 이건 야크의 젖을 치즈로 만들었다가 말린 것입니다."

그러면서 석두 스님이 말씀하셨다.

"요즘 식빵을 풀숲에 던져놓아도 개미 한 마리 달려들지 않아요. 사과를 오래 두면 썩지를 않고 쪼그라들어요. 농약 때문입니다. 한국에 가보니까 거봉포도를 색깔 내는 농약도 있습디다. 조기출하하면 돈을 많이 받기 때문에 색깔만 먼저 내는 것입니다. 먹어보면 안에는 덜 익어 풋내가 납니다. 그래서 농사짓는 사람들끼리 이러다 다 죽는다는 공감대가 형성되어서 '조기출하 하지 맙시다.' 라는 현수막을 걸어놓은 거봉포도 단지도 있어요."

짚이는 것이 있었다. 태국 치앙마이에서 방콕으로 내려올 때 정자에 들어가서 쉬고 있는데 배가 홀쭉한 개 한 마리가 나타나기에 네 신세나 내 신세나 싶어서 먹던 식빵 한 조각을 던져 줬더니 냄새만 맡아보고 그냥 가는 게 아닌가? 그땐 섭섭해서 뭐 이따위 놈의 개가 있어, 조딩이가 그렇게 짧아서 우짜노? 했는데 그게 아닌 모양이었다. 정말!!!! 그때 풀섶에 식빵이 떨어져 있어도 개미가 달려들지 않았다.

그러니까 개미도 개도 안 먹는 음식을 우리는 먹고 있었던 것이다. 네팔 사과는 모양도 잡히지 않고 크기도 들쭉날쭉이고 당도도 떨어진다. 하지만 조직이 치밀하고 맛이 있었다. 처음에는 그걸 구박했는데 현지에서도 허벅허벅한 우리나라 사과보다 값이 더 나갔다.

"저는 여기 있다가 한국으로는 못 나갑니다. 나가면 음식이 안 맞아서 당장 병이 와요."

석두 스님이 하신 말씀이었다. 그는 7년째 하루 한 끼로 견딘단다.

"밖에 나가면 그렇게 먹고는 못 견뎌요. 게으르다 보니 그렇게 먹지요."

　범린 스님이 아침 일찍 먼저 카트만두로 가셨다. 버스표를 내일로 미뤄 하루 더 계실가 하다가 결국 버스표를 못 구해 내려간 것이다. 밥값 술값 조금씩 나누어 내주고 가셨다. 시주는 못할망정 쪽박마저 깬게 아닌가 하는 마음이다. 스님과 잔 롯지는 숙박료가 600루피였다. 호텔 전체에 손님은 우리 둘뿐이었다. 다른 롯지들도 마찬가지였다. 나는 일단 가장 바쁜 것이 비자기간 연장이었다. 28일이면 비자기간이 끝난다. 스님이 가시자마자 부리나케 이미그레이션 오피스를 찾아갔더니 문이 잠겨 있었다. 오토바이를 타고 지나가던 사람이 오늘은 휴일이란다. 여기 네팔은 토요일이 휴무이고 일요일은 일을 했다. 오후에는 남경욱 군을 다시 만났다. 그는 래프팅을 하기 위해 다시 포카라로 왔단다.

　한 나라에서의 일정이 끝나면 잠시 사람이 멍청해진다. 이제 어디로 가지? 라는 물음 때문만은 아니다. 목표를 향해 매진할 때야 그런 생각이 들 여유도 없다. 행동을 멈추면 어김없이 사람이 멍청해지는 것이다. 허무한 마음과 상실감에 깊게 빠질 때도 있다. 법륜 스님이 말씀하신 망상이다. 나는 중국 시안에서 만났던 최현석 군과 튀르키예의 이스탄불에서 만나기로 약속을 해 놓았다. 포카라에서 만난 프랑스 라이더의 권고대로 친절한 사람들뿐인 이란으로 가려 했으나 비자 문제가 가로막았다. 육로로 나가는 길은 중국과 인도인데 두 군데 다 비자가 있어야 한다. 그런 순간에 튀르키예가 거론된 것이다. 튀르키예는 무비자다. 그렇다면 튀르키예로 가서 바로 불가리아로 빠져서 유럽으로 들어가자는 생각에 나는 이미 튀르키예 이스탄불로 가자는 생각을 굳힌 상태였다. 그 사이 다리를 쉬게 해야 한다.

네팔 카트만두에 도착하자마자 걸린 감기가 한 달이 다 된 지금까지 떨어지지 않았다. 어쨌든 많이 먹고 쉬어야 한다. 다리도 좀처럼 풀리지를 않았다. 그래 히말라야를 오르며 천방지축 설쳤다. 그 대가라면 받아야지.

10.27. 화요일

무선 속도계를
도둑 맞다

아침에 다시 이미그레이션 오피스로 가서 비자를 연장했다. 15일 연장에 3,200루피, 여권 복사하는데 300루피 해서 3,500루피가 들었다. 허가증을 받고 나와 민속촌 식당으로 가서 된장국 한 그릇 먹고 앉아서 컴 작업에 들어갔다. 네팔에 온 이후로는 거의 블로그에 글을 올리지 못했다. 너무 밀려 있었다. 사진 몇 장 올리는데 온 힘을 쏟고 나면 또 사람이 멍청해진다. 멍청함은 나의 숙명인가?

일이 하나씩 끝날 때마다 다음 일로 넘어가기 위해선 더 많은 동력이 필요했다. 멍청함에다 다시 기운을 불어 넣어야 하는 것이니까. 한데 이날 그간 달고 다니던 자전거의 무선미터기를 누군가 빼가 버렸다. 스포크에 달린 자석까지 빼 가지 않은 걸 보면 자전거를 타는 사람이 아니다. 자신의 자전거에 달아봐야 쓰지도 못한다.

거기에는 지금까지 내가 달린 거리가 기록되어 있다. 민속촌 식당 1층에 매어 놓았는데 손을 탄 것이다. 사람이 더욱 멍청해졌다. 화도 나지 않고 그냥 멍한 기분이었다. 이 일을 어쩌지? 도대체 이 일을 어쩌

민속촌식당 사장님과 직원.

지? 하지만 아무 생각도 나지 않았다.

저녁에는 남경욱 군과 함께 만난 배낭 여행자인 Aurora님과 커피를 한 잔 하며 이야기를 나누다가 헤어졌다.

튀르키예의
이스탄불로 가자

컴퓨터를 붙들고 앉아 있다가 머리가 띵해지면 민속촌 식당을 찾아 된장 찌개를 먹거나 제육볶음을 먹었다. 하루에 한 번은 들르게 되는 것이다. 포 카라 근처에는 가 볼 만한 곳이 없었다. 그냥 컨디션을 회복하고 식당을 자 주 다녀 몸이나 살찌우는 것이 상책이라고 생각했는데 그럴수록 더욱 멍청 해지는 기분이었다. 그 외의 식사는 그냥 샌드위치로 때우거나 과일을 먹 거나 해서 넘어갔다. 잘 먹어야 한다는 마음이 있지만 하루 세 끼를 음식점 을 찾아다닌다는 것은 여간 고역이 아니다. 민속촌 사장님에게 이스탄불행 비행기표를 부탁했다. 비행기표는 태국에서의 경험 때문에 아직 스마트폰 으로 구입할 생각을 못하고 있었다.

"내가 아주 절대적으로 믿는 분이 있어요. 네팔 사람인데 한국말을 한국 사람보다 더 잘해요. 이 사람 남에게 바가지 씌우는 그런 짓은 안 해요."

남에게 이런 신뢰를 받는다는 것은 하루 아침에 이루어지는 것이 아니 다. 거기다가 내가 본 민속촌 사장님도 그런 분이었다. 민속촌 사장님이 소 개한 '산 어드벤처'라는 여행사는 서울에도 지점을 두고 카트만두에서 사 업을 하는 분이었다.

산 어드벤처 사장님은 아주 귀공자처럼 생긴 분이었는데 한국말은 한국 사람 같았고 한글로 메시지가 오는데 맞춤법이고 문장이고 정확했다. 그는 아주 댄디한 차림으로 나타나서 조심스럽게 상대의 의중을 살피고 정확히 자신의 일을 수행했다. 이런 분을 알아 놓으면 여행자들은 많은 도움이 될 것이다.

"사장님, 카트만두 가는 버스표도 예매해주세요."

민속촌 사장님은 그런 일들을 자기 일처럼 해주었다.

"우린 커미션은 없어요. 비행기표는 예매를 해놓았으니 카트만두에 가서 찾으면 되고요. 카트만두에는 언제 가시려고요?"

"31일 가려고요."

일찍 갈 이유가 없었다.

 카트만두 가는
버스표 구입

10.29.
목요일

컴퓨터에 매달려 있다가 민속촌 식당을 한 번 갔다 오는 것으로 하루가 마감됐다. 좀처럼 몸이 제 컨디션을 회복하지 못한다. 버스표를 받았다. 자전거까지 합해서 1,000루피. 31일 아침 8시 출발하는 버스다.

 작별

10.30.
금요일

아침부터 짐을 꾸려놓고 저녁에는 Aurora 님과 그 친구들을 민속촌에서 만나서 저녁을 먹고 록시도 한 잔 먹었다. 결제는 Aurora님이 했다. 록시는 여성 배낭 여행자인데 술은 못 해도 성격이 시원시원한 분이었다. 민속촌 사장님과도 오랜 시간 이런저런 이야기를 나누었다

"내일은 못 뵙고 가겠습니다. 부디 건강하십시오."

카트만두
도착

10.31.
토요일

포카라 버스 정류장으로 나가 어제 저녁에 만난 초록별님을 찾아봤으나 없다. 시간은 같았는데 아마 다른 차인 모양이었다. 자전거를 실으려 하니 돈을 내란다.

"나 돈 다 줬어."

티켓을 보이자 입을 닫는다. 8시 버스가 출발했다. 버스는 202㎞를 달리는데 무려 9시간 걸려서 카트만두에 도착했다. 길은 이미 말했다시피 100m쯤 가는 데 열두 번도 더 꼬부라졌다. 오르막 내리막. 내가 이 길을 자전거를 타고 왔다는 말인가!!

카트만두 버스터미널에 도착해 자전거에 짐을 꾸리고, 달리고 또 달려서 짐을 맡겨놓은 레드 플래닛 게스트하우스에 들어가니 사장님이 마당에 있다가 반긴다. 얄미운 얼굴이다. 하지만 반갑기도 하다. 자전거를 세우고 얼마냐고 물었다.

"예전과 똑 같다.(1,000루피)"

반성이 없는 거야 성찰이 없는 거야? 하하. 그래, 내가 바보라고 늘 바보냐. 이 친구야, 그렇다면 나는 간다.

"그럼 얼마를 원하냐?"

"600루피다."

"안 돼!"

그래!! 그럼 나는 간다. 자전거에 짐을 싣고 박스를 가지러 가니 700루피에 자란다. 저녁은 자주 다니던 중국집으로 가서 반찬 두 가지를 시켜 밥과 함께 먹고 나머지를 싸 가지고 와서 다음 날 아침에 먹었다. 끼니당 300루피 정도로 포카라보다 싼 금액이다.

자전거로도 지구는 좁다

2015년
11월

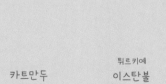

카트만두   튀르키예
               이스탄불

포카라 시외버스정류장.

 비행기 티켓을
받다

11.01.
일요일

　민속촌 사장님에게 소개 받은 산 어드벤처 여행사의 아식 사장님께 문
자와 지도를 넣었더니 그가 게스트하우스로 찾아 왔다. 그는 완벽한 한국
말로 상담에 응했다. 카드번호 불러주고 나니 영수증과 티켓을 가져 오겠
다며 나가더니 금방 돌아왔다. 한국어로 세세한 것까지 물을 수 있었고 그
대답 또한 한국어로 완벽하게 들을 수 있다. 거기다가 정직함과 성실함을
겸비하고 있다면 여행자에겐 그보다 더 좋을 수가 없다. 한글 문자까지 되
니 더 이상 바랄 것이 없는 사람이었다. 그는 내가 튀르키예에 도착하고 나
서도 페북으로 근황을 물어왔다. 이스탄불까지는 카드 수수료까지 합쳐서
505US달러. 우리 돈 53만 원 정도였다. 이제 짐값이 얼마나 나올까라는 것

만 남았다. 낮엔 컴퓨터에 붙어 있다가 저녁엔 다시 중국집을 찾았다.

✍ 후기   스카이 스캐너를 처음으로 시도한 태국에서 카드 결제가 안 되어서 비행기 예약에 실패하는 바람에 엄두를 내지 않았던 것을 막장에 몰리자 다시 시도해 결국은 실패한 이유를 찾아낼 수 있었다. 이후 나는 스위스 취리히에서 네덜란드의 암스테르담으로 갈 때부터 이 앱을 사용했다. 가격도 한눈에 비교할 수 있을뿐만 아니라 숙소에 앉아서 전 세계의 어떤 항공사의 비행기 티켓도 예약할 수 있었다. 이는 돈과 시간을 획기적으로 아낄 수 있는 앱이었다.

11.02.
월요일

자전거
포장

아침에 나가 자전거를 분해해 박스에 넣었다. 태국에서 자전거를 포장해온 박스를 숙소에 보관해두었다가 꺼내 온 것이다. 다른 짐도 다 싸놓았다. 옷가지 몇 개를 버리고 텐트 바닥에 까는 에어매트리스도 버렸다. 까짓것 버리는 김에 그간 한 번도 안 쓴 버너도 버릴까 하는 어리석은 생각도 했었

레드플래닛 앞에 있던 힌두사원.

카트만두 다운타운.

다. 이제 네팔을 떠나야 하는 시간이 왔다. 여행에 있어 한 지점을 떠나야 한다는 것은 그곳을 버리고 새로운 곳으로 나간다는 것이다. 편안한 지금 으로부터 벗어나 불안한 마음의 세계로 들어간다는 의미이기도 하다.

여행을 시작한지 만 7개월이 지났다. 네팔까지 불과 4개국을 거쳤지만 예전에 어른들에게 많이 들었던 말, "사람 살아가는 이치가 어디나 같다." 는 말이 실감이 났다. 돌아봐도 히말라야에 대한 기억이 워낙 강렬해서 다른 아무것도 생각나지 않았다. 카트만두로 돌아오고부터는 그날 꼭 해야 할 일만 하고 나면 기억을 불러내어 일기를 쓰는 것 외엔 그냥 멍하니 하루 밤낮을 보냈다. 아마도 약간의 시간이 지나고 나야 네팔이 다시 생각날 것 같았다. 그리고 그때서야 네팔이 어떠했다고 내 나름의 느낌을 가질 수 있을 것 같은 것이다. 히말라야 외에 네팔에 대한 기억이 남을 수 있을까? 아직도 다리는 회복되지 않았다. 휘청거리며 중국집으로 가서 밥을 먹고 와선 멍하니 있다가 정전이 되어 제네레이터 돌아가는 소리가 카트만두 시에 일제히 울려 퍼지면 나는 깜짝 놀라 나의 좌표를 생각하곤 했다.

11.03. 화요일 바가지?

시계 줄을 갈기 위해 카트만두 다운타운의 시장을 찾았다. 얼마 전 손목 시계 줄이 끊어져 그간 시계를 배낭에 끈으로 매달아 달고 다녔는데 불편 함이 이만저만이 아니었다. 아무래도 내가 이러고 다니다가는 시계마저 잃어버리는 사태가 올 것이라는 예감에 어떻게 하든지 시계 줄을 갈기로 마음먹은 것이다. 포카라에서도 몇 번이나 시계점을 찾아 나섰지만 찾지 못했다. 다운타운 상점가를 이 잡듯이 뒤진 끝에 마침내 한 곳을 찾았다. 시계 줄은 모두가 중고였다. 내 시계 줄은 플라스틱 줄이다. 때가 꼬질꼬질하고 금속 부분에 녹이 슨 시계 줄이 쇼윈도에 걸려 있었다. 내키진 않지만 더 이상 이렇게 해서 다닐 수는 없었다. 내 시계는 20년을 넘게 찬 잠수용 방수시계다. 게으르다 보니 손을 씻을 때 시계를 끄르는 것은 질색이어서 잠수용 시계를 평소에도 그대로 차고 다녔다. 목욕탕에서도 안심하고 찰 수 있다.

시계 줄을 사기 위해 찾은 시계점에서 젊은 시계 수리점 주인이 내 시계를 받아 이것저것 맞추어 보더니 다 됐다며 내어놓았다.
"얼마요?"
"1,000루피."
정말 그 순간 나는 띵해졌고 다음 순간 폭발을 해버리고 말았다. 손목에 차려던 시계를 주인 앞으로 던지며 말했다.
"줄 빼!"
어제도 짐을 쌀 싸구려 피피가방을 하나 사는 데 무심결에 150루피를 줬다. 며칠 전에는 브레이크가 잘 듣지 않아서 그간 친해진 민속촌식당 직원에게 맡겼더니 1,000루피를 요구해 울컥했으나 사장님 체면을 봐서 지불했다. 브레이크 레버에 브레이크 선이 물고 있었던 것이다. 그게 그때는 보이지 않았다. 그걸 그냥 손가락으로 제껴 주면 되는데 자전거숍에 보낸 것이다. 이 건은 안면을 앞세운 괘씸한 완전한 사기다. 식당 사장님이 신뢰하는 직원이라기에 나는 간단히 사장님께 사실만 설명하곤 더 이상 말하진 않았다. 피피가방 하나가 150루피라? 3,000원인데 가만히 생각해 보면 태국에서 같은 물건을 사며 80바트(1,600원)를 준 기억이 나는 것이다. 그냥 정신 차리지 않으면 그대로 바가지를 쓰는 것이다. 그렇게 하는 사람들이

자전거와 내 짐.

시계줄.

안쓰러우면서도 곰곰 생각해 보면 화가 나는 것이다. 사실 이런 일련의 사태가 모여 있다가 시계 줄로 인해 폭발한 것이다. 시계 줄 가게 주인은 자신의 욕심 몇 배에 해당하는 욕을 내게 먹고 있는 것이다. 미안해.

"줄 빼! 임마."

나는 다시 한 번 큰 소리로 외쳤다. 저 까짓것 받으면 얼마나 받겠나 싶어 가격을 정하지 않고 맡겼는데 상대는 그런 허점을 조금도 봐주지 않고 물어뜯어 버리는 것이다. 그게 사람을 화나게 했다.

"빨리 빼!(영어) 이 XX야(한국말)"

세상에는 정직한 사람들이 더 많다 이놈아. 그런 사람을 만나다가 너 같은 놈을 보면 나는 싸워야 할 이유를 발견하는 거야. 주인이 놀라서 500루피를 불렀다. 결국 300루피를 주고 시계를 차고 나왔지만 시계 줄을 던져 버리고 싶은 마음이었다. 1,000루피면 노가다 2일간 일당이 넘는 돈이다. 폐기한 시계에서 빼놓은 줄이었다. 300루피도 많다 이놈아.

레드플래닛 게스트하우스 주인 놈도 바가지 씌우는 데 선수다. 반들거리는 눈 하며 남의 궁색한 처지를 이용하는 데도 도가 튼 놈이라는 말이다. 나는 거기 있는 동안 많은 여행자들의 불평을 들었다. 유선 전화 한 번 쓰고 나서 30루피를 지불하며 나를 돌아보고 '파커'라며 나지막하게 욕을 하던 새파란 서양 아이를 보는 것은 나마저 얼굴이 뜨거워지는 경험이었다. 그까짓 작은 돈을 가지고. 고까워 마시라. 여행자에게 돈은 중요해.

근데 게스트하우스 주인 놈에게 나는 또 마지막 바가지를 썼다. 공항까지 가는 택시를 자기가 잡아 주겠다고 나서기에 마지막에라도 좋은 게 좋은 것 아니겠는가 라며 그러라고 했더니 또 1,000루피를 지불한 것이다. 물론 이 돈 중 얼마는 녀석의 주머니에 들어갔을 것이다. 으흐흐흐 내 이놈을 그냥. 그래도 몸 건강히 잘 있거라. 친구야 내가 다음에 카트만두를 들르면 반드시 너에게 찾아 갈 것이니까. 잘 있어~~~ 아마도 자네가 그리울 걸세. 왜냐하면 그때는 지금처럼 각박하게 살아야 하는 장기 여행자는 아닐 터이니까. '쌀독에서 인심 난다.'는 속담이 있다는 것을 알아줬으면 좋겠네, 아마도 네팔에도 그와 비슷한 속담이 있을 걸세. 미안해. 아마도 나는 내가 가진 돈보다도 더 많은 여행 욕심을 내는 바람에 돈에 대해 화를 내는 것 같아, 내가 한심하다는 생각이 드네.

카트만두 공항에서 짐무게를 다니 35.6㎏이 나왔다. 이는 자전거 22㎏을 빼고 텐트 3㎏과 DSLR 카메라와 렌즈, 등에 지는 배낭(11㎏)을 뺀 무게다. 배낭은 무게를 달지 않는 것을 알고 있기 때문에 가급적 무게가 나가는 것을 넣고 텐트는 왼손, 가방은 오른손에 들고 카메라는 목에 걸고 하는 부산을 떤 것이다. 200US달러를 달란다. 생각보다 적다. 얼른 카드로 지불하고 검색대 앞에 섰는데 가방 속에 넣어 놓은 일회용 라이터 다섯 개와 빅토리아 녹스 사의 스위스 육군 맥가이버 칼을 빼앗겨 버렸다. 항의를 해 봤지만 소용이 없었다. 비행기 출발시간은 임박하고 내 뒤에는 줄줄이 사람들이 기다리고 있었기에 분하지만 포기할 수밖에 없었다.

맥가이버 칼은 20년 이상 간직해 온 물건이고 여행엔 없어서는 안 될 물건이었는데 **빼앗겨버린** 것이다. 중국에서 저 칼로 베어 먹은 수박이 몇 통이냐! 보안을 위해서 압수를 한다는데 말이 번드르하다 이 놈들아. 비행기에선 음식을 주며 나이프와 포크를 준다. 그건 되고 배낭 속의 작은 공구에 든 칼은 안 된다는 것을 내가 쉽게 납득할 수 있겠는가? 쿠알라룸푸르 공항에선 라이터나 작은 공구는 별말이 없었다. 네팔에선 아직도 대부분 사람들이 성냥을 쓴다. 일회용 라이터 하나도 귀중한 것이다. 맥가이버 칼을 압수해서 바구니에 던져 넣으며 짓던 젊은 경찰의 미소가 나를 더욱 자책하게 했다. 내 잘못이야. 화물칸에 싣는 짐 속에 넣었어야 했는데 깜빡한 것이다. 주머니를 뒤져 남은 루피를 쓰려고 돌아다녔으나 결국 조금 남겨서 나와야 했다. 비행기가 뜬다. 나는 또 다른 나라로 간다. 기독교와 무슬림 제국의 영광과 치욕이 어린 도시 이스탄불로 가는 것이다. 이스탄불. 도시 이름마저 멋지지 않나?

에
필
로
그

이 여행기를 끝낼 수 있었던 것은 수많은 사람들의 도움이 있었기 때문이다. 여행 중 나와 마주친 낯모르던 사람들, 내게 물 한 모금 건네고 밥 한 끼 같이 해 주었던 사람들, 나의 가족들과 내 오랜 친구들의 모임인 라일락 친구들에게도 무한한 감사와 사랑을 보낸다. 이 친구들이 없었다면 아마도 여행을 계획대로 끝내지 못했을 것이다. 거기다가 평생을 물심양면으로 도움을 준 강재현 선생님과 거금을 선뜻 후원해 준 주식회사동성중공업의 박종대 총괄 C.E.O님께도 말할 수 없는 사랑과 감사를 전한다. 아울러 여행 동안 나의 원고를 블로그에 대신 올려준 동생 호철이에게도 고마움을 전하며 경애하는 후배 자수만커텐의 정병무 사장, 사랑하는 여동생 현주와 그 친구들, 스킨스쿠버 수중사진 동아리 '물빛'의 이석근 고문님과 오랜 '물빛' 동지인 윤정탁·김병일, 나를 먹여 주고 입혀 준 네덜란드의 Hans 강님과 박사장, 불가리아 한국 여행객의 대모 Helenne Gang님과 그 부군에게도 무한한 사랑과 존경을 보낸다.

각기 다른 나라에서 무려 5번이나 만나 여행을 풍요롭게 만들었던 자전거 여행자 조강섭 군. 시안에서 만난 자전거 여행자 최현석군과 김민혁군, 쿤밍에서 만난 나 홀로 배낭 여행자인 순규양과 솔이, 중국 청년 구봉두군,

링바오고교의 영어선생님 중국인 자스민양, 쿤밍에서 여러 가지 도움을 줬던 장영창군과 태권도 사범 박군, 화산의 중국인 강씨, 라오스의 김기철씨, 튀르키예의 사랑하는 친구 Cem Enez·Ezgin·Engin 형제와 Pasa, 보츠와나의 lizzy Moepi, 남아프리카의 Broom Prinsloo와 그의 가족, 부산의 헌이와 여행 내내 나와 함께했던 수많은 독자들, 돈은 한 푼도 보태주지 않고 입으로만 "돈 떨어지거등 전화 하소, 보태줄텡게"라면서 뻥을 쳤던 다음블로그 왕글빨 전상순님과 내 오랜 친구인 시인 주자천님, 가져가지도 못할 일회용 라이터 200개를 선물하고 마음 졸이며 지켜봤던 고향의 선배 조귀석·조완희님, 멕시코의 Alfredo와 스위스의 Nino. 독일의 Hiller와 그 가족, 네팔의 민속촌 사장님, 이탈리아인인 Luca Greco 커플, 네팔의 포터 사그리아, 히말라야의 오스트레일리안 캠프에서 만난 범린 스님, 일면식도 없으면서 후원해 주신 한스 이우영님과 다른 많은 분들, 김기승 사장님, 슬로바키아 브라티스라바에서 만난 대만인 謝鈺鋈양, 그 외 많은 사람들의 도움이 있었다.

나의 휴대폰을 허락 없이 가져가 나를 멘붕에 빠뜨리고 나의 카메라를 슬쩍해 버린 우간다의 소매치기에게도, 중국의 소매치기와 라오스의 사기꾼, 다시 나의 휴대폰을 슬쩍해 버린 중국 오토바이 여자 여행객 카이신에게도 마찬가지로 고마움을 표한다. 왜냐하면 이들은 나의 여행을 재미있게 만들어 준 사람들이기 때문이다.

이 모든 분들이 나의 여행을 끝나게 하고 이 책을 나올 수 있게 한 분들이고 다음 여행을 있게 한 분들이다. 한 세상 같이 산다는 것에 즐거움을 준 이외의 많은 친구들에게도 고마움을 전한다.

여행은 결국 타지에서 타인들을 만나는 것이다. 그 타인들은 그들의 세상 속에서 나의 존재를 확인하고 나를 돌아보게 하며 여행을 풍성하게 해준다. 여행은 인생을 풍요롭게 만든다.

중국 텐진에서
남아공 케이프타운까지
여행경로

거쳐 온 유럽 국가들

튀르키예, 불가리아,
루마니아, 브라티슬라바,
헝가리, 오스트리아,
독일, 스위스, 네덜란드,
크로아티아, 보스니아,
마케도니아, 몬테네그로,
그리스

튀르키예

이집트

우간다   케냐

              탄자니아

잠비아

       보츠와나

남아프리카
공화국

자전거로도
지구는 좁다
라오스·타이·네팔 편

발행일 2023년 9월 22일
지은이 장호준
펴낸곳 매일신문사
　　　　 대구광역시 중구 서성로 20
　　　　 053-251-1421~3

값 22,000원
ISBN 979-11-90740-29-6